高时良《学记评注》《学记研究》封面

顾树森《学记今译》、傅任敢《〈学记〉译述》封面

禮記章句卷十八

衡陽王夫之譔

學記

周禮師氏保氏隸於司徒大司樂之屬隸於宗伯皆教官也而大學之職略無徵見故先儒疑周禮之多殘缺蓋自州黨庠序以及大學必專有官師而今亡矣先王以禮齊民學爲之首則繫學於禮道莫重焉故此篇與經解中庸儒行大學戴氏彙記之以爲禮經亦猶大戴記之有勸學諸篇也此篇之義與大學相爲表裏大學以發明其所學之道推之大析之密自宋以來爲學者之所服習而此篇所論親師敬業爲入學之事故或以爲末而未及其本然玩其旨趣一皆格物致知之實功爲大學始教之切務則抑未可以爲末而忽之也此不講乃有浚蠮鹵莽以談性命而詭於佛老者爲正學之大蠹固君子所深懼發廬憲求善良足以謏聞不足以動衆就賢體遠足以動衆未足以化民君子如也已凡十六章

學記臆解

咸陽劉光蕡古愚撰

學記

人生得于天者爲性成于己者爲學有生以後天無權而己有權故學尚焉所謂人能弘道非道弘人也道者由己及人之路堯舜禹湯文武周公之政皆是脩道之敎卽脩由己及人之路使人人由之也億兆之衆往來互通而不相悖害則天下合爲一大羣而君道立矣故學者學爲君而君者羣也羣億兆之人而爲之首學爲君者脩爲羣之路也

刘光蕡《学记臆解》

中国教育名著丛书

学 记
XUE JI

高时良 译注

人民教育出版社
·北京·

图书在版编目（CIP）数据

学记/高时良译注.—北京：人民教育出版社，2016.3（2025.6重印）
（中国教育名著丛书）
ISBN 978-7-107-29052-7

Ⅰ.①学… Ⅱ.①高… Ⅲ.①教育哲学—中国—古代 ②《学记》—译文 ③《学记》—注释 Ⅳ.①G40-02

中国版本图书馆 CIP 数据核字（2016）第 064150 号

中国教育名著丛书　学记

出版发行		人民教育出版社
		（北京市海淀区中关村南大街 17 号院 1 号楼　邮编：100081）
网	址	http://www.pep.com.cn
经	销	全国新华书店
印	刷	人民教育出版社印刷厂有限公司
版	次	2016 年 3 月第 1 版
印	次	2025 年 6 月第 16 次印刷
开	本	890 毫米×1 240 毫米　1/32
印	张	9.5
插	页	2
字	数	238 千字
印	数	56 501～59 500 册
定	价	25.10 元

版权所有·未经许可不得采用任何方式擅自复制或使用本产品任何部分·违者必究
如发现内容质量问题、印装质量问题，请与本社联系。电话：400-810-5788

《中国教育名著丛书》出版说明

中国教育制度源远流长，教育活动丰富多彩，教育思想博大精深，在数千年波澜壮阔的教育史上产生过无数鸿篇巨制。尤其是近现代以来，许多教育家、思想家、理论家和实践家，通过长期艰辛的教育探索和严密的思考、审慎的研究，撰写了不少对中国乃至世界教育发展产生了巨大而深远影响的伟大著作。即使人类历史进入了 21 世纪，这些著作仍然保持着强盛的生命力。

实现中华民族伟大复兴的中国梦，促进从教育大国到教育强国的跨越，建立和完善中国特色社会主义教育体系，不仅需要研究外国教育的历史和现状，吸取外国教育的经验，更需要不断提高中华民族教育的自尊、自信、自豪和自觉，全面探讨我国教育的历史和现状，系统总结我国教育的思想智慧，发扬光大我国教育的优良传统。

为了给广大教育工作者提供有关我国教育思想理论著作的读物，特别是给教育科研人员、中小学教师和各级各类师范院校师生提供学习研究参考书，本着"服务教育，促进科研，弘扬学术，繁荣文化"的宗旨，人民教育出版社决定组织专家学者精选在中国教育发展史上产生过并将继续产生重大影响的作品，汇编成《中国教育名著丛书》。这套丛书选收中国古代、近代、现代对中国乃至世界有较大影响的教育名家的富有代表性的教育思想理论著作，包括整本专著、文章汇编或者著作节选。毋庸讳言，本丛书所选收的著作既闪耀着人类教育智慧的光芒，又不可避免地有着时代的局限。我们相信读者会做出思辨，时间会做出判断，实践会做出检验。

为了帮助读者阅读和理解教育名著的内容，我们特请编者或有关专家为每一本书撰写了前言或说明，有的书还附有年表、图片或其他参考资料。当然，前言只是一家之言，而不是对某书的定评；读者完全可以对这本书进行更加广泛、更加深入的研究。

限于水平和经验，本丛书的编辑出版工作或有不少缺点和错误。热诚希望广大读者对这套丛书的编辑出版工作提出宝贵意见，以使之更臻完善。

人民教育出版社文化教育编辑室

2014 年 8 月

本书前言

一、本书分为四编。第一编分为六章，主要考释《学记》写作年代及其历史背景，和《学记》作者的学术流派属性。第二、三两编为本书重点，按儒家经典的章句凡例，分为二十二章（第二编十章，第三编十二章），采取训诂与义理相结合的方法，根据不同内容，大体分为校文、注音、释义、译意、评说。第四编分为四章，主要评估历代《学记》注释，和《学记》在中国及世界教育学史中的地位及影响。

二、从东汉到近现代，历来有关注释和评论《学记》的不下一百五十家。为便于学习和研究者探索，本书尽量提供前人所持不同看法和饶有新意的著述，以供参考。

三、本书吸收文字学、音韵学、训诂学、经学史、古代哲学史、文化史、教育学史、心理学史等研究成果。凡属有裨于进一步研究《学记》的，均不遗余力，征引力求翔实，解释力求明晰，分析力求全面。

四、《学记》的教育理论性较强，对后世教育思想发展具有深远的启发意义。本书于各章末评说中参以作者个人的初步体会，抛砖是为了引玉。

五、为了便利读者按图索骥，寻根究源，本书于正文后附录历代《学记》注释者简历及其注释出处、历代学者对《学记》的评述，并选辑国外有关《学记》的译述文献。

六、本书引用资料，主要依据福建师范大学图书馆藏书，部分依据中国国家图书馆、上海图书馆和福建省图书馆藏书。其中有非善本或抄误，引用时仍请查对原文。

七、本书系在作者原著《学记评注》（人民教育出版社1982年版）及《学记研究》（人民教育出版社2006年版）基础上修订而成。限于水平，讹误之处，幸祈高明指正。

高时良

2015年11月

《学记》原文

发虑宪,求善良,足以谀闻,不足以动众;就贤体远,足以动众,未足以化民。君子如欲化民成俗,其必由学乎!

玉不琢,不成器;人不学,不知道。是故古之王者,建国君民,教学为先。《兑命》曰"念终始典于学",其此之谓乎!

虽有嘉肴,弗食不知其旨也;虽有至道,弗学不知其善也。是故学然后知不足,教然后知困。知不足,然后能自反也;知困,然后能自强也。故曰:教学相长也。《兑命》曰"学学半",其此之谓乎!

古之教者,家有塾,党有庠,术有序,国有学。

比年入学,中年考校:一年视离经辨志,三年视敬业乐群,五年视博习亲师,七年视论学取友,谓之小成。九年知类通达,强立而不反,谓之大成。夫然后足以化民易俗，近者说服而远者怀之。此大学之道也。《记》曰"蛾子时术之"，其此之谓乎！

大学始教，皮弁祭菜，示敬道也。《宵雅》肄三，官其始也。入学鼓箧，孙其业也。夏楚二物，收其威也。未卜禘不视学，游其志也。时观而弗语，存其心也。幼者听而弗问，学不躐等也。此七者，教之大伦也。《记》曰"凡学，官先事，士先志"，其此之谓乎！

大学之教也，时教必有正业，退息必有居学。不学操缦，不能安弦；不学博依，不能安《诗》；不学杂服，不能安礼。不兴其艺，不能乐学。

故君子之于学也，藏焉，脩焉，息焉，游焉。夫然，故安其学而亲其师，乐其友而信其道，是以虽离师辅而不反也。《兑命》曰"敬孙务时敏，厥脩乃来"，其此之谓乎！

今之教者，呻其占毕，多其讯言，及于数进，而不顾其安，使人不由其诚，教人不尽其材，其施之也悖，其求之也佛。夫然，故隐其学而疾其师，苦其难而不知其益也。虽终其业，其去之必速，教之不刑，其此之由乎！

大学之法，禁于未发之谓豫，当其可之谓时，不陵节而施之谓孙,相观而善之谓摩。此四者,教之所由兴也。

发然后禁,则扞格而不胜;时过然后学,则勤苦而难成;杂施而不孙,则坏乱而不脩;独学而无友,则孤陋而寡闻。燕朋逆其师,燕辟废其学。此六者,教之所由废也。

君子既知教之所由兴,又知教之所由废,然后可以为人师也。故君子之教,喻也:道而弗牵,强而弗抑,开而弗达。道而弗牵则和,强而弗抑则易,开而弗达则思。和、易、以思,可谓善喻矣。

学者有四失,教者必知之。人之学也,或失则多,或失则寡,或失则易,或失则止。此四者,心之莫同也。知其心,然后能救其失也。教也者,长善而救其失者也。

善歌者,使人继其声。善教者,使人继其志。其言也,约而达,微而臧,罕譬而喻,可谓继志矣。

君子知至学之难易,而知其美恶,然后能博喻;能博喻,然后能为师;能为师,然后能为长;能为长,然后能为君。故师也者所以学为君也。是故择师不可不慎也。《记》曰"三王四代唯其师",此之谓乎!

凡学之道，严师为难。师严然后道尊，道尊然后民知敬学。是故君之所不臣于其臣者二：当其为尸，则弗臣也；当其为师，则弗臣也。大学之礼，虽诏于天子无北面，所以尊师也。

　　善学者，师逸而功倍，又从而庸之。不善学者，师勤而功半，又从而怨之。善问者如攻坚木，先其易者，后其节目，及其久也，相说以解。不善问者反此。善待问者如撞钟，叩之以小者则小鸣，叩之以大者则大鸣，待其从容，然后尽其声。不善答问者反此。此皆进学之道也。

　　记问之学，不足以为人师，必也其听语乎。力不能问，然后语之，语之而不知，虽舍之可也。

　　良冶之子，必学为裘；良弓之子，必学为箕；始驾（马）者反之，车在马前。君子察于此三者，可以有志于学矣。

　　古之学者，比物丑类。鼓无当于五声，五声弗得不和；水无当于五色，五色弗得不章；学无当于五官，五官弗得不治；师无当于五服，五服弗得不亲。

　　君子曰：大德不官，大道不器，大信不约，大时不齐。察于此四者，可以有志于本矣。三王之祭川也，皆先河而后海，或源也，或委也，此之谓务本。

参考版本：

《礼记》宋岳珂刻本（清乾隆四十八年武英殿翻刻）；

《礼记》宋抚州刻本（清同治九年楚北崇文书局翻刻）；

《纂图互注礼记》（《四部丛刊》影印皕宋楼本）；

《礼记注疏》（中华书局聚珍仿宋版）。

目 录

第一编　《学记》思想考释

第一章　《学记》产生的社会历史背景 …………… 3
第二章　从《礼记》看《学记》 …………………… 12
第三章　《学记》成于战国时期 ……………………… 15
第四章　《学记》为思孟学派作品 …………………… 28
第五章　《中庸》——《学记》思想的哲学
　　　　方法论基础 ………………………………… 36
第六章　《黄帝内经》对《学记》思想的启示 ……… 41

第二编　《学记》章句训义（上）

第一章　化民由学 ……………………………………… 47
第二章　教学为先 ……………………………………… 53
第三章　教学相长 ……………………………………… 57
第四章　古之教者 ……………………………………… 61
第五章　比年入学　中年考校 ………………………… 73
第六章　教之大伦 ……………………………………… 82
第七章　正业居学 ……………………………………… 93
第八章　兴艺乐学 ……………………………………… 97
第九章　安学亲师　乐友信道 ………………………… 107
第十章　使人由诚　教人尽材 ………………………… 113

第三编 《学记》章句训义（下）

- 第十一章 教之所由兴 ……………………………… 121
- 第十二章 教之所由废 ……………………………… 126
- 第十三章 君子之教喻也 …………………………… 134
- 第十四章 长善而救其失 …………………………… 139
- 第十五章 善教者使人继其志 ……………………… 143
- 第十六章 择师不可不慎 …………………………… 148
- 第十七章 师严然后道尊 …………………………… 155
- 第十八章 善待问者如撞钟 ………………………… 160
- 第十九章 必也其听语乎 …………………………… 165
- 第二十章 可以有志于学 …………………………… 169
- 第二十一章 古之学者比物丑类 …………………… 174
- 第二十二章 此之谓务本 …………………………… 180

第四编 《学记》的历史评估

- 第一章 经学演变历史与《学记》注释 …………… 187
- 第二章 《学记》对我国教育学史的影响 ………… 196
- 第三章 《学记》在世界教育学史中的地位 ……… 213
- 第四章 结论——弘扬《学记》珍贵教育遗产 …… 229

附 录

- 一、历代《学记》注释者简历及注释出处简介 …… 240
- 二、历代学者对《学记》的评述 …………………… 258
- 三、国外学者译述《学记》举隅 …………………… 262
- 四、《学记研究》后记 ……………………………… 280

主要参考书目 ………………………………………… 283

第一编 《学记》思想考释

第一章 《学记》产生的
社会历史背景

　　教育是一种社会现象，自从有了人类，便有了教育。作为教育实践发展轨迹，一部中国教育史该从原始社会时期写起；而作为教育思想理论发展轨迹，即中国教育学史，尤其从哲学分离出来，自成为独立的教育思想体系，则是往后多少年代的事。被认为是我国和世界最早的教育专著——《学记》便是这样。没有一定的社会历史文化背景，没有长期的教育实践经验积累和人的思维能力的发展，是不可能升华出如此精湛的教育理论来的。

　　首先是春秋战国时期社会生产力的发展。

　　我国历史从夏，历商、到西周都属于奴隶社会。西周是奴隶制发展的全盛时期，此时的农业生产，在《诗·周颂》的《载芟》等篇已有所反映。手工业，依文献及出土文物发现，已有金、木、皮革、营造、纺织等工种。商业也有初步发展，已出现了早期货币。这些都表明了奴隶制社会比原始社会进了一步。生产力更重要的发展还在春秋战国时期，即封建生产关系走上历史舞台之后。冶铁和铁的使用是主要标志，西周还无此条件。① 这时期使用的农具，仍然是木、石、骨、蚌壳制的。西周农业发展主要依靠集体耕作，所谓"千耦其耘"。铁器到春秋时期才存在。从1949年到1979年，在湖南长沙早期楚墓出土的凹字形铁口锄（锸或臿）、铁削、铁片，江苏六合墓葬出土的铁条、铁丸，都已被鉴定为春秋末期的铁制品。前者被认为是"我国现存的最早铁器之一"，后者如铁丸，也被认为是"最早的生铁"。② 1980年到1989年，仅楚墓中就发现更多的如斧、臿、耒耜等铁农具。③《国语》中引管仲说的"恶金以铸锄夷斤斸"，此"恶金"就是指铁。《管子·海王篇》也说"今铁官之数曰：一女必有一针一刀……耕者必有一耒一耜一铫……行服连轺辇者必有一斤一锯一锥一凿"。这些都是指使用铁器而言。《学记》的"良冶之子，必学为裘"，当亦指铸铁工艺操作。近人考证成于春秋末齐国人所作的《考工记》，关于攻金之工的"段氏为镈器"，"段"即"锻"字，"镈器"依郑玄注乃田器钱镈之属，表明此时的田器已用铁制。④ 春秋战国时期，铁器带动了整个社会生产和经济发展，例如开垦荒地，用铁制农具，披荆斩棘就容易得多。牛耕用铁犁，不仅减轻了牛和人的负担，还便于深耕细耨。恩格斯说："铁使更大面积的田野耕作，广阔的森林地区的开垦，成

---

① 郭沫若先生曾指出：认为周初在梁州的贡赋上便已经有"铁"，这和《山海经·中山经》假托夏禹王的话，说"出铁之山三千六百九十"，是一样的荒唐。参见郭沫若著：《中国古代社会研究》，科学出版社1960年版，第78页。

② 文物编辑委员会编：《文物考古工作三十年（1949—1979）》，文物出版社1979年版，第319、203页。

③ 文物编辑委员会编：《文物考古工作十年（1979—1989）》，文物出版社1991年版，第197页。

④《考工记》"六金之工"中有"冶氏执上齐"句，此"冶氏"是指制造兵器者，所谓"冶氏为杀矢"，那时的兵器专用青铜冶铸，青铜是铜与锡的合金，"上齐"是对含铜锡分量多少（锡少为上齐）而言。

为可能。"① 由此而引发的农作物产量的提高，亦诚如《荀子·富国篇》所说的"一岁而再获之"。手工业方面，主要靠铜铁。随着鼓风设备（橐籥）技术的改进，提高了炼炉温度，从而增加了铁的生产量。湖北大冶铜绿山古矿冶遗址，经过1979年以来的多次发掘，证明了从战国到西汉的矿井，从井下的支矿、通风、排放，到提升、照明技术都达到了一定水平。② 其他手工业发展不在话下。农业和手工业的发展又带动了商业和交通的发展，加大了商业交换力度，出现了像齐国临淄那样的大都市和一些富商巨贾。此时的自然科学如天文、地理、数学、力学，都已崭露头角。

其次是封建生产关系的建立。

一定的生产关系总是同一定的生产力相适应。只有生产力发展了，生产关系才会跟着发生变化。这是人类社会发展的普遍规律。

这又得说"铁"的历史贡献了。木制、石制或骨制的农具有很大局限性，使用铁农具，情况就不一样。考古发现，战国中晚期出土的铁农具数量骤增，品类也多。③ 连孟子这位不是研究经济的人，此时都注意到田间用铁农具和商品价格，所谓"许子以釜甑爨，以铁耕乎"和"夫物之不齐，物之情也；或相倍蓰，或相什百，或相千万"④。表明以一家一户为一个生产单位的个体经济，即封建生产方式的历史现实已是水到渠成。当然，出现这个新格局的农奴和农民也好，转化为封建地主阶级的上层人物也好，都得经过同奴隶主一场残酷斗争，秦、齐、楚、燕、韩、赵、魏所谓战国七雄之间，以及各国内部敌对势力之间的较量，就带有这种性质。对于农民或农奴来说，他们此时已成为小私有者，即小私有经济的

---

① 《马克思恩格斯选集》第4卷，人民出版社1995年版，第163页。
② 文物编辑委员会编：《文物考古工作十年（1979—1989）》，文物出版社1991年版，第196页。
③ 雷从云：《战国铁农具考古发现及其意义》，《考古》1980年第3期。
④ 《孟子·滕文公上》。

组成部分。他们用自己手中掌握的生产工具和技术在领主或地主的土地上耕种,向领主或地主缴纳不同形式的地租,这种生产关系只有当他们创造出比奴隶制时代更高的生产力水平时才有可能。《墨子·贵义》:"今农夫人其税于大人,大人为酒醴粢盛、以祭上帝鬼神,岂曰贱人之所为而不享哉?"这里说的"酒醴粢盛",就是以谷物为缴纳物的"税"。"农夫""贱人"在此指农民、农奴,"大人"指地主、领主。谷物是农民的辛勤劳动成果,与其说地主、领主向本国统治者交税,不如说农民、农奴交税,增加了国家财政收入。据《左传》记载,宣公十五年(公元前594年)鲁国实行"初税亩",后四年,即成公元年(公元前590年)"作丘甲";此前,晋惠公六年(公元前645年),晋国已开始推行"爰田制";郑简公二十三年(公元前543年),郑子产"作封洫",越六年又"作丘赋"。到战国秦简公七年(公元前408年)"初租禾"……这些都标志着封建生产关系逐渐建立并坐稳江山。论者多把它说成是新兴地主阶级势力的增大。但是没有以铁器为主导的生产力的发展,和以一家一户为一个生产单位的个体经济的出现,封建生产关系能建立和完善起来吗?井田制能挥之而去吗?

最后,是上层建筑作用的加大。

脑力劳动同体力劳动分道扬镳,到春秋战国时期已十分明显。荷蓧丈人批评孔子"四体不勤,五谷不分"[①]。孔子反对樊迟"学稼""学为圃"[②]。孟子讲"或劳心,或劳力"[③]。尽管脑力劳动同体力劳动的对立在政治和经济上表现为统治阶级同被统治阶级的对立,如孟子所说"劳心者治人,劳力者治于人"[④],但在历史早期,它又是社会分工的结果,生产资料的私人占有和社会划分为阶级的

---

① 《论语·微子》。
② 《论语·子路》。
③④ 《孟子·滕文公上》。

产物，是社会发展的必然趋势。脑力劳动者以"自成一家"的姿态走上历史舞台，从历史唯物主义角度看，是一种进步，它给科学技术和文化教育发展带来新的契机。这从春秋时期"士"脱离了生产劳动，成了名副其实的知识分子，从事政治和意识形态工作并作出贡献，看得很明显。春秋战国时期农民和手工业者的劳动，促进了当代农业和手工业的发展、社会经济的繁荣，其历史功绩不可抹杀，但谁把它提炼、概括，上升到科学理论水平，并以文字形式传之后世呢？是"士"，即拿笔杆的知识分子。被认为是"世界上极为珍贵的科技文献"的《考工记》便是这样。文字、文学和艺术方面，在人类一开始造字，就立足于对自然现象和生活现象的观察，仓颉便是"仰观奎星圆曲之势，俯察龟文鸟迹之象，博采众美，合而为字"① 的人。战国时期见于日用器皿上的草率字体，写法不一致，汉许慎所谓"文字异形"②，充分说明其为民间自由创造。战国后期秦权的铭文为隶书字体，写来速度快，也为了顺应社会生活节奏。春秋以前的散文，都出于奴隶主之手，《尚书》文字"佶屈聱牙"。战国时期的散文，如《孟子》《荀子》都平实易懂。战国时人的文章"长于讽喻""深于比兴"，足以激发人们的思想情感。此时期流行的民间歌谣更是如此，屈原的《离骚》还具有浓郁的爱国主义精神。战国时期的艺术，体现在实用艺术品的铜器、陶器和漆器上。像铜器上画像、花纹都显得细致、玲珑、生动。1935年河南省汲县山彪镇战国墓葬中出土的水陆攻战纹铜鉴图像，一共有二百九十二个人物参与，包括格斗、射杀、划船、击鼓等活动③，体现了当时铸刻工的高度工艺技巧。长沙出土年代最早的帛画，使我们看到了战国时期绘画品类的丰富多彩，和丝织物进入人们精神生

---

① 唐代书法理论家张怀瑾语。
② 《说文解字叙》。
③ 转引自杨宽著：《战国史》，上海人民出版社1981年版，第502页。

活领域。长沙楚墓出土木板透雕,尤其湖北江陵出土的彩漆木雕座屏,使我们又一次看到战国时劳动人民的艺术创作水平。音乐也已深入民间,成为德育和艺术教育的有力手段,荀子说"乐中和则民和而不流,乐肃庄则民齐而不乱"①。竽、筝、笙、瑟等吹奏在民间已相当流行。

战国时期所谓"百家争鸣",是由于此时出现不同研究对象和观点的"诸子百家"。汉初的司马谈把他们归纳为六家:阴阳、儒、墨、名、法、道德。他们的出发点是"务为治"②。后来又有人概括为十家,即加上农、纵横、杂和小说。作为学术思想流派,各家都不是远离生活,而力图在不同角度上"务为治",也都或多或少地面向老百姓,不单纯代表统治者的利益。这就不仅对学术文化,也为社会经济和教育发展作出了贡献。

以上情况,都给《学记》思想的产生,提供了社会历史基础,主要表现在如下几方面。

第一,随着西周以来社会的发展,到了春秋战国,作为生产力的主要因素,包括农民、手工业者(含在战争中立功而改变了成分的奴隶③)、商人、没落贵族转化为普通老百姓④。此时在野的新兴地主亦通称为"民"⑤。他们在生产斗争过程中创造了社会财富,提高了政治地位,逐渐为社会所重视,使统治者和有识之士,包括政治家、教育家们意识到这些人在国家社会中不失为一种力量,要

---

① 《荀子·乐论》。
② 《史记·太史公自序》。
③ 《左传》哀公二年,"克敌者……庶人工商遂,人臣隶圉免"。
④ 例如,《国语·晋语》记载晋国范、中行氏被赵氏打败后出奔齐国,其子孙"耕于齐",即改变了成分。
⑤ 《韩非子·外储说右下》讲田地"征税问题":"赵简主出,税吏请轻重。简主曰:勿轻勿重,重则利入于上,若轻则利归于民。"此"民"字当指地主。

发挥他们应有的作用，在原有的知识与经验基础上，提高其文化和政治水平、道德修养，孟子所谓"谨庠序之教，申之以孝悌之义"①。反映在《学记》中则有"化民成俗，其必由学"，并模拟"古之教者"如"家塾""党庠""术序"，作为兴学育才的场所。

第二，从奴隶制到封建制社会，新旧生产关系的更迭，从根本上说，首先是出现了以一家一户为生产单位的个体经济。通过运用先进的生产工具，提高了生产力水平，为产生剩余劳动提供了前提条件。农民的剩余劳动产品，除了满足个人和一家生活需要，以及向地主、领主缴纳实物地租外，还可以商品形式在市场上交换，从而促进了商业和城市的发展。经济搞上去了，文化教育自会跟上，这对于当时的农民和地主来说都有好处。它符合社会发展规律。早在春秋时，郑国子产"作封洫"，承认土地的私人占有，实行征税，还有办学，受到国人称赞。《左传》襄公三十年记载他"从政一年，舆人诵之，曰：'取我衣冠而褚之，取我田畴而伍之，孰杀子产，吾其与之。'三年，又诵之曰：'我有子弟，子产诲之，我有田畴，子产殖之，子产而死，谁其嗣之？'"襄公三十一年，还记载他"不毁乡校"的事，表明子产容许庶人议政，也反对取消地方学校。

有政治经济领域的生产关系，也有教育领域的"生产关系"——人的再生产嘛。前一种的生产关系，表现为农民与地主之间的关系，他们之间的矛盾是基本的，但在新兴地主政权建立之初，有其协调的一面。后一种的"生产关系"，表现为教师与学生之间的关系，是和谐的。尊师爱生，从孔子以来就成为私学教育的优良传统，《学记》说"大学始教，皮弁祭菜，示敬道也"；"安其学而亲其师"；又说"师无当于五服，五服弗得不亲"。当然，师生之间不是永远不存在矛盾，否则用不着"夏楚二物，收其威也"。

---

① 《孟子·梁惠王上》。

《尚书》的"朴作教刑",表明它是亦君亦师的奴隶制时代的产物。教师的职业化、专业化,告别亦君亦师体制,也是春秋战国政教分离以后的事。

第三,马克思主义告诉我们,经济基础的性质决定着包括政治制度和意识形态(政治、经济、法律的思想,道德,文学艺术,哲学,宗教等)在内的上层建筑的性质,但另一方面,上层建筑又以其相对的独立性反作用于经济基础。历史到了战国时期,经济基础和政治制度,即生产资料所有制和政权问题解决了,意识形态的积极作用就显得突出。它对于教育实践和理论的影响,首先表现在重视人的价值和人的主观能动性。在淡化天命与鬼神之后,凸显出像荀子那样"制天命而用"①、人力战胜自然的思想。在政治方面,便是提倡重"民",这在墨、道、法诸家思想中都得到反映。儒家在这方面可以说亮点更大。《孟子》一书中讲"民",光是《梁惠王》章就六十一见。文中的"百姓""耕者""商贾""匠人"还不算在内。孟子还说"民为贵,社稷次之,君为轻"②。从而在舆论上,不仅呼吁改善人民生活,还强调教育的重要性。《学记》的"人不学,不知道",就不局限于贵族子弟。

《易》《诗》《书》《礼》《乐》《春秋》"六艺"是西周到春秋时期的社会意识形态,此后亦被列为学校课程。《礼记·王制》说:"乐正崇四术,立四教,顺先王《诗》《书》《礼》《乐》以造士。"如果这是事实,教育对象也仅仅止于特权阶层。孔子的私学就把此"六艺"之教扩大到平民(此时的"士"同西周时"造士"的"士"不一样)。"六艺"内容涵盖哲学、文学、艺术,还有历史。战国时亦不废"六艺",至少在荀子三为祭酒的稷下学宫还保留此课程。《庄子·天下篇》是否为庄周所作,且置而弗论,其分析"六艺"要

---

① 《荀子·天论》。
② 《孟子·尽心下》。

旨，即"《诗》以道志，《书》以道事，《礼》以道行，《乐》以道和，《易》以道阴阳，《春秋》以道名分"，可知其教育功能和社会影响，所谓"其数散于天下而设于中国者，百家之学时或称而道之"①。战国时期百家争鸣，从学派到理论都错综复杂，但其最大好处，是扩大了人们的文化视野，丰富了人们的知识内容，提高了人们的认识水平，培养了人们的思维能力。《学记》作为儒家学派的教育著作，自不忘《诗》《书》《礼》《乐》，如主张"《宵雅》肄三"，引《兑命》"念终始典于学"，但亦吸取些墨、道思想精髓。关于这一点，我们将留在后面叙述。

---

① 《庄子·天下篇》。

第二章　从《礼记》看《学记》

　　《学记》是《礼记》四十九篇中的一篇。《礼记》是"礼之记"。"礼"作为我国奴隶制和封建制时代的上层建筑，有两项基本内容：一为道德规范；二为典章制度，包括礼仪。《礼记》既记道德规范，也记典章制度，主要是典章制度；还有有关"礼"的理论。① 《礼记》诸篇各有其专述与特质。如《曲礼》主要讲我国古时社会生活，《王制》讲刑政爵禄，《月令》讲一年时令，《内则》讲家庭礼节，《乐记》讲音乐及其作用。《学记》则专门讲教育体制、教学内容与方法，但也离不开"礼"，即礼仪与典章制度——属于教育范畴的礼仪与典章制度。如"皮弁祭菜"，"未卜禘不视学"，"大学之礼，虽诏于天子无北面"等，主要属于前者。"家有塾，党有庠，术有序，国有学"，"比年入学，中年考校"，"时教必有正业，退息必有居学"等，主要属于后者。

　　《礼记》亦称《小戴记》或《小戴礼记》。"小戴"是与"大戴"

---

　　① "礼"在我国古代含义很广。今人一想到"礼"，便以为它总是约束和压制小民思想和行为的手段。实际上它也是随历史形势发展而异其趣，《礼记·礼运》所谓"礼，时为大"，《论语·学而》说"礼之用，和为贵"。此"和"字可理解为恰如其分。

相对而言。"大戴"指西汉时期今文礼学"大戴学"的开创者梁①人戴德,辑《大戴礼记》,简称《大戴记》。"小戴"则指今文礼学"小戴学"的开创者戴德之侄戴圣,辑《小戴礼记》,简称《礼记》。郑玄《六艺论》说:"戴德传《记》八十五篇,则《大戴礼》是也;戴圣传《礼》四十九篇,则此《礼记》是也。"②但作为历史上经学的重要文献(《大戴记》不在十三经之列,如清王聘珍《大戴礼记解诂·叙录》所说"大戴之书,同是圣贤绪余。自古未立学官,两汉经师不为传注,陆德明不为音义",但它与《礼记》毕竟为同一类型的作品。二戴同受业于后仓,各取孔壁《古文记》。相传为夏代遗书的《夏小正》,是我国现存的一部最古老的月令,郑玄的《礼记·月令》注曾九引《夏小正》),依其思想政治属性而言,不能不上溯孔子师徒。即如《礼记》,唐孔颖达的《礼记正义序》就说:"《礼记》之作,出自孔氏。但正礼残阙,无复能明……至孔子殁后,七十二之徒共撰所闻,以为此记。或录旧礼之义,或录变礼所由,或兼记体履,或杂序得失,故编而录之以为《记》也。"《礼记》各篇相传为孔子弟子,或再传、三传弟子所作。他们生活在战国时期,前后有二百年历史。③《汉书·儒林传》载:"传礼者十三家,唯高堂生及五传弟子戴德、戴圣名在也。"值得注意的有三点:一是"传"礼者凡十三家,不止戴氏一家;二是二戴只是"后续部队",他们俩既在西汉今文礼学的最早传授者高堂生之后,又是"五传";三是所谓"名在也",表明只有他们俩的名声得闻于世,

---

① 梁,郡治约今河南商丘。
② 见孔颖达《礼记正义序》及《曲礼疏》引。
③ 战国时期的结束年代,在秦始皇统一六国的公元前221年,这已成定论。但其开始年代,历史上有四说:一是起于鲁哀公十四年(公元前481年),二是周元王元年(公元前475年),三是周贞王元年(公元前468年),四是魏、赵、韩迫使周威烈王承认列为诸侯之年(公元前403年)。即最长为二百六十年,最短也有一百八十二年,以每一代为三十年计,至少经历六代人的历史。

此前必有许多传礼的无名英雄。《礼记》的"辑"与"作",或者说分撰《礼记》中的各篇,情况不同,"辑"当然有其历史价值,否则不会"名在也",但它与"作"或"撰"也不是一回事。相传魏张揖的《上广雅表》有云:"爰暨帝刘,鲁人叔孙通始撰置《礼记》,文不违古。"清皮锡瑞的《经学通论》肯定其事,并说张揖去汉不远,其说当有所受。这个论断虽未必为历代学者所认同,但在戴圣之前,在汉初或战国时期,已有人对撰乃至辑《礼记》作出不懈努力,却难予完全否定。《汉书·景十三王传》记河间献王所得古书,鲁恭王坏孔子壁所得古书,均有《礼记》,所以郑玄的《六艺论》才说"得孔氏壁中、河间献王古文《礼》五十六篇,《记》百三十一篇,《周礼》六篇"。廖名春先生于其分析研究湖北荆门郭店出土战国时期的楚简《尊德义》时,说到简文"刑不逮于君子,礼不逮于小人"句与《礼记·曲礼上》的"礼不下庶人,刑不上大夫"如出一辙,认为简文所引当出于礼书。"《礼记》今人多以为汉人之作,其实多系先秦作品。《孟子》就有援引《礼记》之说。如《公孙丑下》篇云:'景子曰:礼曰,父召无诺,君命召不俟驾。''父召无诺'见于《曲礼上》,'父命呼唯而不诺'见于《玉藻》,而'君命召'云云则见于《论语·乡党》。这些正是所谓'威仪三千'的曲礼。"① 他说,"由此可证《礼记》的《曲礼》《玉藻》《祭统》《礼器》是早于《孟子》成书的"②。把《礼记》的某些篇章上推为战国时期的作品,有助于论证《学记》的成篇年代,和理解《学记》内容的历史背景与时代特征。

---

① 廖文以为《孟子·滕文公下》"诸侯耕助以供粢盛,夫人蚕缫以为衣服。惟士无田,则亦不祭",与《祭统》"诸侯耕于东郊以共齐盛,夫人蚕于北郊以共冕服",《曲礼下》"无田禄者,不设祭器",文稍异而义实同。又《孟子·离娄上》"为高必因丘陵,为下必因川泽"亦见于《礼器》。

② 廖名春:《荆门郭店楚简与先秦儒学》,姜广辉主编:《郭店楚简研究》,辽宁教育出版社 1999 年版,第 55—56 页。

第三章 《学记》成于战国时期

《学记》撰于战国时期。《学记》成书年代涉及历史问题，又是学术问题，对于《学记》的来历、某些命题或词汇的理解，远不是"人同此心，心同此理"，而是你有你的看法，我有我的看法。不同意《学记》成于战国时期的，概括起来有下列几个方面。

其一，认为《礼记》依许多学者判断，乃"杂出于汉儒"，内容主要反映"秦汉之礼"，即秦汉时期自成体系的理论和典章制度，《学记》也不例外。

其二，认为战国时期，儒家思想只是一家之言，在意识形态领域不占统治地位，远不及兵家和纵横家言。教育问题也未受重视，《学记》的"大学之教""大学之法"，只能是反映汉代独尊儒术和太学建立之后，对学校教育与教学的要求。

其三，认为《学记》与《中庸》为同时代作品，或作于《中庸》之后，而《中庸》是秦统一后儒家之作。

其四，认为《学记》是继《礼记·王制》篇而作，《王制》成于汉代，非成于先秦。

其五，认为《学记》乃汉董仲舒所作。董仲舒以一代儒宗，对汉时教育设施，提出许多富有创造性的建议。

这些论点表面看来不无道理，但需要作全面而深入的分析研究。

第一,《学记》所记叙的教育和国家典章制度,一部分是西周时期建立起来的,另一部分则是伴以传说的夏殷时期沿袭下来的,所谓"周礼"与"夏殷礼"。"夏殷礼"经过周朝统治者的过滤,形成了相传的"周礼"。《论语·为政》记孔子说:"殷因于夏礼,所损益,可知也;周因于殷礼,所损益,可知也。其或继周者,虽百世,可知也。"当然,到了春秋战国时期,还有通过当时政治、经济和文化教育的具体实践而建立起来的崭新的东西。秦汉及其以后,许多人也往往把这些春秋战国之"礼"并称为"周礼"。春秋战国毕竟处在东周之际。《礼记》从其总体来说是记叙"周礼",不是记叙"秦汉之礼"①。清皮锡瑞的《经学通论》就说:"三《礼》皆周人之书,所记皆周时之礼。"其所以造成参差牴牾,乃由于"历代久远,渐次变易,传闻各异,记载不同,非必上兼夏殷,而下杂秦汉"②。反观《学记》,其中有两段话反映战国时期的"礼"——政治制度和生活方式,这在秦汉时期都是不可想象的。

一是"当其为尸,则弗臣也;当其为师,则弗臣也"。

所谓"尸",就是西周时期借用活着的人当作"尸",让参加祭祀者对其顶礼膜拜的一种隆重礼仪。但到战国时期,随着经济文化的发展,人们对那些鬼神可以降附人身的宗教观念,已逐渐淡薄,而改用壁画的神像取代。《学记》这里也只是把它作为历史或理论上"为师弗臣"的陪衬来揭示"君"与"师"的对等关系,从而对君臣间的尊卑关系作些修正。这也是"率土之滨,莫非王臣"的反动。《战国策·颜斶说齐王》:"齐宣王见颜斶,曰:'斶前。'斶亦

---

① 朱熹就说《礼记》的《儒行》《乐记》"乃战国贤士为之"。参见《朱子语类》卷八十七,《礼四·小戴礼·总论》。

② 皮锡瑞著:《经学通论》三,《三礼·论三礼皆周时之礼不必聚讼当观其通》。

曰:'王前。'"宣王表示不愉快,问颜斶:"王贵乎?士贵乎?"颜斶坦然回答:"士贵耳,王者不贵!"并讲出一番道理来。宣王终于认输,说:"寡人自取病耳,愿请受为弟子。"只是这种局面存在时间并不长。秦始皇建立了"九五之尊"的权威。《史记·秦始皇本纪》载李斯等议:"古有天皇,有地皇,有泰皇,泰皇最贵。"嬴政表示去"泰",著"皇",采上古"帝"位号,号曰"皇帝";对于"子议父,臣议君",他表示"甚无谓,朕弗取焉"。汉兴,叔孙通为刘邦定汉朝仪,董仲舒更把尊君抑臣理论化,说"受命之君",乃"天意之所予"①,皇帝具有至高无上的权力。此时如果想保住脑袋,谁也不敢,也无从动帝王一根毛发。无端提出"弗臣""士贵",岂非自讨麻烦?现实生活已不容许这样做。

二是"始驾(马)者反之,车在马前"。

先秦养马,主要用以驾车。河南安阳、三门峡等殷周墓地遗址发现驾四匹马的战车遗迹和车马同坑,《论语·颜渊》:"驷不及舌",清刘宝楠《论语正义》:"驷,一乘也。""乘"便是对战车而言。《孟子·梁惠王上》说的"万乘之国""百乘之家",每乘(辆)战车都用马驾。章太炎说:"《诗》《书》有驾无骑。"② 明陈继儒《群碎录》还说:"古人不骑马,故经典不见。至赵武灵王谋胡服骑射,以教百姓;李牧杀牛飨士,习骑射,始见于此。……予按古者服牛乘马,马驾车,不单骑也。"战国后期,除赵国有单骑,马用以驾车仍是普遍现象。后此关于骑马的记载,则见于秦末汉初。如《史记·项羽本纪》记项羽赠马乌江亭长,说:"吾骑此马五岁,所当无敌,尝一日行千里,不忍杀之,以赐公。"此时还有骑兵,"汉军乃觉之,令骑将灌婴以五千骑追之",项羽"乃令骑皆下马步行,持短兵接战"。又《艺文类聚》记:"孝文皇帝时,有献千里马者,诏

---

① 《春秋繁露·深察名号》。
② 《章氏丛书》文史一,《阴声歌部甲》。

曰：鸾旗在前，属车在后，日行五十里，朕乘（按此"乘"字义当同骑。连皇帝都喜欢骑马，不喜欢坐车）千里马，独先安之。"同书记汉武帝时，"董仲舒勤学，三年不窥园，乘马不知牝牡"①。于此可知秦汉之际，驯马主要为便于骑，非便于驾。则"始驾（马）者反之，车在马前"，只能是战国时期的特定语言。

第二，战国时期战争频仍，你打来我打去。政治和军事上，各国忙于制胜或抗衡对方，外交上忙于合纵或连横。教育嘛，除了一些国家君主还有一股傻劲去抓一抓，如刘向《别录》所说"齐有稷门，齐之城西门也。外有学堂，即齐宣王所立学宫也"。而总的说来，许多君主对于教育并不那么感兴趣，他们的确也没有时间去兼顾教育。倒是儒家者流，努力于继承孔子以来办学和教育思想衣钵，本着自身的教育信念和经验，强调教育的重要性，提出系列具体措施，如学校制度、教学内容和方法，《学记》便是他们的代表作。他们这样做，也为了通过自己熟悉的业务作理论升华，扩大影响，赢得社会政治地位。战国时期，封建地主政权刚刚建立，为其服务的上层建筑尚未完善，尤其意识形态方面，来不及剪裁一套完全适合自己身材的服装，有必要向前代吸取哪怕未经改造的东西。例如"不卜禘不视学"的"禘"，到了战国，它该退出历史舞台了，《学记》作者却又把它捡起来用。这也由于奴隶制社会文化和封建制社会文化之间，有其矛盾性的一面，又有其同一性的一面，即封建地主与奴隶主共同感兴趣的东西，例如君统与宗统。这便是为什么周礼到了汉代及其以后仍有市场，三《礼》的许多内容规定仍用得着，有人且为其增益与注解，乃至将其成书或篇章写作年代推后，似乎只有汉代以官方拍板形式定儒学于一尊，才为包括《礼记》在内的儒家经典创造出世的条件，和建立一套儒家教育理论来指导教育实践奠立基础。对这看法，当然不是毫无道理，但仍须作

---

① 《艺文类聚》卷九十三，《兽部上》。

进一步分析研究。尤其汉初，是不是已到了儒学的"文艺复兴"时代呢？看来未必。谁都知道汉高祖溺儒冠，把儒生的帽子当夜壶撒尿。他憎恶穿儒服的人。陆贾在他面前称赞《诗》《书》挨了骂："乃公居马上而得之，安得《诗》《书》！"儒生们更慑于"挟书之法，是古之罪"，对研习儒家经典心有余悸。① 景帝时仍有"不任儒者"之说，以致"诸博士具官待问未有进者"。② 这种局面，到武帝登基时仍未见改变。《汉书·礼乐志》："武帝即位，进用英隽，议立明堂，制礼服以兴太平。会窦太后好黄老言，不说（悦）儒术，其事又废。"后来思想政治路线上开始独尊儒术，但对于"儒术"的不同流派亦有所选择。就是说，这个"独"是有原则的，不是凡"儒"都"尊"，像孟子，他那"君之视臣如土芥，则臣视君如寇雠"的言论，是不会受汉代封建专制政权的赏识的。赵岐的《孟子题辞》说："孟子既没之后，大道遂绌，逮至亡秦，焚灭经术，坑戮儒生，孟子徒党尽矣。"韩愈的《原道》也说："（孟）轲之死不得其传焉。"这位"亚圣"的思想一直到宋代理学问世，才开始出了风头。至于文化教育，秦时不用说了，汉初是否重视教育，《学记》是否总结此时期的教育教学经验，并反过来成为此时期教育设施的指导思想？回答也是否定的。《汉书·儒林传》说，汉初"尚有干戈，平定四海，亦未遑庠序之事"。后来建立的太学，在文字上诚然可以等同大学。如《学记》说"此大学之道也"，《经典释文》说"大音泰，后'大学'皆同"。明阮峻《礼记涤除》说："小戴《学记》云：'大学之法''大学之礼''大学之教'……并指学宫言之，音当从太。"但肯定了"大"字同"太"，并不意味着《学记》的"大学之教""大学之法"就是总结汉代太学的教育、教学经验。一所刚建立起来的高等学校，博士们还纠缠于师法家法、

---

① 刘歆说此时天下唯有《易》卜，未有他书。
② 《汉书·儒林传》。

今文古文，有多少教育、教学成熟经验可升华为理论呢？以此来审视《学记》写作年代，岂非不言而自明？

　　第三，《中庸》是否秦统一后，即汉时的作品，并与《学记》同时或先后问世呢？对此问题，得有如下三个认定。其一是，《中庸》为战国时期作品。《中庸》的"天命之谓性，率性之谓道，修道之谓教"，说得比较简练。后来郭店楚简的《性自命出》也说"性自命出，命自天降"和"四海之内，其性一也。其用心各异，教使然也。……道者，群物之道，凡道，心术为主。……教所以生德于中者也"，以及"长性者，道也"。此亦为《中庸》成于战国时期之证。因为湖北荆门郭店出土的竹简，其年代推定为战国中期偏晚，约当公元前四世纪中叶至前三世纪初。其二是，《中庸》为子思所作。子思为孔子之孙，名伋，其生卒年依《先秦诸子系年》说是公元前483年至前402年，约在战国初期。有人估计他"大约和墨子同时而早于宋钘"①。有说他师事曾参，有说他出于子游氏之儒②，也有说他与颜氏之儒有渊源关系。总的说是战国时人。《中庸》为他所作是有根据的。首先是《史记·孔子世家》说子思"尝困于宋，而作《中庸》"。其后《隋书·音乐志上》则说梁散骑常侍、尚书仆射沈约奏答："《中庸》《表记》《坊记》《缁衣》，皆取《子思子》。"《汉书·艺文志》载儒家者流有"子思二十三篇"。《隋书·经籍志》载有《子思子》七卷，注云："鲁穆公师孔伋撰"。看来《子思子》书隋时尚存。又《文选·四子讲德论》李善注："《子思子》曰：'民以君为心，君以民为体。心正则体修，心肃则身敬也。'"湖北荆门出土战国时期楚简本《缁衣》亦有同样记载。《孔丛子》说子思"撰《中庸》之书四十九篇"。北宋二程说"《中庸》

---

① 田昌五著：《古代社会断代新论》，人民出版社1982年版，第302页。
② 郭沫若主编：《中国史稿》第一册，人民出版社1977年版，第64页。

之书，是孔子传授，成于子思"①。后来朱熹说得更具体②。孟轲是子思的再传弟子，如《史记·孟子荀卿列传》说"受业子思之门人"。他之师承子思哲学亦可从《中庸》看出来。如《中庸》说："诚者，天之道也；诚之者，人之道也。"孟子也说："诚者，天之道也；思诚者，人之道也。"③ 孟子说的"至诚而不动者，未之有也。不诚，未有能动者也"，也是《中庸》"故至诚无息。不息则久，久则征，征则悠远，悠远则博厚，博厚则高明"和"唯天下至诚为能尽其性"的引申。"无息"就是对"动"而言，"尽其性"就是对"化"而言，亦《中庸》所说的"动则变，变则化，唯天下至诚为能化"。《荀子·非十二子》有一段话："略法先王而不知其统，犹然而材剧志大，闻见杂博。案往旧造说，谓之五行，甚僻违而无类，幽隐而无说，闭约而无解。案饰其辞而祗敬之曰：此真先君子之言也。子思唱之，孟轲和之，世俗之沟犹瞀儒嚾嚾然不知其所非也，遂受而传之，以为仲尼、子游为兹厚于后世。是则子思、孟轲之罪也。"荀子这样批判子思、孟子，不无偏激，但说孟子承袭子思的思想，则是事实。承袭什么呢？主要是中庸之道。那么，我们承认子思创中庸学说，也承认孟子继承和发展子思的中庸学说，却又把《中庸》之作拉到孟荀之后而为汉时产物，又说不出其作者为谁，看来难以说服人。其三是，可以认为《中庸》非子思手笔，因为有可能由其弟子笔记。但弟子所记必定在孟子之前，孟子才有文

---

① 《二程集·河南程氏遗书》卷十五。
② 朱熹《中庸章句》引言："子程子曰：不偏之谓中，不易之谓庸。……此篇乃孔门传授心法，子思恐其久而差也，故笔之于书，以授孟子。"朱熹以程氏有所据而云然，在其注解《中庸》中，亦肯定其为子思之作。如说某章乃"子思述所传之意以立言"，某章乃"子思之言，盖以申明首章道不可离"，某章乃"子思承上章夫子天道人道之意"，某章乃"子思因前章极致之言反求其本"……
③ 《孟子·离娄上》。

必录,有些章句竟一字不改。这亦说明《中庸》成于战国时期,而不是秦统一后的儒家之作。一定的思想言论,总是反映一定的历史时代要求。正如孟子答梁襄王问"天下恶乎定",说"定于一",这只能是针对战国时期的政治格局一样,秦灭了六国,政权上已"定于一";汉武帝独尊儒术,意识形态方面也"定于一",此时如果还讲"恶乎定",呼吁"定于一",就没有什么意义了。《中庸》中有许多话只能说明它在战国时讲,而不是在秦汉时讲。例如说"道之不行""道之不明""道其不行矣夫",以及借孔子之言,说"吾学周礼,今用之,吾从周",那简直是影射不满秦汉的政治现实,妄想变天。又如说"中立而不倚",依宋儒解释,为"不偏不倚",这在战国七雄争衡胜负未分时期,政治上表态不向任何一方靠拢,还说得过去,但到了秦汉,国家统一了,意识形态方面罢黜百家而独尊儒术了,政治上只能表示一边倒,不容许采取中立,也是明摆着的。认为《中庸》成于秦汉时期的学者,主要理由之一是《中庸》的"今天下车同轨,书同文,行同伦",但正如郭沫若先生所说的,"'书同文,行同伦',在春秋战国时已有其实际,金文文字与思想之一致便是证明,不必待秦汉之统一"①。例如篆书与隶书,一般说,篆书是春秋战国时通行于六国的文字,隶书是由篆书简化而通行于秦汉时期的文字。战国时期虽然有这个家那个家,思想和文字都还没完全统一,汉许慎《说文解字叙》就说七国"文字异形"。但由于此时期商品交换的发展,合纵连横的频繁,加上百家争鸣,如果没有对方听得懂的语言、看得懂和便于书写的文字,彼此间就无法加强接触与交流。依近人研究,江陵凤凰山秦墓出土秦昭王时的一些玉印字体已近于隶书,战国后期秦"高奴禾石铜板"的铭文已是隶书字体,湖北云梦睡虎地出土帛书《为吏之道》也与隶书相

---

① 郭沫若著:《十批判书》,科学出版社1962年版,第139页。

似。①"车同轨"同郡县制建立也有关系。郡县制从春秋时期就开始。《左传》僖公三十三年晋襄公以先茅之县赏胥臣，宣公十二年楚灭九国以为县，昭公二十八年晋分祁氏之田以为七县，哀公二年赵简子宣布克敌者上大夫受县，下大夫受郡；商鞅变法，也集小都乡邑以为县，这些都需要以"车同轨"来改变交通状况，发展商业，也便于传达政令。交错在魏、赵、齐等国之间叫作"午道"的交通大道，以及《战国策·秦策》记载秦国的"栈道千里，通于蜀汉"，自不是走一段路就得换个车型。战国时期各国间的相互征伐与兼并，也为"车同轨"创造了前提条件。

第四，解决《王制》《学记》孰先孰后问题，目的也许是为了《王制》讲过"建学之法"。其实，《礼记》中如《内则》《文王世子》都讲建学之法，原不必据此来论证《学记》的成文年代。认为《学记》是后《王制》而出，定为汉时作品的，大概是根据清陆奎勋的看法。杭世骏《续礼记集说》引陆氏说："《王制》略言建学之法，孝文孝景俱未举行。武帝举贤良方正，董广川②乃以设庠序、兴太学、置严师为急务，惜乎未见任用，故其说亦不详，此篇殆继《王制》而作者欤。"③《礼记正义·王制》及《经典释文·叙录》引卢植言汉文帝令博士作《王制》。卢植之说，盖出《史记·封禅书》。《封禅书》是这样记载的："夏四月，文帝亲拜霸、渭之会……于是贵平上大夫，赐累千金，而使博士诸生刺六经中作《王制》，谋议巡狩封禅事。"结合上文，似可以论定《学记》作于《王制》之后，而《王制》又论定为汉文帝时的作品了。但历史上有两《王制》，《封禅书》中的《王制》，未必是今《礼记》中的《王制》，二者不是一码事。司马贞《史记索隐》引刘向《别录》云："文帝所造书

---

① 参见杨宽著：《战国史》，上海人民出版社1981年版，第487页。
② 董仲舒为河北广川人，故称。
③ 杭世骏撰：《续礼记集说》卷六十七。

有《本制》《兵制》《服制》篇",参检今《礼记·王制》并不相合。清孙志祖据《别录》云:"文帝所造书有《本制》《兵制》《服制》篇,然则文帝之《王制》,非《礼记》之《王制》也。卢植以其名偶同而误牵合之尔。"①臧庸云:"《礼记·王制》只有班爵、祭祀、养老之文,并无言《服制》《兵制》者,则此非汉文帝时书审矣。"②清孙星衍也说:"汉文帝时别有《王制》,今《礼记·王制》并无《本制》《兵制》《服制》诸篇,何得谓之汉文帝时作。"③郑玄《目录》说:"名《王制》者,以其记先王班爵、授禄、祭祀、养老之法度。此于《别录》属制度,《王制》之作,盖在秦汉之际。"但在他的《驳五经异义》中又说:"《王制》是孔子之后大贤所记先王之事。"这"孔子之后大贤"当指孔子弟子和再传弟子,乃至孟子,不会"后"到秦汉,即安知此篇不在战国时期出世?《孟子》的《北宫章》即与《王制》论爵禄事相同。《礼记正义》以《王制》为汉时作品的论据之一,是《王制》篇中有"有正听之"句,郑玄注汉有"正平"④,承秦置之;又《王制》记"古者以周尺八尺为步",亦当为周亡后的痕迹。对此,今人蒋伯潜的《十三经概论》即指出:"《尚书·囧命序》已有'周太仆正',《周礼》已有'宫正',《左传》有'遂正''乡正''校正''工正',又云'师不陵正',注云'正,军将命卿'。安知古之刑官必无正乎?至于'周尺',或为周秦间人语,因战国时度量衡制已不统一也。"蒋伯潜末了说:"窃疑《王制》与《周礼》同为周秦间才士所作,改制之主张不同,故所改定之制亦殊异。"⑤《王制》不是衡量《学记》的唯一尺度,自不必斤斤计较于其写作时间之先后。把《王

---

① 孙志祖撰:《读书脞录·王制》。
② 臧庸撰:《拜经日记·王制》。
③ 孙星衍撰:《平津馆文稿》卷上《〈王制〉〈月令〉非秦汉人所撰辨》。
④ "正平",官名。"正"与"长"义同。
⑤ 蒋伯潜著:《十三经概论》,上海古籍出版社1983年版,第339页。

制》作为衡量《学记》内容的理论依据，不如把《中庸》作为衡量《学记》内容的理论依据。

第五，持董仲舒作《学记》之说的，大概以为董仲舒是汉代经学大师，以儒学为正统的首倡者，又是汉代数一数二的教育家，他的一些教育主张与《学记》内容相吻合。如提出"变民风，化民俗"和"常玉不琢，不成文章，君子不学，不成其德"①；又说"其言寡而足，约而喻，简而达，省而具，少而不可益，多而不可损……"②，但这是否可作为他撰《学记》的证据呢？如果是，他那性三品说、三纲五常的政治伦理道德教育，以及弟子递次相传的教学方法，又为什么没有在《学记》中得到反映？实际上，在他之前的汉文帝时博士韩婴，在其所著《韩诗外传》中，我们发现有比董仲舒更多与《学记》基本相同的语句。例如：

> 玉不琢，不成器；人不学，不成行。
>
> 剑虽利，不厉不断；材虽美，不学不高。虽有旨酒嘉肴，不尝不知其旨；虽有善道，不学不达其功。故学然后知不足，教然后知不究。不足，故自愧而勉；不究，故尽师而熟。由此观之，则教学相长也。
>
> 凡学之道，严师为难。师严然后道尊，道尊然后民知敬学。故大学之礼，虽诏于天子无北面，尊师尚道也。故不言而信，不怒而威，师之谓也。《诗》："日就月将"，学有缉熙于光明。

再上溯《吕氏春秋》。它是战国时期秦庄襄王的相国吕不韦门客的集体创作，内容虽"兼儒墨，合名法"，但儒家色彩浓厚。教

---

① 《汉书·董仲舒传》，《对策一》。
② 董仲舒撰：《春秋繁露·必仁且智》。

育思想方面，与《学记》文字不尽相同，含义却有一致之处。如《不二》篇说"无术之智，不教之能，而恃强速贯习①，不足以成也"，与《学记》"人不学，不知道"意同；《诬徒》篇"达师之教也，使弟子安焉，乐焉，休焉，游焉，肃焉，严焉"，与《学记》"故君子之于学也，藏焉，脩焉，息焉，游焉"意同。至于《诬徒》与《用众》篇的"善教者""善学者""人之情，不能乐其所安"等等，与《学记》亦有共通之处。

有人说董仲舒作《学记》是朱熹定的调子。我们查考朱熹有关著作，他却是这样说的："许顺之说人谓《礼记》是汉儒说，恐不然。汉儒最纯者莫如董仲舒，仲舒之文最纯者莫如《三策》，何尝有《礼记》中说话来。"朱熹并举《乐记》为例，说："如《乐记》所谓'天高地下，万物散殊，而礼制行矣；流而不息，合同而化，而乐兴焉'。仲舒如何说得这里？想必是古来流传得此个文字如此。"② 从这段话，我们亦可知《学记》是否董仲舒的手笔了。

也有人以为，战国时期兵荒马乱，人们治生犹恐不得，奚暇坐下来写那内容有头有尾、有骨有肉的《学记》来？

战国时期的"乱"，从某种角度说，只能意味着此时"上无天子，下无方伯"，为人们思想解放创造了历史前提，想说什么就说什么，想做什么就做什么。儒、墨、道、法、阴阳、农、兵、杂并起，形成所谓"百家争鸣"局面，已为人所熟知。即如科学技术：惠施以浑天说（认为大地是球形的）的先驱者称名于世；齐国人甘德著《天文星占》；魏国人石申著《天文》，其一部分还保存在1973年长沙马王堆汉墓出土的帛书《五星占》中；地理学著作《山海经》和《禹贡》勾画了黄河、长江流域山川形势；以《黄帝内经》为代表的医书反映此时期医学发展水平；记载于《汉书·艺

---

① "贯习"，即惯习。惯，古字作贯。
② 《朱子语类》卷八十七，《礼四·小戴礼·总论》。

文志》的《神农》《野老》虽已失传，但从《管子》的《地员》和《荀子》的《富国》，可以大体看出此时期农学方面的研究成就；《考工记》《墨子》中的一些篇章，以及公输般的技巧，也反映出此时手工业的发展情况。至于文学艺术，像屈原的《离骚》、曾侯乙墓出土的编钟，还有长沙楚墓出土的帛画……这许许多多事例，可以帮助我们理解，一部《礼记》，甚至短短一篇《学记》作于战国时期，算不得历史罕见。尽管《学记》主要不是总结战国时期学校教育经验，但它吸取西周以来官学体制和春秋时期私学教学方法方式的精髓，对教育功能给予足够的肯定是可以想象的。

　　至于《礼记》的个别篇章、《学记》的部分内容为汉时人补充或修改，这不仅有其可能性，也有其实在性。我们不排除符合历史事实的不同看法。如有人认为《王制》为汉文帝时博士们所作，也因为《王制》中有"田里不鬻"句，反映土地不得自由买卖为汉时人所重视，以防止"兼并"。同样，认为《礼运》为汉时人作品，也因为其中有"以立田里"句，多少反映此时土地过分集中，导致"富者田连阡陌"。虽然光就这些问题而确证《王制》《礼运》为汉时作品，还有值得商榷的地方。

第四章 《学记》为思孟学派作品

说《学记》是思孟学派的作品，也是有所据而云然。首先是子思一派。这得从曾子说起。

子思学于曾子，孟子学从子思，事载《孟子外书》。虽然《外书》是"后世依放而托"（赵岐语），但从曾子到孟子，他们的思想确是一脉相承。孟子受业于子思之门人，自不待言，即如曾参，见于朱熹《孟子集注》的《序说》，即引韩愈言"惟孟轲师子思，而子思之学出于曾子"，程子注："颜子没后，终得圣人之道者，曾子也……所传者子思、孟子，皆其学也。"保存于《大戴礼记》① 中的"曾子十篇"，尤其《曾子立事》篇，我们依稀地看到它对《学记》的思想影响。如说：

> 君子学必由其业，问必以其序。问而不决，承间观色而复之，虽不说，亦不强争也。

---

① 《大戴礼记》的《卫将军文子》篇记子贡回答卫将军文子问关于孔门高弟时说："业功不伐，贵位不善，不侮可侮，不佚可佚，不敖无告，是颛孙之行也。"同郭店楚简《忠信之道》的"化物而不伐""不伪不害""不诳生，不背死"的精神是一致的，可知《大戴礼记》的原作者亦当生活在战国时代。戴德只是辑前人之文而已。

清王聘珍注："《学记》曰：'时教必有正业。'孔疏云：'正业，谓先王正典。'序，次也。必以其序，谓不躐等也。间，隙也。观色者，不干逆色也。复之，再问也。说，解也。争，辨也。"① 近人罗焌补注："孔云，说如'相悦以解'之说。"② 王、罗二氏还未尽其说。《学记》的"记问之学，不足以为人师，必也其听语乎。力不能问，然后语之，语之而不知，虽舍之可也"，实亦《曾子立事》篇所说的引申。

又如：

> 君子疑则不言，未问则不言，两问则不行其难者。

王聘珍注："疑，谓是非不决。问，论难也。未问不言者，不以身质言语也。两问，谓两事当问也。《史记索隐》云：'行者，先也。'《学记》曰：'善问者如攻坚木，先其易者，后其节目。'问必以其序也。"罗焌补注："孔云，人以两端来问，则择其易行者告之。"此亦"先其易者，后其节目"之意。

此外如《曾子立事》篇的"日旦就业，夕而自省思"，同《学记》的"时教必有正业，退息必有居学"；"君子既学之，患其不博也；既博之，患其不习也"，同《学记》的"博习亲师"；"三十四十之间而无艺，即无艺矣，五十而不以善闻矣"，同《学记》的"时过然后学，则勤苦而难成"；"能取朋友者，亦能取所予从政者矣"，同《学记》的"论学取友"；"导之以道而勿强也"，同《学记》的"道（导）而弗牵"等等，都互为表里。所以罗焌说："然自尼山既颓，儒分为八，思、孟、乐正三氏，皆出曾门，则当日教学之法，有可述焉。"④

---

①③ 《大戴礼记解诂》卷四，《曾子立事》。
②④ 罗焌著：《诸子学述》，商务印书馆1947年版，第130页。

那么，曾子之学，尤其教育思想，对《学记》的影响如此，而孟子呢？他对于《学记》的思想影响也相当突出。就拿《学记》的第一、二两章内容来说，宋辅广引《孟子·公孙丑上》"欲有谋焉则就之"，陈祥道引《孟子·离娄上》"诚而不动者，未之有也，不诚，未有能动者也"来解释《学记》"就贤"与"动众"，方慤引《孟子·离娄下》"自反而仁矣"来解释《学记》的"知不足，然后能自反也"。《学记》提出的教学原则与方法，同《孟子》的教学观点也十分接近：

《学记》	《孟子》
教然后知困。	人之患在好为人师。①
学不躐等也。	助之长者，揠苗者也，非徒无益，而又害之。②
不陵节而施之谓孙。	盈科而后进。③
言及于数……其去也必速。	其进锐者其退速。④
当其可之谓时。	有如时雨化之者。⑤
道而弗牵，强而弗抑，开而弗达。	君子引而不发，跃如也。⑥ 君子深造之以道，欲其自得也。⑦
其言也，约而达，微而臧，罕譬而喻。	言近而旨远者，善言也；守约而施博者，善道也。⑧
语之而不知，虽舍之可也。	予不屑之教诲也者，是亦教诲之而已矣。⑨
……	……

---

① 《孟子·离娄上》。
② 《孟子·公孙丑上》。
③⑦ 《孟子·离娄下》。
④⑤⑥ 《孟子·尽心上》。
⑧ 《孟子·尽心下》。
⑨ 《孟子·告子下》。

荀况的思维方式，未可与思、孟同日而语，但他毕竟属于儒家。《史记·儒林列传》："孟子、荀卿之列，咸遵夫子之业而润色之。"观《荀子·大略》："不富无以养民情，不教无以理民性。故家五亩宅，百亩田，务其业而勿夺其时，所以富之也；立大学，设庠序，修六礼，明七教，所以道之也。"这与《孟子·梁惠王上》的"五亩之宅，树之以桑，五十者可以衣帛矣，鸡豚狗彘之畜，无失其时，七十者可以食肉矣。百亩之田，勿夺其时，数口之家，可以无饥矣。谨庠序之教，申之以孝悌之义，颁白者不负戴于道路矣"谈论教育与经济的关系，二者的基本精神是一致的。至于《学记》，它与《荀子》之间，我们亦可窥见其思想相互渗透。例如，《学记》的"玉不琢，不成器；人不学，不知道"，同《荀子·大略》的"人之于文学也，犹玉之于琢磨也"；《学记》的"故安其学而亲其师，乐其友而信其道"，同《荀子·修身》的"故君子隆师而亲友"；《学记》的"当其可之谓时""必也其听语乎"，同《荀子·劝学》的"不问而告谓之傲，问一而告二谓之囋。傲，非也；囋，非也；君子如向矣"，"未可与言而言谓之傲，可与言而不言谓之隐，不观气色而言谓之瞽。故君子不傲、不隐、不瞽，谨顺其身"；《学记》的"相观而善之谓摩"，同《荀子·性恶》的"身日进于仁义而不自知也者，靡①使然也"；《学记》的"道而弗牵"，同《荀子·大略》的"导之以道而勿强"；以及《学记》的"时过然后学，则勤苦而难成"，同《大略》的"少不讽诵，壮不论议，虽可，未成也"，等等，彼此间亦相互渗透。

战国时期，百家既争鸣，彼此间又思想互补。《学记》是否也承受些墨、道两家的东西，不妨提供些迹象，备参证。

先看墨翟与《墨子》。

《淮南子·要略训》说"墨子学儒者之业，受孔子之术"，后

---

① 靡，借为"摩"。

"背周道而用夏政",同儒术保持距离而自成一家。其在教育内容方面,摈弃六艺教育,提倡自然科学与生产劳动教育自不待言。但作为普遍规律,例如教育方法和思维方式,儒墨之间非无共同语言,在《学记》中即可见其一二。例如《墨子·公孟》说:"夫知者,亦必量力所能至。"又《大取》说:"子深其深,浅其浅,益其益,尊其尊。"《学记》说:"人之学也,或失则多,或失则寡,或失则易,或失则止。此四者,心之莫同也。知其心,然后能救其失也"和"当其可之谓时,不陵节而施之谓孙",讲的都是因材施教。《墨子·经上》说:"唱和同患①,说在功。"《经说下》解:"唱无过,无所周②,若椑③,和无过,使也,不得已。唱而不和,是不学也;智少而不学,功不(必)寡。和而不唱,是不教也;智多而不教,功适息。"《学记》说:"是故学然后知不足,教然后知困。知不足,然后能自反也;知困,然后能自强也。"讲的都是教学相长。至于《学记》的"知类通达""比物丑类""是故""故曰""夫然故",还引用了玉、蛾、马等系列譬喻,看来都是墨家的"明故""察类""举辟(譬)"的思维方法的具体运用。

再看老聃与《老子》。

楚简本《老子》④所表达的老聃思想,它的特点是不同于今本《老子》那样否定儒家的道德说教。如今本《老子》第十八章的"大道废焉,有仁义;慧智出焉,有大伪;六亲不和焉,有孝慈;邦家昏乱焉,有贞臣"。简本文则为"故大道废,安有仁义?六亲不和,安有孝慈?邦家昏乱,安有正臣?"意思完全相反。又今本

---

① 患,与"串"古字通用。《诗·皇矣》:"串夷载路。"《释文》:"串本作患",患"即《说文》中之"毋",与"贯"通用,为相互渗透之意。

② 周,当作"言"字。

③ 椑,借为"裨",古通用。《说文》:"裨,接益也。"《国语·郑语》:"若以同裨同。"韦昭注:"裨,益也。"

④ 楚简本仍是一种传本,而不是原本。

第十九章的"绝圣弃智""绝仁弃义",在简本中则为"绝智弃卞(辩)""绝伪(伪)弃虑(诈)",即不像今本那样否定"圣""仁义""孝慈"。《学记》的"人不学,不知道"的"道",有似简本中的"大道",而不是今本中的"大道"。清刘光蕡于其《学记臆解》前言中,揭示了"道者由己及人之路,尧舜禹汤文武周公之政,皆是脩道之教"。这个"道"即涵盖着道德规范与典章制度,如儒家说的"礼"。王夫之于其《礼记章句》的《学记》前言中,揭示了"先王以礼齐民,学为之首,则系学于礼,道莫重焉"。楚简本有"圣人……教不教,复众人之所过"句。"教不教"今本作"学不学"(第六十四章)。但无论是"教不教"还是"学不学",它都没有否定教育,只是说教或学世人所不想教或不想学的东西。否则《老子》不会说"为学日益"(今本第四十八章)和"日知者明也"(今本第三十三章)①。至于"复众人之所过"的"众人",如果解释为"民",岂不说明老聃同《学记》一样,注意了"化民"。至于把"礼"解释为道德规范(例如仁义、孝慈)和典章制度,对老聃的思想来说,也是没有什么可非议的。因为他并没有排斥"礼"。孔子问礼于老聃一事,记载于《吕氏春秋》《礼记》《大戴记》和《史记》。即便孔子问得离奇,老聃不尽赞同其言,但他仍以温和的口气回答:"子所言者,其人与骨皆已朽矣,独其言在耳。"② 老聃比孔子更懂得辩证法,包括今本的《老子》在内。他所揭示的"无(亡)"与"有"、"上"与"下"、"前"与"后"、"动"与"静"、"益"与"损"诸范畴的矛盾统一关系,以及说"圣人……行不言之教","企者不立,跨者不行","善行者无辙迹,

---

① 此亦见楚简本。后人把"为学日益,为道日损"解释为学得越多,道越受损害,非也。原义应是:学得越精明,越有利于为入道涤除障碍。这种"无为"的结果才是"无所不为"。

② 《史记·老子韩非列传》。

善言者无暇谪","譬道之在天下也,犹川谷之与江海也"① 等,其在方法论方面对《学记》有何启迪意义,可以进一步研究。

但也要看到,《学记》不是墨家、道家的教育著作,而是地地道道的儒家著作,具体说乃思孟学派的著作。思、孟上承曾子。这又使人联系到作为《礼记》一篇的《大学》。朱熹说它是"为学纲目","所教"乃"穷理正心、修已治人之道",曾参"作为传义,发明其意。孟子死后,而其传泯焉"②。可见孟子对《大学》相当重视。《学记》与《大学》也有思想联系。清陈澧《东塾读书记》说:"《大学》篇首云'大学之道',《学记》亦云'此大学之道也',可见《学记》与《大学》相发明。'知类通达',物格知至也;'强立不反',意诚心正身修也;'化民成俗',近者说服,远者怀之,家齐国治天下平也。其'离经辨志''敬业乐群''博习亲师''论学取友',则格物致知之事也。"③ 郭沫若的《十批判书》同其说。④ 至于《学记》的"化民成俗""化民易俗",与《大学》的"大学之道,在明明德,在亲(新)民,在止于至善";《学记》的"知不足,然后能自反也;知困,然后能自强也",与《大学》的"知止而后有定,定而后能静,静而后能安,安而后能虑,虑而后能得"和"诚其意者毋自欺也";《学记》的"三王之祭川也,皆先河而后海,或源也,或委也,此之谓务本",与《大学》的"物有本末,事有终始,知所先后,则近道矣",亦一脉相承。

《大学》相传为曾子所作,朱熹《大学章句》说:"右经一章,盖孔子之言而曾子述之,其传十章,则曾子之意而门人记之也。"

---

① 这句话同《学记》的"三王之祭川也,皆先河而后海,或源也,或委也,此之谓务本"的思路是一致的。
② 转引自邱汉生著:《四书集注简论》,中国社会科学出版社1980年版,第7页。
③ 陈澧撰:《东塾读书记》卷九。
④ 郭沫若著:《十批判书》,科学出版社1962年版,第138页。

有的学者考证《大学》作者为乐正克①，盖本"思、孟、乐正三氏，皆出曾门"；《礼记·檀弓》还有"曾子寝疾，乐正子春坐于床下"之说。乐正克是孟子弟子，他当是《学记》作者或主要作者，而不是《大学》作者。乐正本是学官，《礼记·王制》所谓"乐正崇四术，立四教，顺先王《诗》《书》礼乐以造士"。学官后裔论教育，既有其家学渊源，又有其亲身经历。

---

① 参阅郭沫若主编：《中国史稿》第二册，人民出版社1977年版，第64页。

第五章 《中庸》——《学记》思想的哲学方法论基础

《学记》思想具有辩证法和唯物主义因素,其辩证法思想主要当来自《中庸》。

《中庸》思想的核心是"中"与"和"。如说:

> 喜怒哀乐之未发谓之中,发而皆中谓之和。中也者天下之大本也,和也者天下之达道也。致中和天地位焉,万物育焉。

据说这是"子思述(孔子)所传之意以立言"①。《中庸》还引孔子言"故君子和而不流,强哉矫;中立而不倚,强哉矫"。

《中庸》中有一句话也具有代表性,叫作"执其两端,用其中于民"。将其压缩,便是"执两用中"。

"两"是对对立面而言,两个相反的质嘛。"中"是对统一而言,旧说亦训为和,《白虎通·五行》:"中,和也。"《中庸》的"庸",《尔雅·释诂》训"常","常"亦对"和"而言。用现在的话说,就是统一或均衡;"庸"亦训为用,此见《说文》。那么"执两

---

① 朱熹:《中庸章句》,第一章附言。

用中"，便是抓住对立着的两端，而运用它们的"中"。《论语·子罕》"我叩其两端而竭焉"，还有《尧曰》的"允执其中"，亦"执两用中"之意。"用中"既矫正"过"，也矫正"不及"，因为"过犹不及"①。重视一方而忽视另一方，背离了"和"或"常"，都不好，就是说，都不是正确的。可见，《中庸》不是提倡折中主义，搞和稀泥，它是有高度原则性的，《论语·子路》所谓"和而不同"。孔子这种处理事物和问题的思维方法，其合理性当为子思所赞同，才以《中庸》名篇，把它记载下来，释放其基本精神。子思自己也讲过"极高明而道中庸"和"齐庄中正，足以有敬也"。

那么，从孔子到子思，关于"中庸""中和""中正"这些哲学范畴，是辩证法，还是形而上学？历史上既有不同的看法，我们就有必要把问题弄个清楚。

这不妨看一看《中庸》思想同《易》理的关系，即在某些方面表现其一致性。

清钱大昕的《中庸说》写道：

> 《彖传》之言中者三十三，《象传》之言中者三十。其言中也，曰正中，曰时中，曰大中，曰中道，曰中行，曰行中，曰刚中，曰柔中。刚柔非中，而得中者，无咎。故尝谓《易》六十四卦，三百八十四爻，一言以蔽之，曰中而已矣。子思述孔子之意而作《中庸》，与大《易》相表里。②

《中庸》与《系辞》也有相似乃至相同的语言。试举数例。

《系辞下》："子曰：颜氏之子，其殆庶几乎！有不善，未尝不知，知之未尝复行也。《易》曰：不远复，无祗悔，元吉。"《中庸》第八章："子曰：回之为人也，择乎中庸，得一善，则拳拳服膺而

---

① 《论语·先进》。
② 钱大昕撰：《潜研堂集》。

弗失之矣。"

《系辞上》："精气为物，游魂为变，是故知鬼神之情状，与天地相似。"按此"鬼神"乃指天地造化之迹，阴阳二气的良能，万物聚散的过程，并非神秘之物。《中庸》第十六章："鬼神之为德，其盛矣乎！"程子注："鬼神，天地之功用，而造化之迹也。"张载注："鬼神者，二气之良能也。"①

《系辞上》："《易》与天地准（朱熹释'准'为齐），故能弥纶天地之道。"《中庸》第二十二章："……可以赞天地之化育，则可以与天地参矣。"

……

中庸之道为孔子首倡，《系辞》相传为孔子所作，其揭示自然界的阴阳、动静、刚柔的矛盾统一，和事物的发展变化，所谓"穷则变，变则通，通则久"。《论语·为政》的"殷因于夏礼，所损益，可知也；周因于殷礼，所损益，可知也"的"损益"观，亦与《中庸》的"君子之中庸也，君子而时中"相契合，进而论证《中庸》的无过无不及不是折中主义。为了体现处理一切事物和问题的"中"，我们就必须损有余而益不足，做到无过无不及。正如朱熹注《为政》本章所说的："若乃制度文为，或太过，则当损；或不及，则当益。益之损之，与时宜之。""与时宜之"就是"而时中"，或者说与时俱进，它恰恰符合辩证法。《学记》就是承继《中庸》所含有的辩证法。试举两例。

"禁于未发之谓豫，当其可之谓时，不陵节而施之谓孙。"这是讲"时中"。

"道而弗牵，强而弗抑，开而弗达。"这也是讲"时中"。

既然"中"是为"两"而存在，无"两"不成为"中"，所以"中"本身就是讲矛盾的统一。统一就是"和"，"和"就是指暂时

---

① 见朱熹：《中庸章句》。

的平衡、协调、稳定。《学记》："学然后知不足，教然后知困。知不足，然后能自反也，知困，然后能自强也。"此"学""教"都意味着暂时的平衡，"知不足""知困"意味着不平衡，"自反""自强"则意味着新的平衡。

《学记》这一系列表述，可以说在方法论上都是或主要是遵循《中庸》的"中"与"和"。"和"由"中"来，《中庸》所谓"发而皆中节谓之和"。

《学记》思想内容同《中庸》有关教育表述，也有相似之处。试举数例。

《学记》开宗明义说"发虑宪，求善良，足以謏闻，不足以动众；就贤体远，足以动众，未足以化民"，与《中庸》的"凡为天下国家有九经，曰：修身也，尊贤也，亲亲也，敬大臣也，体群臣也，子庶民也，来百工也，柔远人也，怀诸侯也。修身则道立，尊贤则不惑，亲亲则诸父昆弟不怨，敬大臣则不眩，体群臣则士之报礼重，子庶民则百姓劝，来百工则财用足，柔远人则四方归之，怀诸侯则天下畏之"相表里。

《学记》的"君子如欲化民成俗，其必由学乎"，与《中庸》的"好学近乎知，力行近乎仁，知耻近乎勇。知斯三者则知所以修身；知所以修身，则知所以治人；知所以治人，则知所以治天下国家矣"，以及"声色之于化民，末也"相表里。

《学记》的"博习亲师""知类通达""强立而不反"以及"善学""善问"，与《中庸》的"博学之，审问之，慎思之，明辨之，笃行之"相表里。

《学记》的"禁于未发之谓豫""发然后禁，则扞格而不胜"，与《中庸》的"凡事豫则立，不豫则废"相表里。

《学记》的"呻其占毕，多其讯言，及于数进，而不顾其安，使人不由其诚，教人不尽其材，其施之也悖，其求之也佛"，与《中庸》的"天之生物，必因其材而笃焉，故栽者培之，倾者覆之"

相表里。

至于"诚"这个概念,它在子思学说中,既指宇宙的根本,也指人的社会行为准则。《中庸》说:"诚者,天之道也;诚之者,人之道也。"前者是唯心主义的,后者还有其现实生活指导意义。《中庸》重视人的"诚":"是故君子诚之为贵。"《学记》的首章就强调"诚",把"诚"作为人们思想和行为的动力。北宋刘敞等即指出"足以动众"的"动"便是《中庸》"明则动"的动,"动(众)""化(民)"的思想和道德行为基础便是"诚",所谓"诚则形,形则著,著则明,明则动,动则变,变则化"。《学记》最后一章"大德不官""大信不约"既是讲道,又是讲"诚"。清任启运说:"德无不全,故才无不备,而非一官。体无不具,故用无不周,而非一器。至诚所孚,不言而信,不待约也。至道在我,与时俱行,不待齐也。此皆足于本,自通于末。君子察之,故必格致以穷天命之理,诚正以复天命之初。身之本既立,而齐家、治国、平天下一以贯之矣。"

《学记》有些思想也有可能受《易》理的直接启示。例如《学记》的"道而弗牵,强而弗抑,开而弗达"和"力不能问,然后语之,语之而不知,虽舍之可也",可能受《系辞上》的"君子之道,或出或处,或默或语"和"默而成之,不言而信,存乎德行"的启示。《学记》的"约而达,微而臧,罕譬而喻",可能受《系辞下》的"彰往而察来而微显阐幽,开而当名辨物,正言断辞,则备矣"的启示。

《学记》思想的唯物主义因素,来自前人的教育经验积累和《学记》作者自身的教育实践体验。例如说"玉不琢,不成器;人不学,不知道",表明知识靠后天习得,不是与生俱来,反对遗传决定论。孔子就说"我非生而知之者"。又《学记》说"人之学也,或失则多,或失则寡,或失则易,或失则止",教师有必要"知其心",即要了解学生在学习过程中的心理状态和接受程度,就是说从学生年龄特征和学习实际出发,这是唯物主义。儒家讲因材施教,就具有唯物主义的意蕴。

第六章 《黄帝内经》对《学记》思想的启示

《学记》除了继承和发展春秋战国时期的各家，主要是思孟学派的教育思想，它也或多或少地借助于当时自然科学或者说自然哲学的研究成就，尤其作为教育对象的人的生理条件和心理状态研究，诸如人的体质、气质、思想、情感、意志、行为等，从而为《学记》创作奠下了比较坚实的理论基础。

这种与人类教育活动构成密切联系的人的生理与心理现象探索，主要表现在成书于战国时期的《黄帝内经》。

《黄帝内经》亦称《内经》，最早见于西汉刘歆所撰的《七略》。《汉书·艺文志》提到"《黄帝内经》十八卷"。说"黄帝"，并非指黄帝或黄帝时期之作，而是如《淮南子·修务训》所说的"世俗之人，多尊古而贱今，故为道者必托之于神农、黄帝而后能入说"，像《内经》中的《素问》。明代桑悦的《素问钞》序言就说："《素问》乃先秦战国之书，非黄、岐手笔。"① 此前，宋代邵雍的《皇极经世书》就说《素问》乃"七国时书也"。也有人认为《内经》

---

① 按《内经》内容，系以黄帝同其臣子岐伯等人问答讨论的形式表述。

成于西汉时期。从1973年长沙马王堆三号汉墓出土医帛书和医学史书以及先秦的文体考证,《内经》当是战国乃至春秋时作品,到秦汉时有所补充修订。

从哲学角度看,《内经》具有朴素的唯物主义和辩证法。它提出"气"一元论的哲学本体论,认为"气之升降"乃整个自然界发展变化的总根源,所谓"天地之更用也"①。"气"又是构成人体的基本物质和生命动力,它关系着人的意志、思想和情感消长,所谓"喜则气缓,悲则气消……劳则气耗,思则气结"②。"气"的升降又表现为阴阳的对立统一。《灵枢·通天》认为太阴、少阴、太阳、少阳、阴阳平和之人,其气质、性格、脾气等将有所不同。《素问》还把阴阳看成"万物之纲纪,变化之父母,生杀之本始"③。这与《易·系辞》"一阴一阳之谓道"相发明。不同的是,《系辞》仅仅从哲学角度对自然界和人类社会现象作高度的概括,而《内经》关于阴阳的表述,则延伸到人的生理和心理领域,直接指导人类社会生活,包括教育教学在内。虽然《内经》绝大部分内容是从医学角度分析和解决病理问题,但又要看到,教育的对象是人,不从人的生理和心理状态去考虑教育内容的深浅难易,教学方法的主从、动静、抑扬、庄谐,因材施教是"施"不起来的。

但更主要的也许是《内经》的五行学说。它与包括子思在内的前人五行说有没有血缘关系,姑置而弗论。因为一属于道家,一属于儒家,虽都离不开金、木、水、火、土,其出发点亦非如出一辙。但作为医学哲理,它的内容却更侧重于人的生理和心理在日常生活和生命运动中相互联系和相互制约关系,在理论上将直接或间接地渗透到诸如《学记》那样的古典教育思想中。

---

① 《素问·六微旨大论》。
② 《素问·举痛论》。
③ 《素问·阴阳应象大论》。

第一编 《学记》思想考释

例如《内经》中的许多篇章，把五行关系引入人体器官结构和生理功能的配合。像"五体"涵盖筋、脉、皮、肉、骨，"五窍"涵盖目、舌、口、鼻、耳，"五声"涵盖呼、笑、歌、哭、呻，"五神"涵盖魂、神、意、魄、志，"五志"涵盖怒、喜、思、忧、恐等等。彼此间既相生相克，又随外部环境而发生变化，于不平衡中求平衡。正如《素问·六节藏象论》所说："太过，则薄所不胜，而乘所胜也……不及，则所胜妄行，而所生受病（此'受病'亦可作受障碍解）。"

《内经》依稀地看到"心"，即人脑的生理和心理功能。它一方面对人的腑脏活动起调节作用，另一方面又对人的精神活动（包括情感、意志、思想）起控制作用。《灵枢·邪客》就说："心者五脏六腑之大主也，精神之所舍也。"《灵枢·本神》又说："所以任物者谓之心，心有所忆谓之意，意之所存谓之志，因志而存变谓之思，因思而远慕谓之虑，因虑而处物谓之智。"近人对《本神》这段话作了如下诠释："心理活动，必须首先由被接触的事物通过'心'的感受而产生知觉；鉴于感知的事物常在人脑中反映，就出现了记忆，当记忆着不在眼前的事物而在人脑中的映象，这便是意象；在意象中进一步认识客观事物，为实现志愿而确定目标，就叫作志向；有了志向就对客观事物的一般特点和内在联系进行综合分析，反复思考，形成思维；通过思维活动对一定事物的志向进行思考，深谋远虑，便称为心智。"并说："《内经》的这一精辟论述，不仅描写了心理活动的全过程，而且提出了心理学思想的纲领。"① 至于《灵枢·师传》的"告之以其败，语之以其善，导之以其所便，开之以其所苦"，虽主要是针对疾病寿夭的生理和心理健康而言，但对于教育教学的原则与方法来说，不无互通之处。《学记》接受其思想的深度和广度如何，我们未可轻下结论。但在《学记》中，

---

① 傅维廉、吴鸿洲主编：《黄帝内经导读》，巴蜀书社1988年版，第54页。

诸如"道而弗牵，强而弗抑，开而弗达"，反对"使人不由其诚，教人不尽其材，其施之也悖，其求之也佛"，在方法论上既注意辩证地处理教学问题，又注意受教育者的身心发展状况。其若干表述，同《内经》不无契合的地方。

当然，我们回过来看《内经》内容，由于历史和认识局限，作为探究医理依据的阴阳五行学说，它本身就有许多牵强附会之处，如认为肺主忧、脾主思、肾主恐，都是非科学的。但从历史唯物主义观点看，早在两千多年前就提供有关生理与心理知识，揭示其相互关系，它不仅在医疗方面，也或多或少地给教育教学设施，打开一条通往掌握人的身心活动普遍规律的渠道。哪怕是十分朴素和不成熟的，也应当给予充分肯定。我们把它纳入《学记》的关系网，原因也在此。

第二编 《学记》章句训义(上)

第一章　化民由学

【章句】

发虑宪，求善良，足以謏闻，不足以动众；就贤体远，足以动众，未足以化民。君子如欲化民成俗，其必由学乎！

【注音】

謏闻　徐邈《礼记徐氏音》："謏，所穆反。"陆德明《经典释文》："謏，思了反。"陈澔《礼记集说》："謏，读为小。"按：謏音小（xiǎo）。

《经典释文》："闻音问（wèn）"。

【释义】

发虑宪　"发"是"发布"，其政治含义如孟子说的"发政施仁"①。旧注说是"起发""发动"，不确切。

旧注有把"虑""宪"分为"思""法"二义的。如元吴澄说："'虑'，谓心所计划；'宪'，法也。"清纳兰成德谓"发虑"犹言发心，"宪"即宪典。也有把"虑""宪"合为一义的。如民初王树楠引《周礼·秋官·朝士》"虑刑贬"注"书虑为宪"，引《后汉书·邓禹传》"李文、李春、程虑为祭酒"注"虑字或为宪字"。按："虑"

---

① 《孟子·梁惠王上》。

和"宪"可以分开解释。"虑"是执政者个人的施政意图,"宪"是国家成法,二者是相互起作用。《孟子·离娄上》:"徒善不足以为政,徒法不足以自行。"但无论"虑"或"宪",归根到底都是统治阶级的意志表现。古时候所谓朕即国家,执政者个人的"虑"就是法律,"王法"就是国法。在这个意义上,的确"虑亦宪也"。《学记》这里的"虑""宪",仍离不开"尧舜禹汤文武之道",所谓"宪章文武",其本质是"法先王"。北宋马睎孟就说:"宪"者,法先王者也。但此"法先王"不意味着复辟奴隶制。战国时期,"法先王"或"法后王"、行"王道"或行"霸道",儒家也好,法家也好,只不过是新兴地主阶级内部两种思想、两个策略之间的分歧,其最终目的都是为了巩固封建政权。他们要向"先王"那里吸取现成的东西,恰恰说明地主和奴隶主都是剥削阶级,在政治、经济、文化、教育诸方面你中有我,我中有你。商鞅是地主阶级的激进派,《商君书》中如《更法》《焚使》《算地》《开塞》《修权》《徕民》《赏刑》等篇都照样讲"先王",赞扬尧舜禹汤文武的业绩。其提出"法先王"的目的,或是以古为鉴,或是托古改制,"请出亡灵为他们效劳"①。《学记》的"虑""宪"也具有托古改制的性质。

求善良 旧注有两种解释:一为"招求善良之士",唐孔颖达、北宋周谞主其说;一为"求为善良之人",北宋张载、清陆奎勋主其说。前者指"资于人",后者指"求诸己",应从前说。但此"资于人",不是别人,而是指同统治者有这样那样血缘关系的人。在我国早期等级界限森严、任人唯亲的社会里,正如《左传》定公四年记卫国祝伦所说的"选建明德,以藩屏周"②。"善良之人"作为

---

① 《马克思恩格斯选集》第 1 卷,人民出版社 1995 年版,第 585 页。
② "选建明德,以藩屏周",意思是选择有德行的人分封,以为周朝政权的藩篱屏障。

依靠对象，必然于宗亲贵族圈子内"求"之。"选建明德"与"求善良"义同，周公旦便是典型人物。他是周武王的弟弟，武王死后，由他摄政，《左传》所谓"周公相王室，以尹天下"①，周族人自可安心睡觉。所以，在"亲亲"意义上，"求诸己"也是可理解的，即寄希望于"自己"的人。

  谡闻 旧注或据《说文》，或据《广韵》，大致有四种解释：郑玄训谡为小，谡闻便是孔疏的"少有声闻"。清姚际恒训谡为诱，谡闻便是"诱致闻誉"。清郭嵩焘训谡为求，谡闻便是"声闻足以求而致之"。清王闿运训谡为聚②，谡闻便是"小小启发其声闻，以聚臣民"。按：谡字解"小"和"诱"都通。《广韵》二十九筱、四十五厚两收谡字，其"先鸟切"注："谡（同筱），诱为善也，又小也"；其"苏后切"注："谡，讲诱辞"，即"诱致一些声誉"。谡亦可训为近。清任启运注："谡，小也，近而致之之意。"训"近"也许更为贴切。《学记》这一章就是讲由近及远，由统治者自身到臣民。《孟子·尽心上》："亲亲而仁民，仁民而爱物"。而与"小""诱"相发明。

  就贤体远 "就贤体远"连接上文"求善良"，就是儒家的"近不失亲，远不失举"。目的在使"近者悦，远者来"。"就贤"指礼贤下士，旧注没有多大分歧。"就贤"与"求善良"的不同处，在于后者必于血缘关系之内"求"之，前者则于血缘关系之外"就"之。如果说，殷纣时，西伯姬昌，即后来的周文王在渭水之滨巧遇吕公望（姜子牙），委以重任，在那时是破天荒的事，但到了春秋战国时期，随着"士"的队伍的扩大，各国人才竞争的激烈，"世卿世禄"制开始松动，这些都给"就贤"创造了历史机遇。如齐桓公、灵公之于管仲、晏婴，晋文公、悼公之于狐偃、祁奚，

---

① 《左传》定公四年。
② 王注："谡当为溲，溲之言聚也。"

魏文侯之于段干木、李悝、吴起，燕昭王之于郭隗、乐毅。这些侯王中，或不计较对方"一箭之仇"，或筑黄金台，"卑身厚币，以招贤者"①，都使国家强盛起来。《学记》的"就贤"观，正是在《中庸》"义者宜也，尊贤为大"的思路下，总结了历史经验，把人才问题提到政策理论高度。至于"体远"，或指"体远大之事"（宋张载），或指"体恤幽远小民之疾苦"（清方苞），或指"尚论古之人"（宋陈祥道），似都不贴切。"体"的对象必然是人，不是事；必然是远方的社会上层，不是小民；必然指今，不是论古。"体"在这里带有怀柔的意思，所谓"远人不服，则修文德以来之"②。"贤人"和"远人"都是执政者争取、笼络的对象。

　　君子　"君子"在此指统治阶层中人，主要包括天子、诸侯、卿大夫、士，如清简朝亮说的"在位中人"。孔颖达把"君"与"子"肢解为两个动词，说"君谓君于上位，子谓子爱下民"，是不恰当的。按《诗·小雅·蓼萧》："既见君子，我心写兮！"郑笺："远国之君朝见天子也。"《礼记·檀弓》："君子不能为谋也。"郑注："君子谓卿大夫。"又《韩诗外传》："相地图居以立国，崇恩博利以怀众……学校庠序以立教，事老养功以化民……《诗》云：'恺第君子'，此之谓也。"陈登原按语："此君子盖指卿大夫、士之在位者。"③"君子"办学"化民"的目的，说到底，也是为了巩固自己既得的政权。

　　化民　"民"在此指自由民或平民，主要包括当时由贵族下降和从原来"工商食官"的"匠氏"改变了成分的。这种"民"是统治对象，在某种场合下又是争取对象（新兴地主阶级之间相互争夺乡老百姓）。"化"即教化。陈祥道引《诗·周南·关雎》序言："风

---

① 《资治通鉴》卷三。
② 《论语·季氏》。
③ 陈登原著：《国史旧闻》，中华书局1958年版，第97页。

以动之，教以化之。""动"就是"动众"，"化"就是"化民"，《扬子·法言》序："立政鼓众动化天下，莫不尚于中和。""动众"与"化民"，其运作程序盖取《中庸》的"诚则形，形则著，著则明，明则动，动则变，变则化"。"化民"，即把老百姓教育好，是最终目的。其思想政治前提为"诚"。如《中庸》所说"唯天下至诚为能化"。

其必由学　"其必由学乎"是指统治者子弟受教育，还是指平民子弟受教育？旧注也有分歧。持前一说的如明黄乾行认为"此章'学'字断从君身上说"。持后一说的如南宋朱熹言"唯教学可以化民使成美俗"。

古代的"学"，首先是对统治阶层说，要求本阶层子弟学好治理国家社稷的本领，所谓"学为君"。在阶级社会里，统治阶层的子弟享受教育特权，特别是受高深的教育，小民是没有份儿接受"至道"的。但是由于春秋战国时期阶级分化和阶级斗争的剧烈，庶人工商上升为自由民，政治和经济地位改变了，他们的教育便相应地提到历史日程上来，所谓"逸居而无教，则近于禽兽"[1] 和"谨庠序之教"[2]。《学记》的"其必由学"自是对"民"，即自由民或平民说，从其上承"化民成俗"句可知。

【译意】

统治者发布施政意图和国家成法，依靠宗亲贵族中善良的人辅佐治理国家，只能诱致一些声誉，但还不能使统治阶层中较多的人拥戴自己；延揽贤能的人，怀柔远方的上层人物，可以取得较多的人拥戴了，但还不能使所有自由民或平民顺从自己。统治者如果要他们都受到感化，遵守现行社会秩序，形成良风美俗，看来只有通过教育这条渠道。

---

[1]　《孟子·滕文公上》。
[2]　《孟子·梁惠王上》。

【评说】

　　这一章是《学记》的总纲。它开宗明义揭示了新兴地主阶级掌握政权后的政治路线、组织路线和教育路线及其相互关系。

　　"发虑宪"揭示的是"法先王"的政治路线。"求善良""就贤体远"揭示的是以"亲亲"为主的组织路线。"化民成俗"揭示的是"仁民"的教育路线。

　　作为思想指导,《中庸》《大学》又是《学记》的理论基础。《中庸》中有一段话:"凡为天下国家有九经,曰:修身也,尊贤也,亲亲也,敬大臣也,体群臣也,子庶民也,来百工也,柔远人也,怀诸侯也。""发虑宪"讲的是修身,"求善良"讲的是亲亲,"就贤体远"讲的是尊贤、敬大臣、体群臣、柔远人、怀诸侯,"化民成俗"讲的是子庶民、来百工。"修身"是根本,"治国平天下"是目的。其历史政治效应,亦将如《中庸》所说的:"修身则道立,尊贤则不惑,亲亲则诸父昆弟不怨,敬大臣则不眩,体群臣则士之报礼重,子庶民则百姓劝,来百工则财用足,柔远人则四方归之,怀诸侯则天下畏之。"在政治路线和组织路线问题基本解决之后,教育便成为当务之急。"化民"固然基于统治者的政治需要,但"民"接受了教育,对他们也有好处,至少得如孟子所说的:"谨庠序之教,申之以孝悌之义,颁白者不负戴于道路矣。"① 要矫正过去的一种看法:统治者给老百姓以教育是愚民政策,不给老百姓以教育也是愚民政策。要把包括教育在内的事物发展,放在具体历史条件下来衡量:它对当时的生产力发展起推进作用呢,还是起阻碍作用。《学记》的"化民成俗",它"成"的是对生产力起推进作用的新生产关系——新兴地主政权的"俗",不是奴隶制的"俗",这样的"化"民,从总体说,应当给予肯定。

---

① 《孟子·梁惠王上》。

第二章　教学为先

【章句】

玉不琢，不成器；人不学，不知道。是故古之王者，建国君民，教学为先。《兑命》曰"念终始典于学"，其此之谓乎！

【校文】

教学为先　阮元《礼记校勘记》（以下简称《校勘记》）："闽①、监②本同，石经③同，各本同。毛本④'教'误'敬'。"

兑命　郑玄注："'兑'当为'说'字之误也。"《经典释文》："'兑'依注（按：指郑注）作'说'，下'兑命'仿此。"王夫之《礼记章句》："'兑'本'说'字，篇内并同。"又所著《尚书引义》，收入《说命》上、中篇，均作"说"字。孙星衍《尚书今古文注疏》疏《文王世子篇》引"《兑命》曰"，注云："'兑'当为'说'。"宋育仁《学记补注》："'兑'即'说'之初古文。"按：依后人考证，"兑"本又作"说"。如《易传》的《说卦》"说言乎

---

① 闽，指明嘉靖时闽中李元阳刻本。
② 监，指明万历国子监刻本。
③ 石经，唐开成二年刻石，所谓国子学石经。
④ 毛本，即汲古阁本，书末有"明崇祯十二年岁在屠维单阏古虞毛氏镌题字"一行。

兑",又"兑,说也"。《易·困》"乃徐有说",三国吴虞翻注:"兑,说也。"《荀子·修身》"饶乐之事则佞兑而不曲",《君道》"则德厚者进而佞说止","佞兑"和"佞说"并用,可见"兑"与"说"通,非字误。

【注音】

　　兑　《经典释文》:"兑(说)音悦(yuè)。"

【释义】

　　道　主要指封建社会的政治和道德规范。

　　君　在此作动词解,统治的意思。清汪绂注:"'君',君之也。"《逸周书·武纪》:"凡建国君民,内事文而和,外事武而义;其刑慎而杀,其政直而公。"

　　教学　在此指教育。

　　《兑命》　《尚书》中篇名,相传为殷高宗之臣傅说所作。郑玄注:"高宗梦傅说,求而得之,作《兑命》三篇,在《尚书》,今亡。"①清庄有可注:"《兑命》,《商书》篇名,已逸,今传者,东晋时伪《古文尚书》也,作《记》② 时书尚存,故得引之。"清姜兆锡并引石梁王氏说:"六经言'学'字,莫先于《兑命》。"

　　典　清刘光蕡注:"典,主也。"据刘说,则"念终始典于学",便是"念其终始,而知其无不统于学,则终身之所主定矣"。郑玄注:"典,经也,言学之不舍业也。""经"就是常的意思。郑玄注《礼记·文王世子》"念终始典于学",谓"典,常也"。南宋辅广,元吴澄,清姜兆锡、任启运、汪绂、简朝亮都说"典,常也"。《广雅·释诂》亦训典为常。"常"就是"不舍业"。按:"典"义从主从常都通。"念终始典于学",意思是终始如一地重视教育的作用。

---

　　①　丁晏《礼记释注》:"郑氏述《古文逸书》二十四篇,无《说命》二篇,故云'今亡'。"

　　②　《记》,指《学记》。

按：《礼记·文王世子》："古之君子举大事，必慎其终始，而众安得不喻焉。《兑命》曰：'念终始典于学。'"元陈澔注："一事之中，人皆知其众德之全备者，以其慎终如始也。如此则众安得不喻晓乎？养老之礼行于学。又因终始之义，故引《兑命》以结之也。"近代王树楠注《学记》所引《兑命》，谓"伪书（按：指伪《古文尚书》）组织此文，下即接曰：'监于先王成宪，其永无愆。惟说式克钦承，旁（普也遍也）招俊义，列于庶位。'盖学成而人才出，人才在位，而后宪法可行也。……为伪书者，博学多识，其言必有所本，必非以意为之者，惜乎其原书之不可见也。"

【译意】

璞玉不经过一番琢磨，就成不了贵重的玉器；同样，人不经过一番教育，就不懂得政治和伦常的大道理。所以，自古帝王要建立国家，统治人民，首先要从教育方面着手。《尚书·说命》说"统治者要终始如一地重视教育的作用"，就是这个意思吧。

【评说】

"玉不琢，不成器。"把人的素质或资质比喻为未经琢磨的玉，颇具有性善说的味道。从这一点说，它亦符合孟子的观点，证明《学记》为思孟学派的作品。汉董仲舒说："常玉不琢，不成文章，君子不学，不成其德。"[1] 相传成于宋代的童蒙读物《三字经》[2]更是开门见山，首句"人之初，性本善"，后段则为"玉不琢，不成器，人不学，不知义"。[3] 稍后于孟子的荀子也说："人之于文学也，就玉之于琢磨也。《诗》曰：'如切如磋，如琢如磨。'"[4] 荀

---

[1] 《汉书·董仲舒传》，《对策二》。
[2] 《三字经》相传为宋王应麟所撰，《广东新语》作宋末区适子所撰。又邵晋涵诗："读得黎贞三字训。"自注云：《三字经》南海黎贞所撰。近人以为《三字经》为区氏所撰，黎氏续成之。
[3] 另有《广三字经》，句同此，作者不详。
[4] 《荀子·大略》。

子是性恶论者。可见，无论主张人性本善，还是人性本恶，都一样强调教育的重要性。宋戴溪说："大抵资质之美不足恃，资质之美而未尝学问，其与资质不美者均尔。"他并引了《论语·阳货》的一段话："好仁不好学，其蔽也愚；好知不好学，其蔽也荡；好信不好学，其蔽也贼；好直不好学，其蔽也绞；好勇不好学，其蔽也乱；好刚不好学，其蔽也狂。"

作为教育对象，"人不学，不知道"的"人"，是指"君"，即统治阶层中人呢，还是指普通平民？历代多数注释者认为它既指"君"，又指"民"。汪绂《礼记或问》："问：教学为先，还主教民说，抑兼自己说？曰：都是。此学自治，治人，皆以学为先也。"其曰"都是"，说明统治阶层中人和普通平民都需要受教育，即都需要"知道"。

"道"在《学记》中的含义，主要可以概括为封建社会的政治和道德规范。"道"的教育，将是如《大学》所说的，它的内容涵盖"格物""致知""诚意""正心""修身""齐家""治国"和"平天下"。从"格物"到"齐家"这些身心修养，可以说它基本上为不同阶层的人的共同必修课，而"治国""平天下"则不是。它只能是统治阶层尤其高层社会子弟独特的教育内容，这就决定了"道"的教育目的的差异性，如孔子所说"君子学道则爱人，小人学道则易使也"①。但实事求是地说，"小人"学道总比不学好。早在春秋时，孔子弟子子游针对孔子说的一句"割鸡焉用牛刀"（意为老百姓没必要受教育），将了他老师一军。孔子不得不认错，说"前言戏之耳"②。《学记》引《说命》的"念终始典于学"，倒是"双胞胎"，即上承"化民成俗，其必由学"，既重视统治阶层中人的教育，也不忽视普通平民的教育。虽然政治上都是为了"建国（巩固封建地主政权）君民（统治和驯服老百姓）"。

————————

①② 《论语·阳货》。

第三章　教学相长

【章句】

虽有嘉肴，弗食不知其旨也；虽有至道，弗学不知其善也。是故学然后知不足，教然后知困。知不足，然后能自反也；知困，然后能自强也。故曰：教学相长也。《兑命》曰"学学半"，其此之谓乎！

【校文】

学学半　沈廷芳《十三经注疏正字》："上'学'字经①作'教'。"

【注音】

自强　《经典释文》："强其丈反，又其良反。"吴澄《礼记纂言》、陈澔《礼记集说》："强上声。"按：从其良反，音 qiáng。

相长　《经典释文》："长丁两反②。"按：长音 zhǎng。

学学　《经典释文》："上'学'胡孝反，下如字。"岳本③："上'学'胡孝反，又音教。"按：从胡孝反，音 xiào。

---

① 经，指《古文尚书》。
② 丁两反是类隔，用端母，后改为音和，用知母，作珍两反。
③ 岳本，即宋岳珂刻本。

【释义】

嘉肴　嘉，美好。《尔雅·释诂》："嘉，美也。"熟食为肴，与"殽"同，鱼肉之类。嘉肴，意思是好菜。

旨　美味。

至道　主要指封建社会最高的政治和道德规范。简义为深远的道理。

自反　反躬自问。《孟子·离娄下》："则君子必自反也。"王夫之解释："自反者，求诸己。"

自强　鞭策自己努力于进德修业。《易·乾》："天行健，君子以自强不息。"

学学半　"学学"，上"学"字《古文尚书》作"敩"，音效，是教的意思。《国语·晋语》："顺德以学子。"韦昭注："'学'，教也。"（金文《师嫠殷铭》有"在先王小学女"句，杨树达说"学"当读作教，见《积微居金文说》）。下"学"如字，是习的意思。"敩"与"学"原是一字一音一义，《说文》"敩，觉悟也"，又"'学'，篆文'敩'省"。清吴玉搢的《别雅》也说："教学，学者也。"《古文尚书》则分"敩"与"学"为二字二音二义。如"惟敩学半"，孔安国传"敩，教也"；《盘庚》"盘庚敩于民"，传"敩，教也"。即"敩"与"学"二字又有音义之别。

至于"半"，《说文》："半，物中分也。"其实，"半"训分，也训合。《周礼·朝士》"凡有责者，有判书以治则听"，郑注："判，半分而合者。"《地官·媒氏》"掌万民之判"，注："判，半也，得耦为合，主合其半，成夫妇也。"据此解释"学学半"，则"敩"与"学"二字既有区别，又有联系。

"学学半"是对教师说，还是对学生说？历来各家也有不同看法：一是对教师说，如郑玄"学（教）乃益己之学半"；孙星衍《尚书今古文注疏》，其《书序上》疏"学学半"，引注为"己之学半"，虽文义不完全，亦可知为对教师而言。另一是合师生说，如明王恕"师友之所及,学者止得其半",民初姚明辉"言效师半,自修亦半,毋专恃师教也"。按"学学半"与"教学相长"句相连,应是合师生说,姜兆锡所谓"教人与教于人皆相长益"。但此"相长"之间,教乃是主旋律。学由教来,教为主导,自唐至清学者多主此说。教育的路线、方针确定之后,就靠教师发挥其主导的作用了。

【译意】

虽然烧了好菜,不经过品尝就领会不到它的美味;虽然有深远的道理,不经过学习钻研就领会不到它的奥秘。所以说,只有经过学习实践,才会发现自己知识不够;只有经过教学实践,才会发现自己教学质量不高。懂得不够,便能督促自己去加紧学习;懂得不多,便能鞭策自己去努力进修。所以说,教与学是相辅相成的。《尚书·说命》说"教与学一方面有区别,另一方面又有联系",就是这个意思吧。

【评说】

"虽有嘉肴,弗食不知其旨也;虽有至道,弗学不知其善也。"这句话同前两章一样,都揭示了教育的作用。不同的是前两章都从政治上,即国家或统治者的角度看教育的作用。这一章则强调受教育者的个人学习实践;也只有在实践过程中,才能领会到接受教育对自己身心修养会带来什么样好处,从而调动其学习自觉性和积极性。宋戴溪说:"天下之事,履之而后知,故闻见之与身亲,其知不同。"此亦哲学上的知行关系在教育领域中的运用。"知"与"行"相比,"行"更为重要。下文"学然后知不足",此"学"字亦可指"行",即学习的具体实践。不经历"学"的具体实践,便不会知其"不足"。

"学然后知不足,教然后知困"和"教学相长",反映了在教师与学生互动下,教与学之间的相互制约、相互渗透、相互促进。

教与学在其运作过程中构成一对矛盾,教是矛盾的主要方面,它规定了教师必须起主导作用。

教与学依其不同性质又各具一对矛盾。教师的教学积极性，构成教的内因；在教学过程中，学生学习的自觉性，促使教师去不断改进教学方法，提高教学质量，则构成教的外因。二者的统一构成了教师"知困"的动力。学生的学习自觉性，构成学的内因；在教学过程中，教师教学的积极性和严格要求，促使学生感到欲罢不能，则构成学的外因。二者的统一构成了学生"知不足"的动力。外因通过内因起作用，不如此就达不到任何一方"自反"与"自强"。

教师和学生通过教与学的双边活动，取得一定的效果。这种效果不光是看教师输出多少信息，还得看学生对所接收的信息，如何以新的信号"返回传入"，也就是通过所谓信息反馈作用体现出来，以为进一步调节教学的新依据。同样，对学生的学习效果，也不是由学生自我认可就算，还得依靠教师进行考核和评定，使学生获得了矫正性的信息，来改善自己的学习，包括学习的态度和方法。

教与学的对立统一，形成教学的全过程。揭示这条规律，是《学记》对教育学史的重大贡献。

第四章　古之教者

【章句】
　　古之教者，家有塾，党有庠，术有序，国有学。

【注音】
　　塾　《经典释文》："塾音熟，一音育。"按：塾今音熟（shú）。
　　术　《经典释文》："术音遂（suì）。"

【释义】
　　家　依旧注，为二十五家，非指封建社会的生产单位一家一户而言。清刘光蕡："家，一里二十五家也。"
　　党　郑玄注："《周礼》，五百家为党。"并说"党属于乡"。
　　术　郑玄注："术当作遂……万二千五百家为遂。"陈澔注："术当为州，万二千五百家为州。"应从郑注。但郑又说"术"是"遂"声之误。按《礼记·月令》"审端径术"，注："术，《周礼》作遂。""术""遂"古字通，非声之误。《春秋》文公十二年"秦伯使术来聘"，《公羊传》《汉书·五行志》并作"遂"。《汉书·贾山传》"术追厥功"，《管子·度地》"百家为里，里十为术，术十为州"，此"术"字亦作"遂"。顾炎武、俞樾都据此谓"术""遂"二字通用。
　　"术"原义是街道。元熊朋来说《月令》中的"径术"，即《周礼》的"遂上有径"①。《说文》:"术,邑中道也。"左思《蜀都赋》:"亦有甲第,当衢向术。""衢""术"都指街道。

国　唐孔颖达注:"国,谓天子所都及诸侯国中也。"按即天子的王城和诸侯的国都。

清段玉裁说:"周礼之制,王城方九里,谓之国,城中谓之国中,城外五十里为近郊,五百里为远郊……郊之内为六乡,至二百里为野,野之内为六遂。"②

塾　郑玄注:"古者仕焉而已者(按指年老退休,古时亦作'致仕'),归教于闾里,朝夕坐于门,门侧之堂谓之塾。"《白虎通》引《礼五帝纪》:"古之教民者,里皆有师,里中之老有道德者为里右师,其次为左师,教里中之子弟以道艺孝弟仁义。立春而就事,朝则坐里之门,馀子皆出就农而后罢。夕亦如之,皆入而后罢。若既收藏,皆入教学。其有出入不时,早晏不节,有过,故使语之。"此前,《尚书大传》:"大夫七十而致仕,而退老归其乡里,大夫为父师,士为少师,新谷已入,馀子皆入学,距冬至四十五日始出学,上老平明坐于右塾,庶老坐于左塾,馀子毕出,然后皆归,夕亦如之。"两说近似。提不提"塾"字,却都指教育活动。到了北宋,二程亦言:"古者家有塾,党有庠,三老坐于里门,察其长幼出入揖逊之事,咏歌讽诵,无非礼义之言。"③郭沫若的《奴隶制时代》引《汉书·食货志》:"春将出民,里胥平旦坐于右塾,邻长坐于左塾,毕出然后归,夕亦如之。"这里说的"右塾""左塾",依郭老看,非指学塾,"民"乃指当时从事耕种劳动的奴隶。"毕出"当指农忙时耕种奴隶"聚居在一个集中地点",数目约

---

①　《地官·遂人》。
②　《经韵楼集·再与顾千里书论学制备之记》。
③　《二程集·河南程氏粹言》卷一,《论学篇》。

从两千人（"千亩其耘"）至两万人（"十千维耦"）。①

庠、序 关于庠，《孟子·滕文公上》："庠者养也。"《礼记·王制》："有虞氏养国老于上庠，养庶老于下庠"；又，"周人养国老于东胶，养庶老于虞庠"，颜师古注《汉书·礼乐志》："庠序，行礼养老之处也。"教育当是庠附带任务。到后来，这个任务越令人怀疑。《礼记·明堂位》"鲁有米廪，有虞氏之庠也"，《义疏》注："春秋曰御廪，以藏祭祀之粢盛，实非学也。"原来是养老的所在，老头都被皇粮赶出来了，小鬼还能在那里念其书吗？

至于序，《孟子·滕文公上》："序者射也。"清王念孙《广雅疏证》："序训为射。"射原义是序列、排次，为训练礼节。《白虎通》："序者，序长幼也。"在儒家"六艺"中，射是军事训练，更主要是政治教育，《论语·八佾》就有"射不主皮"之说。

孟子在回答滕文公"问为国"时，把"设为庠序学校以教之"同"正经界"联系起来。② 这种"经界"，曾被许多人误解为商、周奴隶制社会分封土地的井田制度。其实，孟子想象的那八家共井的"经界"，同原来井田制并不一样，它是属于生产资料的地主所有制范畴。在这基础上设立的庠序，是为封建制政治经济服务的上层建筑。

学 相传西周学制，于国（天子王城和诸侯国都）内设大学和小学，大学以教诗、礼、乐为主，小学以教书、数为主。大学有辟雍、泮宫，天子设立的叫辟雍，诸侯设立的叫泮宫。《礼记·王制》："大学在郊，天子曰辟雍，诸侯曰泮宫。"《学记》这里说的"学"当是指大学，王夫之："'学'，国中学，大学也。"陈祥道引董仲舒言"立大学以教于国"③，说"国有学，所谓大学而教于国也"。

---

① 详见郭沫若著：《奴隶制时代》，科学出版社1956年版，第30页。
② 《孟子·滕文公上》。
③ 《汉书·董仲舒传》，《对策一》。

【译意】

　　古时候的学校制度是：乡（遂）属每二十五家组成的闾（里）设立塾，乡属每五百家组成的党设立庠，每一万二千五百家组成的遂（术）设立序。天子的王城和诸侯的国都设立大学。

【评说】

　　"家有塾，党有庠，术有序"是历来注家最感头痛的一章。因为是"古之教者"，他们就往"古"里，即夏、商、周三代方面钻，引经据典，煞费苦心。郑玄是东汉时人，郑注被认为"去古不远"，可资依据，但其全部答案不到百五十字，难以说明问题。唐以后注家各抒己见，亦莫衷一是。却不知道《学记》这一章不是写史，它似乎讲西周学制，又不完全是西周学制，虚虚实实、锦上添花地在描绘儒家的乌托邦，通过对三代尤其是西周学制的美化，在政治上搞托古改制。

　　首先是"家有塾"。

　　"国家和旧的氏族组织不同的地方，第一点就是它按地区来划分它的国民。"① 周代，天子及其属下诸侯，都把他们自己统治的地区分为城乡两部分：（1）王城和诸侯国都，是政治中心，时称城中和国中；（2）其近郊为乡，远郊为野。反映在《周礼·地官》中有所谓六乡、六遂建制。六乡是乡的建制，以家为基点，五家为比，五比为闾，四闾为族，五族为党，五党为州，五州为乡；六遂是野的建制，亦以家为基点，五家为邻，五邻为里，四里为酂，五酂为鄙，五鄙为县，五县为遂。历代学者研究家塾、党庠、术序，都以此所谓地方建制为主要根据。

　　"家有塾"有两说：一说是"卿大夫即家之门室为塾，而礼聘贤者以教之"（清李式穀）；另一说是老百姓合二十五家设一塾，其根据是郑注"仕焉而已者，归教于闾里，朝夕坐于门，门侧之堂谓

---

① 《马克思恩格斯选集》第4卷，人民出版社1995年版，第170页。

之塾"。郑注又是根据《尔雅·释宫》。

先说卿大夫的家塾。战国以前的家，不是我们现在所想象的作为生产单位的男耕女织的家。后者乃是封建社会的小农经济的产物，它在井田制尚未破坏的奴隶制社会里是不存在的。那么，战国以前的家，它或多或少同封邑相联系，一般是对卿大夫说的，所谓"卿大夫之有采邑者"。《周礼·大司马》"家以号名"郑注："家谓食采地者之臣也。"采邑即卿大夫的封地。《论语·八佾》"三家者以《雍》彻"，三家就是鲁国当权的三卿。《左传》昭公三年"政在家门，民无所依"，指的就是卿大夫的家。至于《左传》襄公二十九年"大夫皆富，政将在家"，卿大夫受赐奴隶和土地叫作"立家"，仕于卿大夫的人叫作"家臣"，意思就更明显了。卿大夫的家是否有塾？是一个疑问。按西周学制，卿大夫的子弟到了入学年龄，就直接进入小学，卿大夫家似无自行设塾的必要；那时候政教合一，教师是国家官吏，官师不分，也不存在什么"礼聘"教师到家里执教的惯例。

次说老百姓合二十五家设一塾。卿大夫的居处称"家"，老百姓多不称家而称"宅"，这也见于先秦典籍。孟子对卿大夫拥有兵车数，说"千乘之家""百乘之家"①，而对一般民居则主要称"宅"："五亩之宅，树之以桑，五十者可以衣帛矣。"②《周礼·地官·载师》"凡宅不毛者有里布"，就是指老百姓的住处不种桑麻，或荒其地，则使之出"里布"的地税。间有不称宅，亦称之"廛"，《孟子·公孙丑上》"廛③无夫里之布"，并不称家。这样，一般居民无"家"，又如何有"塾"呢。有人说，那是为二十五家居民设置之"塾"，也就是"闾塾"。但"闾"不过是"庶人"聚居的地方。这些"庶人"同在国的"市井之臣"、在野的"草莽之臣"一

---

①② 《孟子·梁惠王上》。
③ 江永《群经补义》："此廛谓民居"。

样，政治上属于"不传质为臣，不敢见于诸侯"① 的阶层。他们的主要任务是劳动或当兵，并带有强制的性质，"庶人，召之役，则往役"②，是谈不上受教育的。同闾对等的里的情况就更坏了。住在那里的"庶人"，是刚从奴隶解放出来的农夫，一般只能"力于农穑"，白天劳动要由里胥和邻长监视着，如上述的《食货志》载"春将出民，里胥平旦坐于右塾，邻长坐于左塾，毕出然后归，夕亦如之"③。可以设想，这些生活境遇不会比"无衣无褐，何以卒岁"④ 的奴隶好多少的人们，国家或地方当局会特地设塾给他们受教育吗？

右塾、左塾⑤依《汉书》记载，郭沫若判断，既然是监视"庶人"劳动的哨所，则早期的塾是不是教育场所，尚有待研究。清钱大昕曾考证《说文》无"塾"字，并引《后汉书·齐武王缜传》，说"王莽令天下乡亭皆画伯升象于塾，旦起射之"；《东观记》《续汉书》并作"墪"。"墪"字就是"塾"字。墪是"射臬之名。古之男子，无不习射，故当设庠于门侧，而堂以是得名"（见钱大昕注）。可见"塾"大概就是练习射击的靶场（《广雅》"墪，的也"）。即

---

① 见《孟子·万章下》。意为老百姓不送见面的礼物而为臣属，不敢去拜见诸侯。"质"同"贽""挚"。古时候人们初见面，必赠送一定的礼物以表示诚意。

② 《孟子·万章下》。

③ 除《汉书·食货志》外，又见《公羊传何氏解诂》宣公十五年："春夏出田，秋冬入保城郭。田作之时，春，父老及里正，旦开门，坐塾上，晏出后时者不得出，莫（同暮）不持樵者不得入。五谷毕入，民皆居宅。里正趋（同促）绩缉，男女同巷，相从夜绩，至于夜中，故女功一月得四十五日作，从十月尽，正月止。男女有所怨恨，相从而歌，饥者歌其食，劳者歌其事。"这一段话可以加深对塾的理解。

④ 《诗·豳风·七月》。

⑤ 清焦循注"家有塾"，引《尔雅》"门侧之堂谓之塾"，说"门之内外东西皆有堂，所谓塾也"，这可能是"左塾""右塾"名称的由来。

令它是教育的场所，也只是士阶层在此受武士教育而已。

其次是"党有庠，术有序"。

历代注家中，有对《周礼》的六乡、六遂建制表示怀疑的，例如《管子·度地》"百家为里，里十为术，术十为州"，宣公十五年《公羊传》何休注"一里八十户，八家共一巷"，等等，就与乡遂建制不一样。即使它是历史地存在着，而那里有没有庠、序，如何分布？由于古籍记载各殊，还有待于进一步探讨。例如：

（一）庠、序究竟是何时代的教育机构？《孟子·滕文公上》说"夏曰校，殷曰序，周曰庠"，《汉书》《说文》却说"夏曰校，殷曰庠，周曰序"。《礼记·王制》又说"虞有上庠下庠，夏有东序西序"①。究竟庠为周学，还是序为周学，或者庠、序仅为虞夏之学（隋庾蔚之说"党有庠，谓夏殷礼"，意思说非周制）？传说中的虞是部落联盟，不可能有庠、序。

（二）庠、序究竟是周代哪一级行政区域的学校？《礼记·乡饮酒义》说"主人迎宾于庠门之外"，《王制》也说"命乡简不帅教者以告，耆老皆朝于庠"，表明庠为乡学，不是"党有庠"。《周礼·地官·党正》说"以礼属民，而饮酒于序"，郑注州长职说"序，州党之学"，表明党学为序，也不是"党有庠"。

（三）庠、序究竟是乡学还是遂学？宋刘敞、项安世说周于乡立虞庠，于遂立殷序（见清董丰垣注），清王懋竑也说乡学皆名庠，遂学皆名序，但梁皇侃却说遂学曰庠。德清胡氏说遂无庠，清孙希旦却说遂有庠。

（四）庠、序在乡、遂是否均衡发展？如果按宋陆佃所说"庠、序、学校之制，其于乡、遂盖各具矣"，和元吴澄所说庠序"盖乡、遂、州、县、党、鄙之学可通称之也"，乡与遂学校均衡地发展，

---

① 北宋二程说："孟子言三代学制，与《王制》所记不同，《王制》有汉儒之说矣。"

就意味着近郊和远郊居民受的教育机会均等。事实是这样的吗？且看乡民和遂民的政治待遇：

（1）制赋。周代，居住在六乡和六遂的人，其称呼是不同的。前者叫作"君子"，后者叫作"野人"。宋叶适说过："六乡于王畿为近，而皆君子"，"六遂于王畿为远，而皆野人"。"君子"和"野人"的关系及其政治待遇，表现在分田制赋方面，诚如《孟子·滕文公上》所说的："将为君子焉，将为野人焉。无君子，莫治野人；无野人，莫养君子。请野九一而助，国中什一使自赋。"野用九分抽一的助法，国中用十分抽一的贡法。这就是朱熹说的"野及国中二法"。"二法"，表明赋税负担有轻重。乡作为近郊，统摄于国中，援的是国中之法。这种国、野异制，反映着城市和乡村的统治和被统治关系。古籍"谷"与"禄"，从某种角度说是同义，孟子对滕文公讲"谷禄不平"，意思是，"野人"缴纳的谷子，还不够维持官吏的俸禄。当时所谓"分田"，主要是为了"制赋"，不是为了改善"野人"的生活。

（2）议政。《周礼·小司寇》："小司寇之职，掌外朝之政，以致万民而询焉：一曰询国危，二曰询国迁，三曰询立君。"外朝咨询，是原始氏族社会里氏族会议制度的孑遗，是古典的民主制。但是这个"民主"地限只及于六乡。《周礼·乡大夫》："大询于众庶，则各帅其乡之众寡而致于朝。"《遂大夫》则无此记载。《左传》"郑人游于乡校，以论执政"，也说明乡"君子"有参与议政的权利，"野人"就没有。《礼记·王制》还有把乡简不帅教者移之郊遂，屏之远方之说。把"品行不端"的人赶到郊遂，当了"野人"，还有什么政治权利可言呢！

（3）服兵役。《周礼·小司徒》："五人为伍，五伍为两，四两为卒，五卒为旅，五旅为师，五师为军，以起军旅。"每军万二千五百人，每乡万二千五百家，每家役一人，说明六军与六乡的编制相适应。遂虽然也由万二千五百家组成，但不作每家役一人的规定，说明只有六乡居民才有服兵役的资格。他们是王畿的警卫士，国家的"正卒"，统治者的"私卒"，这私卒也叫作"君子"。《国语·吴语》"越王乃中分其师以为左右军，以其私卒君子六千人为中军"，韦昭注："私卒君子，王所亲近有志行者。""野人"不是"王所亲近"和"有志行"的，自然没有资格当"私卒君子"。《诗·采芑》孔颖达《正义》也说出征的正卒，止及六乡。除非战事发生时兵源缺乏，才抽到遂。但是"野人"也只能当"羡卒"（同上《正义》："羡，余也，以一人为正卒，其余为羡卒也"）。很明显，羡卒和正卒的政治待遇是不同的。

（4）选举官吏。此制主要实行于乡。如《周礼·乡大夫》："三年则大比，考其德行道艺而兴贤者能者，乡老及乡大夫帅其吏与其众寡，以礼礼宾之。厥明，乡老及乡大夫群吏献贤能之书于王，王再拜受之，登于天府，内史贰之。"又《国语·齐语》：正月之朝，乡长（韦昭注：乡长，乡大夫也）复事。① 桓公"亲问焉，曰：'于子之属，有居处为义好学，慈孝于父母，聪慧质仁，发闻于乡里者，有则以告；有而不以告，谓之蔽明，其罪五……于子之属，有拳勇股肱之力秀出于众者，有则以告；有而不以告，谓之蔽贤，其罪五。'有司已于事而竣。……"这说明了，乡总是本着"匹夫有善，可得而举也"的精神办事。遂就不一样。虽然《周礼·遂大夫》也说，"三岁大比，则帅其吏而兴甿，明其有功者，属其地治者"。"兴甿"即举贤。但作为"野鄙之政"，主要是"定民之居""无夺民时"，保证农副业生产。因为居住在这里的主要是"治于人"的"劳力者"。而派到这里的小管家，则以"各保治尔所，无或淫怠而不听治者"② 为其职责。

乡遂居民的政治和经济生活的悬殊，也由于遂在那时主要是被

---

① 《国语·齐语》作"五属大夫复事"，在此指乡长。
② 《国语·齐语》。

征服的殷人（所谓"殷顽""蠢殷""庶殷"）聚居的地方。被征服者一时，甚至于长期不可能同本国本族人民享受同等的待遇。虽然总的说来，后者也是被统治者，他们本身也不是完全自由的。那么，很难设想，在政治上受歧视的"野人"，在教育方面会与六乡的"君子"获得均等的机会，出现庠、序在乡遂中均衡发展的现象。

对于这个问题，古籍的一些记载，还可以提供我们参考。例如《周礼》讲乡大夫的职责是"各掌其乡之政教禁令"，州长以次，亦兼掌教务。如州长"各掌其州之教治政令之法"，党正"各掌其党之政令教治"。……至于遂，《周礼·遂人》载："以岁时稽其人民而授之田野，简其兵器，教之稼穑"；《遂师》载："巡其稼穑，而移用其民，以救其时事"；《遂大夫》载："以教稼穑，以稽功事……正岁，简稼器，修稼政。"县正以下，亦但言"趋其稼事"（《县正》），"趋其耕耨，稽其女功"（《鄼长》），"以岁时合耦于锄，以治稼穑，趋其耕耨"（《里宰》），都没提到教育的事。看来他们的根本任务是指导和监督生产。清董丰垣就说乡以教为主，遂以耕为主①；方苞、王懋竑也说考德宾兴，详于六乡，劝耕课织，详于六遂，"遂之学于他经皆无所见"②。

恩格斯在《反杜林论》中有一段话对我们有同样指导意义："如果认为希腊人和野蛮人、自由民和奴隶、公民和被保护民、罗马的公民和罗马的臣民（该词是在广义上使用的），都可以要求平等的政治地位，那么这在古代人看来必定是发了疯。"③近人任铭善于所著《礼记目录后案》中，关于《学记》的家塾、党庠、术序

---

① 董丰垣撰：《识小篇》。
② 王懋竑注《学记》"中年考校"中语。
③ 《马克思恩格斯选集》第3卷，人民出版社1995年版，第444—445页。

问题，有一段话可供参考：

　　此篇文曰："古之教者，家有塾，党有庠，术有序，国有学。"吾师姚先生祖诒《古制考·学校篇》曰"家塾之名，六籍未见……"，且家塾何见为里门之塾？所教之人何得但为农家之子？二十五家之中何得皆有二致仕之大夫？其曰太师、少师、右师、左师，乃朝廷师相之称，岂可施诸里居之老？农家馀子，自有父兄率其田作，出入早晏，当视其事之多寡为定，何须里老旁加讥察？且以《诗》"中田有庐"及"入此室处"观之，农家自春居田中，秋后始归里，宜无朝夕出入之事。至秋时入学与朝夕坐塾，又似两事，此《记》乃并合为一，以塾当学，与《大传》《白虎通》更相纷歧，莫知一是。若"党有庠，术有序"，郑注术为遂之误，既与《周官》不同，又与《孟子》相违；况周之遂专以居农，与州不同，亦不设序。则所谓古之教者，不知为何代之教者也。按姚先生治《周官》学，其《古制考》遗稿仅成乡遂、赋役、井田、学校四篇，馀未就，目亦不存。塾之名，所见于《尚书》《仪礼》者，皆谓门侧之堂。序，《尔雅》云："东西墙谓之序。"《书》《礼》悉同此训。惟《乡射礼》"豫则钩楹内"，郑注读豫为序。《春秋》宣十六年："成周宣榭灾。"二《传》并以为乐器藏焉，而杜预以为讲武屋，则或作序或作豫者，乃榭之假借字，《尔雅·释宫》曰"无室曰榭"是也。故郑君云："序无室也。"庠之义无征。《孟子》曰："庠者，养也。"《说文》曰："庠，礼官养老也。"则庠乃养老之处。盖古无聚学之制，塾、序、庠者，王者以礼教化人，则有资于观习焉，而非所以聚坐讲学者也。《孟子》《礼记·王制》《文王世子》《学记》及《大戴记·保傅》《尚书大传》《白虎通》，诸言学校之制各异，皆战国汉儒托言立制,不可据信。①

教育是随着经济的发展而发展,生产关系的变化而变化的。从公元前646年开始,晋"作爰田"(《左传》僖公十五年),鲁"初税亩"(宣公十五年),楚"量入修赋"(襄公二十五年),郑"作丘赋"(昭公四年),秦"初税禾"(秦简公七年),井田制被肢解了,封建的社会制度在各国先后建立了,作为封邑的对立物——县(它同原来六遂中的县,是不同的历史范畴)先后在晋、楚、秦诸国出现。起初于县下设郡,后来郡又变成县以上的区域行政单位。在基层,适应着小农经济的什伍组织,逐渐取代了乡遂组织;国野对立局面有所缓和。民间庠、序之教将逐渐成为现实。不同民族、不同阶层、不同政治集团、不同学术流派,还各办其私学,所谓"天子失官,学在四夷"。这是历史发展的产物。《学记》提出"党有庠,术有序,国有学",设计一个从中央到地方,从城市到农村,从初级学校到高等学校,为中央集权的封建制政治经济服务的统一的教育体制,是有它的进步意义的。

---

① 任铭善著:《礼记目录后案》,齐鲁书社1982年版,第45—47页。

第五章　比年入学　中年考校

【章句】

比年入学，中年考校：一年视离经辨志，三年视敬业乐群，五年视博习亲师，七年视论学取友，谓之小成。九年知类通达，强立而不反，谓之大成。夫然后足以化民易俗，近者说服而远者怀之。此大学之道也。《记》曰"蛾子时术之"，其此之谓乎！

【校文】

中年考校　《校勘记》："闽、监本同，石经同，岳本同，嘉靖本①同，卫氏《集说》②同，毛本'校'误'挍'，避所讳③，按毛本作'挍'，全书皆然。"

【注音】

比年　岳本："比毗志反。"《礼记纂言》："比音彼，又音备。"刘台拱《经传小记》："'比年'，《王制》《学记》陆④并不音，《聘

---

① 嘉靖本，即明嘉靖时仿宋刻本。
② 卫氏《集说》，指卫湜《礼记集说》。
③ 避明熹宗讳，熹宗名由校。
④ 陆，指陆德明《经典释文》。

义》①音必履反，后人读毗志反者，非。"按："比"作为时间介词，读毗志反，音备（bèi）。

中年　《礼记徐氏音》："中丁仲反。"陈澔《礼记集说》："中平声。"《经传小记》："'中年考校'，按'中一以上'② 陆氏无音；'中月而禫'③，读如字④。此'中年'音丁仲反，徐仙民⑤读也，当从陆读如字为是。"按："中"读如字，音 zhōng。

乐群　《经典释文》："乐五孝反，又音岳，下'不能乐学'同。"按："乐"当音 lè。

论学　陈澔《礼记集说》："'论'去声。"按："论"读如字，音 lùn。

夫然后　《礼记纂言》："夫音扶。"按："夫"在此作发语词，音 fú，下同。

说服　《经典释文》："说音悦。"

大学之道　"玉不琢"章郑注："外则有大学庠序之官。"《经典释文》："大音泰（tài），后'大学'皆同。"按：西周的高等学校为大学，抑为太学？在古籍中，两词互见。《礼记·王制》："小学在公宫南之左。大学在郊，天子曰辟雍，诸侯曰泮宫"，《大戴礼·保傅》："帝入太学，承师同道"，似均有所据。但《大戴礼》同一篇《保傅》又说："束发而就大学，学大艺焉，履大节焉"；《政穆》也说："大学者，明堂之东序也。"（佚文）《礼记·文王世子》注引董仲舒说"五帝名大学曰成均"，《汉书·礼乐志》也引董仲舒的《对策》说："古之王者，莫不以教化为大务，立大学以教于国，

---

① 《礼记·聘义》："比年小聘，三年大聘"。陈澔《集说》注："比音畀。"
② 见《礼记·丧服小记》："亡则'中一上而祔'。"
③ 见《礼记·间传》。
④ 见《经典释文》。
⑤ 徐邈字仙民。

设庠序以化于邑。"古籍中，"大学""太学"两词通用。西周学制既有大学、小学之称，《学记》各章以读大学为宜。一说"大学"乃大人之学，亦即成人之学。此说亦通。固不必与"小学"相对而言，自不等同于历史上的"太学"。

　　蛾子　《经典释文》："蛾鱼起反，本或作蚁。"岳本："蛾音蚁。"按：《释文》、岳本同，音 yǐ。

【释义】

　　比年　"比年入学"的"比"，各家大致有三种解释。一训每，陈澔："比年，每岁也"；二训频，王树楠："比，频也"；三训及，清刘沅："比，及也。""频"和"每"是一个意思，都指"年年有入学之人"。"及"是到时候，即到了入学年龄。从刘沅说。

　　入学　"比年入学"的"学"，究竟指国学，还是指乡学？郑玄说是乡学："乡、遂大夫间岁则考学者之德行道艺"；清万斯大说是国学："比年入学，专言升入国学者。"

　　郑说误把《周礼》乡大夫"三年则大比，考其德行道艺"，同学校的"中年考校"混为一谈。按《周礼》的三年大比是选拔所谓"贤者能者"，类似后来的乡举里选。东汉经学家郑众说过："兴贤者谓若今举孝廉，兴能者谓若今举茂才。"[①] 其时间相隔为两年。《学记》的中年考校则是考查学生的学业操行，内容为"离经""敬业""博习""论学"之类。其时间相隔则为一年。地方举贤同学校育才是两码事，所以"比年入学"不妨从万斯大说，指国学。戴溪有一句话可供参考："州乡里之间通谓之庠序，不得谓之学，唯天子诸侯得称学尔。"

　　国学，究竟指大学，还是指小学？清朱彬说指小学："比年入学，中年考校，此指小学言。"明黄乾行说指大学："此等考校俱是大学事。"我们查考古籍，看看周代贵族子弟是在几岁入小学和大

---

　　① 见《周礼·乡大夫》注。

学的。

《大戴礼·保傅》："及太子少长，知妃色，则入于小学。小者，所学之宫也。"北周卢辩注："古者太子八岁入小学，十五入大学也。"又《保傅》："古者年八岁而出就外舍，学小艺焉，履小节焉；束发而就大学，学大艺焉，履大节焉。"

《白虎通·辟雍》："八岁入（小）学，学书计；十五成童志明，入大学，学经术。"

《公羊传》僖公十年何休注："《礼》，诸侯之子八岁受之少傅，教之以小学，业小道焉，履小节焉；十五受之太傅，教之以大学，业大道焉，履大节焉。"

古籍记载虽略有不同，但可以估计，贵族子弟入小学的年龄大致是八岁。① 八九岁孩子就受"离经辨志"的考校，未必可能。西周小学的教学内容，主要是书、数。《礼记·内则》载儿童九岁"教之数日"，十岁"学书计"②，说明儿童到十岁还没有接触到书本，怎谈得上"离经辨志"呢？所以"比年入学"应指大学，不是小学。《学记》本章就说"此大学之道也"。

此章立意略同第四章。只能依经典和注家的语言文字等逻辑作此综合判断，真实的历史情形还得作进一步的研究。

中年考校　"比年入学"既然指大学，"中年考校"就是大学

―――――――

① 贵族子弟中入学年龄随政治身份有所不同。《大戴礼·保傅》卢注："束发谓成童。《白虎通》云：'八岁入小学，十五入大学'是也，此太子之礼。《尚书大传》曰：'公卿之太子、大夫元士嫡子年十三始入小学，见小节而践小义，年二十入大学，见大节而践大义'，此王子入学之期也。又曰'十五入小学，十八入大学'者，谓诸子姓既（朱熹注："既"为"晚"字之误。）成者，至十五小学，其早成者，十八入大学。《内则》曰：'十年出就外傅，居宿于外，学书计'者，谓公卿已下教子于家也。"

② 王应麟撰《困学纪闻》卷五："九年教数日，《汉志》所谓六甲也。十年学书计，六书九数也。计者数之详，百、千、万、亿也。"

的考校。"中年"即"中间一年",用现在的话说,就是间隔一年。在第一、三、五、七各年终了进行一次不同内容的考查。合格的叫作"小成"。清翁方纲说:"中年考校,考校即下四'视'字,'中年考校'总言之也。""中年考校"句下标点应作冒号。

视 在此具有考察、考查、考试、考验的意蕴。清任启运:"'视',视其所学以考校也。"

离经辨志 即析句分段。郑玄注:"离经,断句绝也。"古书积字成句,积句成章,积章成篇。章就是现在的段。古人读书都是从识文字、明句读入手,进而离析篇章。清黄以周注:"古离经有二法:一曰句断,一曰句绝。句断今谓之句逗,古亦谓句投①。断、逗、投皆音近。字句断者,其辞于此中断,而意不绝;句绝者,则辞意俱绝也。"清同治年间,广东学海堂有专门课业,学生各习一书,先明句读,陈澧说"此即《学记》所谓'离经辨志'也",因名其读书处为离经辨志斋。但黄以周又说"辨志乃指断章言,'志'与'识'通,辨志者,辨其章旨而标识之也"②,以"识"喻"志"解释则较牵强。历代学者多从郑玄的"辨志,谓别其心意所趣乡"说。陈澧引申其义云:"近人读经,每有浮躁之病,随手翻阅零碎解说,有号为经生而未读一部注疏者。若限以断句读之,则不能浮躁,不独有益于读书,亦有益于治心矣。""辨志"如今所说明确学习目的,端正学习态度。能做到辨志,就会如朱熹所说的"一举两得,这边又存得心,那边理又到"③。

九年 "九年"是指第九年,抑是指九年?从前一说,则为七年加两年,历来注家多主此说。但作为"大成"——"知类通达,强立而不反",似非两年就可以立竿见影。它有个经受考验的过程。

---

① 《文选·长笛赋》:"察度于句投。"李善注:"投,句之所止也。"
② (清)黄以周撰:《离经辨志说》。
③ 《朱子语类》卷一百十五。

"知类通达"句前不冠以"视"字,表明它与"小成"有别,不属于"中年考校"范围,更重自觉地学习,如方苞所说的"非教者所能程,惟学者之自致焉耳"。学生十五岁左右入大学,七年后"小成",约为二十一岁,加九年深造,到三十岁,政治上和思想上达到"强立而不反",正符合孔子"三十而立"的说法,亦符合《学记》"虽离师辅而不反也"之意。这样,从"小成"过渡到"大成"将是九年,而不是两年(过去也有人说是九年,不同的是他们以儿童六岁为入小学年龄,自此一、三、五、七、九各年数相加为二十五年,得三十岁。王树楠《学记笺证》就说"统计六岁入学,至三十,凡二十五年,正合下文之数")。"大成"是什么呢?作为思孟学派的作品,《学记》基本上是按子思、孟子的口径立说,《孟子》中讲"大成"只有孔子当之无愧:"孔子之谓集大成。"① 它是"集三圣之事为一圣之事",其分量之重,用以衡量二十来岁的小伙子是不切实际的。儒家经典中还有"四十曰强而仕"② 之语,表明"三十而立"还不过硬。

蛾子时术 "蛾""蚁"为同音同义。《尔雅·释虫》:"蚍蜉,大螘。"《经典释文》:"螘,本亦作蛾,俗作'蚁'字,音同。"《广韵·四纸》"蛾""蚁""螘"并同。《左传》"蛾析",《列子》"禽兽虫蛾",都读"蛾"为"蚁"。"术"字通"述",《说文》:"循也",是遵循、追随的意思。

"蛾子时术之。"郑玄注:蛾"时术蚍蜉之所为,其功乃复成大垤";王夫之注:"术,径也。蚁之后行者踵先行者,接迹相继,则径不迷而远可至。"两说可以并存。

【译意】

学生到了规定的年龄进入大学,国家每隔一年考查他们学业及

---

① 《孟子·万章下》。
② 见《礼记·曲礼》。

操行成绩一次：第一年考查学生析句分段的能力和学习的志向；第三年考查学生是否专心学习和与周围的人是否和睦相处；第五年考查学生学识是否广博，同老师是否亲密无间；第七年考查学生研究学问的本领和识别朋友的能力，符合标准的就叫作"小成"。另九年，做到认识事物能触类旁通，闻一知十，和政治上成熟，意志坚定不移，符合标准的就叫作"大成"。只有这样，才有本领教化人民，移风易俗，使近的悦服，远的来归。这就是大学教育的目的和任务。古书上说"小蚂蚁总是跟随大蚂蚁引导的路径走"，就是这个意思吧！

【评说】

考校制度始于何时？《尚书·舜典》："三载考绩，三考出陟幽明。"这个记载不可信。即如商、周，这个奴隶制社会还是"世卿世禄"占统治地位，考校，对于贵族阶层一点也用不上。地方呢，《周礼·地官司徒》："乡大夫之职，各掌其乡之政教禁令。正月之吉，受教法于司徒，退而颁之于其乡吏，使各以教其所治，以考其德行，察其道艺，以岁时登其夫家之众寡，辨其可任者。"对于州长，也有"各属其州之民而读法，以考其德行道艺而劝之"的记载。按照历史发展规律，考校制度应是在新兴地主政权的建立、士的阶层的活跃、世袭制的解体，导致人才选择纳入竞争机制、政策上从任人唯亲过渡到任人唯贤之后的事。《周礼》的记载即便是在《学记》之前，也只能反映当年的历史事实，那么它的考校对象也只能是官吏或准备当官的（清孙诒让说："三年大比，则大考州里者，此州吏之官计也。"又说："官尊者校比期远而疏，官卑者校比期近而数。"[①]），而不是如《学记》说的"比年入学，中年考校"，其对象为学校学生，其内容亦纯为课业和操行考查考试。就是说，属于教育的事，而不是行政官员的考校，将是《学记》一马当先。

---

① 孙诒让撰：《周礼正义》卷二十二、二十一。

汉武帝时，于所设的太学，规定"一年辄课"制，即一年考一次。到东汉桓帝时，改为"二岁一试"，即两年考一次。考试方法有口试、策试、射策①，比《学记》说得具体，但那是《学记》行世后一百到四百年后的事。

《学记》"比年入学，中年考校"既指学校对学生的考查考试，但在旧注中有两种不同看法：其一，它究竟指国学中的考校呢，还是乡学中的考校？其二，指国学中小学的考校呢，还是大学的考校？这两个问题，已在本章释义的"入学"条中做了解释，不予赘述。

考校，先考什么，后考什么，以至时间距离、规格要求，都有较明确的规定。它多少反映了我国早期学校教学体制已相当完备，教学规划已相当周密，教育内容也相当丰富。其中，属于德育方面的有"乐群""亲师""取友""强立而不反"，属于智育方面的有"离经""敬业""博习""论学""知类通达"。此德、智二育又很难截然分开。如"经"是"载道"的经，"离经"是为了明道，道就是政治；但"经"中也有许多文化知识。又如"辨志""博习亲师""论学取友"既是德育的过程，又是智育的过程。

《学记》在此提出了学习自觉性和主动性问题。例如，考校首先是考"志"，"志"乃是学习自觉性和主动性的心理基础。乌程韩氏就说"志不立，学必无成"。"知类通达"，在于培养学生独立思维能力，也得靠学习的自觉性和主动性。《学记》在"知类通达"句前不提"视"字，表明此时可以放手让学生独立进行知识的"再生产"。"强立而不反"更要靠学生自觉主动。《列子·仲尼篇》"回也能仁而不能反"，高诱注："反，变也。"不变，表明矢志不渝

---

① 《汉书·萧望之传》颜师古注："射策者，谓为难问疑义书之于策，量其大小署为甲乙之科，列而置之，不使彰显。有欲射者，随其所取得而释之，以知优劣。"

当然，属于不同阶级和阶层的人有各自的"矢志"，即坚定的立场、志趣和信念。后人引孔子"知及之，仁能守之"① 的话，说"离经""敬业""博习""论学"，只有做到"知及之""知类通达""强立而不反"，才能做到"仁能守之"。创业难，守成亦不易，"守成"同学习的巩固性（广义的）原则又有联系。

　　从"离经辨志"到"强立而不反"的全过程，揭示了一条基本法则：德育和智育总是密切地联系着。首先是德育，在德育的前提下，实现德智结合。而此德育和智育中，还蕴藏着美育。我国早期教育，实行《诗》与乐相互配合；儒家的教育思想，又强调礼与乐相互配合；《学记》下文讲"安弦""安《诗》""安礼"，可为论证。其全部教育宗旨基本上是《论语》"志于道，据于德，依于仁，游于艺"② 的说教。

---

① 《论语·卫灵公》。
② 《论语·述而》。

第六章　教之大伦

【章句】

　　大学始教，皮弁祭菜，示敬道也。《宵雅》肄三，官其始也。入学鼓箧，孙其业也。夏楚二物，收其威也。未卜禘不视学，游其志也。时观而弗语，存其心也。幼者听而弗问，学不躐等也。此七者，教之大伦也。《记》曰"凡学，官先事，士先志"，其此之谓乎！

【校文】

　　游其志也　《校勘记》："各本同，石经同。《释文》出'斿其'云：'本亦作游。'按'斿'者，'游'之省。"

【注音】

　　《宵雅》　《经典释文》："宵音消。"按：《宵雅》即《小雅》，宵读为小（xiāo）。

　　孙　《经典释文》："孙音逊（xùn），下皆同。"

　　夏楚　《经典释文》："夏古雅反①。"按：夏音 jiǎ，同槚。

　　时观　《礼记纂言》："观去声。"汪绂《礼记章句》："观官换反。"按："观"字作启发暗示解，音 guàn，在此作观察解，读如

---

①　按古雅反，古用见母，今作加雅反。

字，音 guān。

弗语・　《经典释文》："语鱼庶反。"按："语"（yù）是告诉的意思，音如《释文》。

躐等・　《经典释文》："躐音里辄反（liè）。"

【释义】

始教　北周熊安生解释为"始立学"，是表明学校开办之始；梁皇侃解释为"始入学"，是表明学生入学之始。从皇侃说。

皮弁祭菜　因原文无主语，注解便有分歧。一说是天子敬学之礼。如郑玄注"皮弁，天子之朝朝①服也；祭菜，礼先圣先师"，即由天子亲自主持。二说是主管教育官员代表天子敬学之礼。如吴澄注"大学始教，有司先服皮弁服，行释菜礼"，即由主管教育官员主持。三说是士敬学之礼。如王夫之注"始教，谓始入学，士弁而祭于公"，即由士来举行。分歧在于行君礼还是行士礼。有人认为皮弁祭菜是天子专用的礼，也就是君礼，士不得逾越。弄清这个问题，有助于我们了解封建社会教育的等级性，了解所谓"礼治"的教育实质。

先说皮弁。皮弁是一种用白鹿皮制成的尊贵的帽子，属于冠类。汉刘熙《释名·释首饰》："以鹿皮为之，谓之皮弁。"士可不可以戴皮弁呢？可以。《仪礼·士冠礼》："爵服弁。"郑玄注："此与君祭之服杂。《记》曰：'士弁而祭于公。'"又《荀子·大略》："士韦弁。"韦弁就是皮弁。《说文》："韦从舛，口声，兽皮之韦，可以束枉戾相韦背，故借以为皮韦。"北宋的治礼专家陈祥道就说："古者天子以皮弁视朝，而士以之为饰，则皮弁上下通服，而三王共焉者也。"但同是皮弁，卿大夫以上有饰（有五采、三采、二采、玉璂、象邸之别），士无饰。这是等级制度在服饰方面的反映。董仲舒说

---

① 《释文》"朝朝"，并直遥反，音 cháo。上"朝"字为朝廷，下"朝"字连下"服"字，为上朝廷穿的礼服。

衣裳染以五采，饰以文章，"非以为益肌肤血气之情，将以贵贵尊贤而明别上下之伦，使教亟行，使化易成，为治为之也"①。是什么身份，用什么服饰，行什么样的礼，它本身就是对人们的一种"礼治"教育。

次说祭菜。即用芹藻（郑玄、陈祥道作"芹藻"，后儒多作"蘋藻"。沈廷芳《十三经注疏正字》："'芹'误'蘋'"）祭先圣先师。熊安生、孔颖达说："天子使有司服皮弁，祭先圣先师以蘋藻之菜。"士可不可以祭菜呢？也可以。按早期贵族学校开学时，祭先圣先师的仪式有三：释币，释奠，释菜，据说是取其简单朴素。欧阳修说过："释奠释菜，祭之略者也。"但释奠有乐，释菜无乐。陈祥道注：《学记》本章，说"学者之于先圣先师，大有释奠，小有释菜，释奠以饮为主，而其礼隆，释菜以食为主，而其礼薄"。清毛奇龄即依其略、薄，说可行之士的阶层："至于释菜……不舞，不授器，不卜时日，不备仪物，但一献而无介语，凡礼官学士皆可行之。"②释菜于先师前，这倒是士的本分。古礼，士见君，以雉为贽；见师，则以菜为贽。天子可以不亲临释菜，因为他对于师，实质上还是君臣关系。所以《礼记·文王世子》记载天子视学才说："乃命有司行事，兴秩节，祭先师先圣焉。有司卒事，反命。"天子不亲祭，这是等级制度在祭祀方面的反映。它本身也是对人们的一种"礼治"教育。

皮弁祭菜，这个具有象征意味，意在"敬道"。所以从另方面说，固不在于表现形式的繁简隆薄。

这不是说皮弁祭菜是士礼，不是君礼了。这里说的士，是属于统治阶层，不同于士庶人的士。庶人只许用巾，不许用冠。《释名·释首饰》："士冠，庶人巾。"所以不存在戴皮弁的庶人。作为统

---

① 《春秋繁露·度制》。
② 《学校问》。

治阶级的士,他们上大学的目的是"学为君",即学习统治人民的本领。在这个角度上,可以说"皮弁祭菜"是士礼,也是君礼。我国古代制礼,就有从士开始和君礼常假士礼而行的。士礼和君礼既然异中有同,原来的三说可以兼采并用,只是不同等级,鹿皮帽有不同的装饰罢了。

《宵雅》肄三　指《诗·小雅》的《鹿鸣》《四牡》《皇皇者华》三篇。其应用范围相当广泛:(1)用于飨礼,如《左传》襄公四年,晋侯接待穆叔,有"工歌《鹿鸣》之三";(2)用于大射礼,如《仪礼·大射》有"乃歌《鹿鸣》三终";(3)用于乡饮和燕礼,如《仪礼》的《乡饮酒》和《燕礼》有"工歌《鹿鸣》《四牡》《皇皇者华》"。就是说,它应用于政治、外交、军事的场合,但也应用于教育的场合。

"《宵雅》肄三"的"宵",主要有两说:一以"宵"为夜,另一以"宵"为小。持前一说的有南宋吕祖谦,说是使学者"夜间肄习三章之《雅》"。吕氏当是依据《汉书·礼乐志》的"乃立乐府,采《诗》夜诵"和《大戴礼·保傅》的"瞽史诵《诗》"。但考古制,学生诵《诗》不同于乐官诵《诗》。后者或因其言词"秘不可宣露"①。学生诵《诗》本着"思无邪"②,不存在"不可宣露"的问题。"秘"而不敢"宣露"的东西,你越不敢"宣露",就越觉得神秘,"思"就越"邪"。再则,古时候诗乐同物,是采取"诵之歌之,弦之舞之"的一种集体活动,所谓"恒与人共之",要乐工参加伴奏。清徐华岳的《诗故考异》就说《鹿鸣》《四牡》《皇皇者华》用于乐者最多。则所谓"《宵雅》肄三",必是学校开学的一种

---

①　《汉书·礼乐志》颜师古注:"夜诵者,其言词或秘不可宣露,故于夜中歌诵也。"
②　原见《诗·鲁颂·駉》。孔子借它评《诗》三百篇,其思想内容纯正无邪。

隆重仪式，不是让学生各自回宿舍"夜诵"一番。所以多数注释者认为"宵雅"就是《小雅》。三篇的内容，如陈祥道所说，《鹿鸣》主于和乐，《四牡》主于君臣，《皇皇者华》主于忠信，可以看出它同国家政治生活的关系。上层社会的子弟只要于"和乐、君臣、忠信之道不阙"，便"可以入官从政"（陈祥道注）。这便是《学记》说的"官其始也"。唐孔颖达所谓"当祭菜时，取《小雅》三篇为学者歌之，欲使学者得为官，与群臣相燕乐，各自劝励也"。

　　鼓箧　箧，竹编的书箱。唐吴兢《贞观政要·崇儒学》注：箧为"方竹器，所以盛书籍者"①。鼓，击鼓，用以警众。《礼记·文王世子》："天子视学，大昕鼓徵，所以警众也。"郑玄本注："击鼓警众，乃发箧出所治经业。"《论语》的"小子鸣鼓而攻之"②，即为了警众。又《崇儒学》："国学之内，鼓箧升筵者凡至万人，儒学之兴，古昔未有也。"则"鼓箧"又用以喻大学学子入学的一种盛况。

　　夏楚收威　夏同榎。《尔雅》："榎，苦荼"；楚，郑注"荆也"，其枝条可杖以扑人，故"荆"字从"刑"。《尚书·舜典》："扑作教刑。""扑"，《说文》作"攴"，原义为小击，即轻轻地打，不痛挞。同是"刑"，体罚学生毕竟不同于对待犯罪之人。陈澔："夏形圆，楚形方，以二物为扑，以警怠忽者，使之收敛威仪也。"此"威仪"当指自高自大，自以为是。教师要"示其所短"（南宋戴溪语），使学生"向来骄慢怠忽之气都消"（南宋吕祖谦语），这就是"收威"。收威是不是都得动夏楚呢？不"挞"，而用耐心教育取代，不是更好吗？北宋程颢、程颐说："如有不率教之人，却须置其榎楚，别以道格其心，则不须榎楚，将自化矣。"③王夫之也说："是故夏楚

---

① 《贞观政要》卷七。
② 《论语·先进》。
③ 《二程集·河南程氏遗书》卷二上。

之收，以施于弦诵之不率，而司徒之教，未闻挞子以使孝、扑弟以使顺也。"①

收其威 清皮锡瑞以为郑注、孔疏之义恐非经旨。"收"当假借为"纠"。《史记·商君列传》："令民什伍而相收，司连坐"，《索隐》："收、司，谓相纠发也。"是"收"与"纠"声近义通，非谓学者收敛其威仪。皮氏说亦近理。但作"敛"解亦无不可。"收"，《广韵》："敛也。"

卜禘视学 禘是祭祖，但不是寻常人的祭祖。看"禘"字结构，它从示从帝，说明为最高统治者所专用，《礼记·大传》就说"礼不王不禘"。禘祭和视学联系起来，这是我国古代宗庙活动和国家活动相结合的宗亲贵族统治的一种仪式。在先秦，如《春秋》所载，凡帝王即位、朝聘、出境、结盟、田猎、嫁娶等等，都举行祭祀，表示子孙孝道。殷人以孝为教，所以"教"字从"孝"（见卜辞）。未卜禘不视学，可理解为最高统治者重视教育，激励师生继承祖先开创的业绩，禘祭本身也具有"化民"的意蕴，《大戴礼》讲"民之本教曰孝"②，此亦《论语》"慎终追远，民德归厚矣"③之意。

根据历代各家注解，有四时之禘，即以禘为时祭；有五年一禘，即以禘为五年大祭。这样，未卜禘不视学，时间方面就有两种可能性：禘如果是时祭，视学就在每年举行；如果是五年大祭，视学就每隔五年举行。持五年一禘之说的人，多以《礼纬》为主要依据。但《礼纬》一书是不可靠的，不如依据《礼记》。《礼记》倾向于时祭之禘，《祭义》讲"祭不欲疏"，后儒也认为"疏则慢，慢则

---

① （清）王夫之撰：《尚书引义·舜典二》。

② 《大戴礼·曾子大孝》："民之本教曰孝"，卢注："《孝经》曰：'夫孝，德之本也，教之所由生也。'"

③ 《论语·学而》。

不敬",而肯定"禘必岁行",视学则为每年举行。但禘又有春禘、夏禘之说,在同一部《礼记》里,有的说"春禘秋尝"(《郊特牲》和《祭义》),有的说"春礿夏禘"(《祭统》和《王制》)。经学家们的争论,也带进《学记》注解中来。根据春禘说的,认为视学在春季;根据夏禘说的,认为视学在夏季。有人还把夏、商、周三代历法制度端出来论证①,把问题引入烦琐。按先秦有三春入学释菜合舞之制,黄以周《学礼通故》:"学士入学,皮弁祭菜,即仲春释菜之礼。"根据《礼记·月令》,仲春"上丁,命乐正习舞释菜,天子乃帅三公九卿诸侯大夫亲往视之",和《礼记·文王世子》《周礼·大胥》记载,最高统治者视学时间当在春季,不会在夏季。熊安生的《礼记义疏》也说"视学谓仲春视学"。

游其志 郑玄注:"以游暇学者之志意。"清张敦仁以为"暇"乃是"假"字之误,并引《释文》"假,户稼反,旧古雅反"及《正义》"谓优游纵假学者之志,不欲急切之"以证。按阮元《校勘记》云各本均作"暇"字,惟《释文》作"假"字。"暇"似亦可作优游从容、不欲急切解释。

教之大伦 郑玄注:"伦,理也。""大伦",大道理,或基本道理。

官先事,士先志 官,指有爵位、封邑的学生;士,指没有爵位、封邑的学生。即旧注所谓"已仕""未仕"。前者是《论语》说的"有民人焉,有社稷焉"② 一类人,他们各有其"人民社稷之事"③。

---

① 如夏有"夏正",殷有"殷正",周有"周正"。春秋战国时期,历法没有统一,有的地区使用"周正",也有的地区使用"殷正"或"夏正",对四时节气有不同的算法。
② 《论语·先进》。
③ 见清方苞注。

张载说"有官者先教之事"①，即先教以治国、平天下之术。后者相当于预备官员。"先志"，如松陵赵氏注："当今未仕，则蓄于志。"就是《孟子》说的："王子垫问曰：'士何事？'孟子曰：'尚志。'"②

"先事"和"先志"是殊途而同归。先事的"官"是"仕而优则学"的，先志的"士"是"学而优则仕"的，其最终目的都是"学为君"——统治人民的人。这是一方面。另一方面还要看到，大学中有"官"和"士"两种身份（虽然他们都属于统治阶层）的学生，它说明了历史进入战国后期，或者说从春秋末年开始到战国时期，教育领域逐渐在打破宗亲贵族的垄断。《学记》的"求善良"和"就贤体远"，从政治上思想上反映了此时已发展到"任人唯贤"为主，又不放弃"任人唯亲"，两条路线相互补充、相互制约的阶段。那么，"仕而优则学，学而优则仕"在春秋战国的具体历史条件下，不能简单地视为反动的思想形态。不管怎样，"仕而优则学"比仕而不学，"学而优则仕"比不学而仕，要进步得多。

【译意】

大学开学的时候，最高统治者或主管教育的官员带领全体师生，戴着鹿皮帽子，端着芹菜之属，致祭先圣先师，为的是表示尊师重道。学生吟诵《诗·小雅》中《鹿鸣》《四牡》《皇皇者华》三篇，为的是首先学习如何当官从政。学生听了击鼓声音打开书箱，为的是使重视课业，端正学习态度。学校里摆着体罚学生用的棍棒，为的是维持校风校纪，处分那些夜郎自大、不服管教者。最高统治者或代表他主管教育的官员，不到春祭过后，不来视察学校，为的是要承先启后，激励学生趁学年开始，从容地考虑自己学习的

---

① 张载《正蒙·中正篇》："'凡学，官先事，士先志。'谓有官者先教之事，未官者使正其志焉。"

② 《孟子·尽心上》。

计划和志趣。教师在教学过程中，经常观察学生的学习活动，不一下子告诉这和那，为的是培养他们独立思考能力。年纪小的学生只许旁听，却不必发问，为的是考虑他们的接受能力，以求循序渐进。这七点，是大学教育的要旨。古书上说"凡是教育学生，对那些带着官爵入学的，首先要指导他们如何处理政务；而对那些没带官爵入学的，首先要引导他们确定学习的志趣"，就是这个意思吧。

【评说】

这一章一开始就讲大学之礼。这个作为学校的政治教育，伴随宗法制度而来的礼，原本是周族氏族制社会的产物。它不仅对奴隶制社会，而且对封建制社会的阶级统治一直起作用。

西周奴隶制统治的自然基础，是从氏族组织演变过来的血缘宗族关系。那些高踞社会最上层的贵族集团，同时也是宗族集团。这就形成了宗法制度和国家制度、族权和政权、宗统和君统的一元化，依靠许多"不下庶人"的礼，维持集团内部的亲亲尊尊关系，以巩固奴隶制统治。《学记》这里讲的"皮弁祭菜""《宵雅》肄三"和"卜禘视学"，都是周礼的沉渣泛起。相传西周朝有五礼：吉、凶、宾、军、嘉。《学记》却保留其三：吉礼、宾礼和嘉礼。"皮弁祭菜"和"卜禘"讲祭祀，属于吉礼；"《宵雅》肄三"讲接待贵宾和君臣宴会，属于宾礼和嘉礼。西周统治者总结一条"经验"，叫作"国之大事，在祀与戎"[1]。战争结束了，就抓祭祀，一祭祖先，二祭先圣先师。其如此重视，诚如《大戴礼》所说的："丧祭之礼明，则民孝矣。"[2] 不以孝为教，民不"事上敬长"，尊卑无别，长幼无序，就会引起阶级阵线的紊乱，即无以维系宗法制度和现存政权的延续。《学记》之重祭祀，承袭"以孝为教"的历史传统，其

---

[1] 《左传》成公十三年。
[2] 《大戴礼记·盛德》。

思想根源亦在此。

　　春秋末年，周室的宗法势力已大大削弱，"礼崩乐坏"的局面也已经形成。到战国时期，新潮流的冲击力更大。顾炎武说过："春秋时犹尊礼重信，而七国则绝不言礼与信矣；春秋时犹宗周王，而七国则绝不言（周）王矣；春秋时犹严祭祀，重聘享，而七国则无其事矣；春秋时犹论宗姓氏族，而七国则无一言及之矣；春秋时犹宴会赋诗，而七国则不闻矣；春秋时犹有赴告策书，而七国则无有矣。"① 看来，什么宗法制度，老一套的礼，已不再成为维系新社会的脐带了，那为什么《学记》作者还如此重视这繁文缛节呢？

　　原因之一是，那刚刚走上历史政治舞台的地主阶级内部存在着"法先王"和"法后王"两条路线的分歧。《学记》作为儒家，特别是思孟学派的作品，它在思想上对"先王"尤感兴趣，认为三代有一套典章制度可资遵循。但更主要的是历史现实，即由奴隶制转变为封建制社会，旧的王朝和经济基础虽被推翻，但以血缘关系为其自然基础，以父家长制家庭为基本单位的宗法制度和礼，有的不仅原封不动地保存着，还有所发展。这有两点可以理解：对于统治阶级来说，可以维护一姓一族的统治；而对于被统治阶级，例如农民来说，又可以将其束缚在土地上，"聚其骨肉，以系其心"。历来封建统治者，总是一方面通过"族谱""世系"的宗法关系，来掩盖一姓一族中两个敌对阶级的矛盾；另一方面又利用"宗规""家范"的约束力，作王权、国法的补充。《论语》就说："其为人也孝悌，而好犯上者鲜矣"②；《孝经》也说："君子之事亲孝，故忠可移于君。"③ 建立一家的封建秩序，亦为了巩固一姓一族的封建政权。则《学记》的"祭菜""卜禘"，形式上是为尊师敬祖，实质上是为

---

① 《日知录》卷十三，《周末风俗》。
② 《论语·学而》有子语。
③ 《孝经·广扬名章》。

忠君孝亲。孝亲只是手段、过程，忠君才是目的。它是同政权直接联系着的。试看"皮弁"原是"天子"的"朝服"①，"卜禘"是"天子"专用的祭礼，大学又是"天子亲往视之"。尽管战国时，东周的"天子"已是个过江的"泥菩萨"，"礼乐征伐自天子出"这句话已丧失它的市场，但在七国纷争，小鱼吃掉了虾，大鱼又吃掉了小鱼之后，随着诸侯割据局面的结束，统一的封建的中央集权国家的建立，以新兴地主为其阶级基础的"天子"的出现，哪怕名义上仍称为"天子"，搞的又是专制主义，它还符合社会历史发展规律，如荀子在其《议兵》和《强国》两篇所说"数也"。后来秦始皇毕"六王"一"四海"之得到肯定，原因也在此。

---

① 如前面引郑玄注"皮弁，天子之朝朝服也"。

第七章 正业居学

【章句】
　　大学之教也，时教必有正业，退息必有居学。

【注音】
　　大学　朱彝尊《经义考》卷一百四十六引阮峻《礼记涤除》："《小戴·学记》云，'大学之法''大学之礼''大学之教'，《大戴礼·保傅篇》八岁就外舍，束发入大学，并指学宫言之，音当从太。"按："太学"即"大学"，从"太"从"大"都一样。

【组句】
　　刘向《说苑·建本》："成人有德，小子有造。大学之教也时，禁于其未发之曰预……"

　　郑玄、孔颖达、陈祥道、王夫之均以"大学之教也时"为一句，"退息必有居"为一句，"学"字自为一句。陈旸、周谞同。

　　朱熹："郑注孔疏读'时'字、'居'字句绝，而'学'字自为一句，恐非文意。当以'也'字、'学'字为句绝。"此前，陆佃即以"时教""居学"组词，朱熹当从陆说。

　　按：从陆、朱说。清陆奎勋、翁方纲、汪绂、庄有可、张文虎等均从陆、朱说。翁方纲指出："注、疏'大学之教也时'六字为句，'教必有正业'五字为句，'退息必有居'五字为句，'学'又自为句,此旧说之必不可从者。"

【释义】

　　时教　旧注的"时"有两种解释:一指季度。陆佃、吴澄据《王制》说"春秋教以礼乐,冬夏教以《诗》《书》",所谓"春夏秋冬各当其时"。二指日。陈澧说:"指一日之内言之耳。"当从陈澧说。

　　正业　一指正统思想。如孔颖达说:"正业谓先王正典,非诸子百家";陈祥道说:"不以异端。"另一指主课或正课教学。如宋育仁说:"教育者以时讲授,必有主课";姚明辉说:"师授必有正课。"从姚明辉说为宜。

　　退息　意思是课外。如吴澄说:"退,谓进受正业既毕而退也;息,谓燕闲之时。"燕闲指课外。

　　居学　指课外作业。如陆佃说:"居学,言退息之所学也";清庄有可说:"谓温习使不忘。"

【译意】

　　大学的教学组织形式是:按时进行正课教学,课后从事课外作业。

【评说】

　　这一章继前面的"大学之道""大学之礼",讲"大学之教",下面还接着讲"大学之法"。

　　作为学校的教学组织形式,"时教必有正业,退息必有居学",表明在一定的时间和空间内及其过程中,既有教师的活动——教,又有学生的活动——学;既有课内任务,又有课外任务;学生既有紧张的学习,又有适当的休息。尽管那时候还没有明确的科学的教学时间(例如课时)和教学空间(例如课堂)概念。

　　把人类的许多社会活动纳入春夏秋冬的四时框架,在我国,早在先秦时期就开始。这当是农业社会生产的季节性在人们思想和生活行为中的一种辐射。例如田猎，有春蒐、夏苗、秋狝、冬狩①；祭祀，有祠、禴、烝、尝②，禴、禘、尝、烝③。教育活动则有"春秋教以礼乐，冬夏教以《诗》《书》"④；"春诵、夏弦"，"秋学礼"，"冬读《书》"⑤；以及"春夏学干戈"，"秋冬学羽籥"⑥。

《学记》把大学的教学内容规定为《诗》、礼、乐，这一点当无庸议。一则，《学记》为儒家的"教育学"，其课程论自离不开"六艺"；二则，新兴地主阶级在长期烽烟弥漫中来不及去编写新教材，"六艺"也符合他们的脾胃。但把教学内容依一年四季分割成四大块，合理吗？历史上有读了一季度书，便画个休止符，到明年此日再鼓箧开卷的情况吗？

"时教必有正业"和"退息必有居学"，两句乃相对成文。"退息""居学"必以日计，则"时教"的"时"亦当指"日"，决非指季度。《大戴礼记·曾子立事》："君子爱日以学，及时以行，难者弗辟，易者弗从，唯义所在，日旦就业，夕而自省思，以殁其身，亦可谓守业矣。"此"就业"于日旦的"业"，即《学记》的"正业"。《大戴礼记》本篇下文"君子学必由其业"，王聘珍注引《学记》曰"时教必有正业"⑦。教学过程是循序渐进，不是搞突击或断断续续。

---

① 《左传》隐公五年："故春蒐、夏苗、秋狝、冬狩，皆于农隙以讲事也。"
② 见《尔雅·释天》。《春秋繁露·四祭》同。
③ 《礼记》的《王制》《祭统》。
④ 《礼记·王制》。
⑤ 《礼记·文王世子》："春诵、夏弦，大师诏之；瞽宗，秋学《礼》，执礼者诏之；冬读《书》，典《书》者诏之。"
⑥ 《礼记·文王世子》："凡学，世子及学士必时：春夏学干戈，秋冬学羽籥，皆于东序。"
⑦ 《大戴礼记解诂》卷四。文中"弗辟"，辟同避，顶住困难之意；"弗从"，不苟安，不偷闲。

本章的思想核心，是教师与学生的配合，教与学的配合，课内与课外的配合。晋江周氏注："自师所授曰正业，自学者所习曰居学。""时教"要求教师认真授课，"居学"则要求学生自觉学习，二者互为前提条件：学生学习的自觉性，主要是在教师课内外启发诱导下得到发挥；而教师的启发诱导，又必须以学生在课内外学习的自觉性为基础。这也说明教学任务必须在教师和学生共同积极参与下，才能顺利完成。

　　有紧张的学习，就要有适当的休息。"退息，谓学者疲倦而暂休息"（孔颖达）。休息是为了更好地学习，则"时教"与"退息"又构成了教学过程中有张有弛、有劳有逸的一对矛盾。"退息"是与"时教"相对而言。不可以把退息理解为完全停止学习，要善于领会"退息必有居学"的"必"字。王夫之注："持之勿失，不自谓已喻而置之也。"[①]"居"就意味着掌握、吸收、巩固，把书本上的知识转化为自己的智慧和精神财富。这通常是在课后完成它，正如消化和吸收营养不在饭时而在饭后一样。"居学"的重要意义，还在于它将更好地培养学生独立学习、思考的能力。

---

① 喻，懂得；置，放松。

第八章　兴艺乐学

【章句】

不学操缦，不能安弦；不学博依，不能安《诗》；不学杂服，不能安礼。不兴其艺，不能乐学。

【校文】

不学博依　《校勘记》："闽本同。《释文》亦作'愽'。监、毛本'愽'作'博'是也，石经同，岳本同，嘉靖本同，卫氏《集说》同，注疏放①此，下'博喻'同。"

【注音】

操缦　《经典释文》："操七刀反。"《集韵》："操仓刀反。"按：古时"七""仓"声母不分，今从《集韵》，音 cāo。

《经典释文》："缦末旦反（màn）。"

博依　《经典释文》："依于岂反。"《礼记纂言》："'依'，旧读上声，今读如字。"按：依读如字，音 yī。

不兴　《经典释文》："兴虚应反。"陈澔《礼记集说》："兴去声。"按：两说同，音 xìng。

乐学　陈澔《礼记集说》："乐去声。"卢文弨《礼记音义考

---

① 放，同"仿"。

证》:"乐五孝反。"按:乐古音 yào,今应音 lè。

【释义】

操缦　操,旧注为"调弄",即调音练习。缦,弦乐配合打击乐演奏,如今之交响乐。《周礼》载磬师掌"教缦乐燕乐之钟磬";钟师"掌鼙鼓缦乐"。郑注缦乐"谓杂声之和乐者也"。明黄生说"操缦即今之和弦"。

安　落实(其教学任务),或体现(其教学目的)、保证(其教学功能)。

弦　指弦乐琴瑟之属。学习琴瑟是一种乐教,也是儒家礼治教育的组成部分。孔门中就有人善鼓琴瑟,如曾点"鼓瑟希,铿尔";子路"由之瑟,奚为于丘之门?"①

博依　郑注"广譬喻",当是据《阳货》"《诗》可以兴"的孔安国注"兴,引譬连类"。但《诗》有风、雅、颂、比、兴、赋,正如清俞樾所说的:"《诗》有六义,岂譬喻所能尽乎?"是郑注不妥切。按古时诵《诗》常伴以乐和舞。《国语·周语》:"《诗》以道之,歌以咏之。"《墨子·公孟》:"诵《诗》三百,弦《诗》三百,歌《诗》三百,舞《诗》三百。"《史记·孔子世家》:"《诗》三百五篇,孔子皆弦歌之,以求合《韶》《武》雅颂之音。"同样,教师教《诗》也没有离开乐和舞。清皮锡瑞说:"古者《诗》教通行,必无徒《诗》不入乐者。"② 学《诗》既然要"诵之歌之、弦之舞之",必然先要学习声律节奏,宋育仁所谓"习歌审音"。则"博依"即如《尚书》的"声依永"③,要求诵《诗》者能"依五声之清浊,而高下其音节"④。

---

① 《论语·先进》。
② 《经学通论·诗经》。
③ 《尚书·舜典》。
④ 见吴澄本注。

杂服　郑注以"服"为服饰,"杂服"便是"冕服皮弁之属"。孔颖达、朱熹等引申其说,以古人服有等降,来说明其杂。但诚如俞樾所说:"冕服皮弁之属在今人视为绝学,诚费讲求,在古人则习见习闻也,有何可学?"则"杂服"似可依张载的解释,为"洒扫应对投壶沃盥细碎之事"。《尔雅·释诂》:"服,事也","杂服"就是杂事,也就是家庭杂役。这是父权时代家长奴役制的孑遗。《左传》桓公二年:"士有隶子弟",服虔注:"士卑自以其子弟为仆隶";《仪礼·既夕礼》:"朔月童子执帚却之,左手奉之",郑注:"童子隶子弟若内竖寺人之属。"《礼记·少仪》:"拼席不以鬛,执箕膺揭",皆指此。清刘青莲《学礼阙疑》:"古人为学,十分之中,九分是动容周旋,洒扫应对,一分在诵说。"可以见其重视。用现在的眼光看,也可以作为家庭中体力劳动来理解。

不兴　郑玄:"兴之言喜也,歆也。"① 意为喜欢,感兴趣。陈澔:"兴者,意之兴起而不能自已者。"在此亦可作重视、强调解释。

其艺　指操缦、博依、杂服。孔颖达:"'艺'谓操缦、博依六艺之等。"陈澔:"艺,即三者之学是也。"

【译意】

不练习好缦乐,就落实不了学乐的任务;不学习好声律,就落实不了学《诗》的任务;不服习好洒扫沃盥等劳役,就落实不了学礼的任务。就是说,思想上不重视实际训练,就落实不了乐、《诗》、礼的教学任务。

【评说】

本章是上承前面的"时教必有正业,退息必有居学"。一般说,乐、《诗》、礼,是对"正业"而言;操缦、博依、杂服,是对"居

---

① 《正义》引《尔雅》云:"歆:喜,兴也。"按《释诂》:"廞、熙,兴也。"古"喜""熙"字通,"廞"亦兴之谓。

学"而言。但又不尽如此。乐、《诗》、礼在课内教，也应当在课外学；同样，操缦、博依、杂服在课外学，也应当在课内教。即彼此互换位置，使之交相起作用。

"上承"，表明本章同前一章内容有逻辑联系，但本章的思想核心，却是揭示在教学过程中，知识同行为的关系、理论同实践的关系。重要的是实践，是具体行为表现。《学记》才说"不学操缦，不能安弦；不学博依，不能安《诗》；不学杂服，不能安礼"，而归结为"不兴其艺，不能乐学"。"兴"，不是讲兴趣主义，感兴趣的就学，不感兴趣的就不学。学习是艰苦的劳动过程，要有高度的积极性和自觉性。教师在这里要发挥主导作用。

乐主要属于美育范畴，但也涵盖德育、智育、体育，《荀子·乐论》说"故乐者，审一以定和者也，比物以饰节者也，合奏以成文者也；足以率一道，足以治万变"，以至"耳目聪明，血气和平"。《诗》，主要属于智育范畴，也涵盖德育、美育，《论语·阳货》说"《诗》可以兴，可以观，可以群，可以怨，迩之事父，远之事君，多识于鸟兽草木之名"。礼，主要属于德育范畴，也涵盖智育、美育乃至体育。《礼记·礼运》说"礼之始，始诸饮食"，《说文》礼"从示从丰"，《史记·礼书》"礼者养也"，其根源于人们生产和生活方式至为明显。《礼记·乐记》还说"制度文章，礼之器也"和"著诚去伪"。儒家总是把礼、乐联系起来，所谓"礼乐不可斯须去身"①。

但无论乐也好，《诗》也好，礼也好，都要体现于实际行动，所谓身体力行。否则不足以教育、考验自己，也不足以教育、感召他人。《论语·阳货》："孺悲欲见孔子，孔子辞以疾。将命者出户，取瑟而歌，使之闻之。"这位老先生如果只对宫、商、角、徵、羽理论研究得深透，背得烂熟，却不会唱歌调琴，那他在谢绝孺悲求

---

① 《礼记·乐记》。

见之后，如何对这位求知心切者给予深刻的教育呢？

《学记》这一章，使我们意识到认识过程，即"知"与"行"合一，理论与实践合一，或如今天说的运用辩证唯物主义认识论，来指导教学和学习的重要性，虽然古老的"知""行"合一观还不是也不可能运用科学的世界观和方法论。再则，教学过程，或者说学习过程也只是认识的一种特殊形式。历史上许多教育家，都在这方面作出努力，如荀子说："不闻不若闻之，闻之不若见之，见之不若知之，知之不若行之。学至于行之而止矣。"① 王充说："凡天下之事，不可增损，考察前后，效验自列。"② 此"效验"同实践虽不是一回事，却是实践的邻居。

比较突出的是清代的颜元，他把《大学》的"格物致知"说作了异乎宋明理学家的解释：

> 格物之"格"，王（阳明）门训"正"，朱（熹）门训"至"，汉儒训"来"，似皆未稳。……元谓当如史书"手格猛兽"之"格"，"手格杀之"之"格"，乃犯手捶打搓弄之义。即孔门六艺之教是也。如欲知礼，凭人悬空思悟，口读耳听，不如跪拜起居，周旋进退，捧玉帛，陈笾豆，所谓致知乎礼者，斯确在乎是矣。如欲知乐，凭人悬空思悟，口读耳听，不如手舞足蹈，搏拊考击，把吹竹，口颂《诗》，所谓致知乎礼者，斯确在乎是矣。推之万物皆然。③

颜元这段话与《学记》本章说得近似，即重视知行合一。行重于知，不行等于不知。如他所说的"书房习数，入市便差。则学而必

---

① 《荀子·儒效》。
② 《论衡·语增》。
③ 《习斋记余》卷六，《阅张氏〈王学质疑〉评》。

习,习又必行,固也"①。

我国历史上许多哲学家和教育家,对于"格物致知"的"物",不是解释为物质性的东西,而是人们的精神生活。尽管像颜元那样重行,强调"读书无他道,只须在'行'字著力"②,却仍离不开"六艺"的礼乐之教,如说"'格物'谓犯手实做其事,即孔门'六艺'之学是也"③。我国历代不是没有科学家,不是没有从事自然科学实验的人和事迹,但自然科学都未曾阔步进入学校,特别是官学。它不像古希腊(雅典)、古罗马乃至一些阿拉伯国家那样,以课程或科学实验的姿态,进入高等学府的讲坛和实验室。

这有许多原因。

首先是社会经济原因。

历史告诉我们,雅典的科学技术知识是在奴隶劳动的基础上,各城邦工商业的发展,和同东方各族人民进行经济文化交流中积累起来的。我们从希波战争后看到,由于社会经济的发展,雅典原来的小农经济受排挤,手工业作坊取代了个体手工业,土地经营也纳入商品经济范畴。工商业奴隶主不仅拥有国内市场,还经营海外贸易。由于生产和航海的需要,天文、数理、机械学便引进高等学府。生活在雅典的希腊哲学家、教育家亚里士多德和他的学生对物理、化学、动植物、生理、医学、天文学都有不同程度的造诣。他们建立的吕克昂学园,就主张从工艺中探索自然的奥秘。

同雅典不一样,我国周朝的奴隶制,可以说是单一的农业奴隶主统治。奴隶主役使农业奴隶,作为"百工"的手工业奴隶,其人身从属于农业奴隶主,所谓"处工就官府"④,"工商食官"⑤,"庶

---

① 《颜习斋先生言行录》卷下,《世情》。
② 《颜习斋先生言行录》卷上,《理欲》。
③ 《颜习斋先生言行录》卷上,《刚峰》。
④ 《国语·齐语》。
⑤ 《国语·晋语》。

人工商，各守其业，以共其上"①。以农业为基础，反映在《诗经》的《豳风》《雅》《颂》和《周礼·春官》中；《周书》则几乎每一篇都讲农事。周族把农神后稷奉为自己的祖先，相传文王还亲自下田耕种。② 老式的农业生产规定了政治和思想的保守性。同雅典不一样，周朝"公田"生产的粮食剩余，没有转化为商品投入市场，而多用来酿酒、宴乐，在祭祀和贵族豪华生活中消费掉，要么就作为官吏俸禄分赃掉。手工业既归官府经营，"美金"青铜被用来铸造祭器、酒器、兵器和贵族阶层的生活用品。③ 即便是"恶金"铁，到春秋以后才铸为农具。④ 在此以前，奴隶基本上还用石器、骨器和蚌器制成原始性的农具耕田，"百工"生产的手工业品，主要是供贵族们享用（春秋初期，商品的范围还只限于奢侈品），谈不上扩大再生产，以促进社会经济的发展。

恩格斯在论述农村公社解体的外来和内在因素时说道："在这种公社的内部，最初是在同外地人进行的交换中，它就已经发展成商品的形式。公社的产品越是采取商品的形式，就是说，产品中为生产者自己消费的部分越小，为交换目的而生产的部分越大，在公社内部，原始的自发的分工被交换排挤得越多，公社各个社员的财产状况就越不平等，旧的土地公有制就被埋葬得越深，公社也就越迅速地瓦解为小农的乡村。东方的专制制度以及东征西讨的游牧民族的不断更迭的统治，几千年来都对这些旧的公社无可奈何……"⑤ 恩格斯还指出："原始的土地公有，一方面同眼界极

---

① 《国语·周语》。
② 《周书·无逸》："文王卑服，即康（糠）功田功……自朝至于日中昃，不遑暇食。"
③ 现在出土的殷代青铜器，十之七八是酒器。又《国语·齐语》："美金以铸剑戟，试诸狗马。"
④ 《国语·齐语》："恶金以铸锄夷斤斸，试诸壤土。"
⑤ 《马克思恩格斯选集》第3卷，人民出版社1995年版，第505页。

短浅的人们的发展状态相适应，另一方面以可用土地的一定剩余为前提，这种剩余为应付这种原始经济的意外的灾祸提供了某种周旋余地。"① 恩格斯这两段话可用来说明中国奴隶制社会发展缓慢的基本原由。

战国以后，历史进入封建制，情况会不会好些呢？

从春秋末年开始，市场的繁荣，交换的频繁，已经把人们的经济生活彼此联结在一起。《礼记·月令》描述仲秋之月，"易关市，来商旅，纳货贿，以便民事，四方来集，远乡皆至"；《荀子·王制》也提到："北海则有走马吠犬焉，然而中国得而畜使之；南海则有羽翮、齿革、曾青、丹干焉，然而中国得而财之；东海则有紫绤、鱼盐焉，然而中国得而衣食之；西海则有皮革、文旄焉，然而中国得而用之。"商业资本的活跃，加上科学技术的成就，如果能把这些长期积累起来的社会财富，纳入发展工商业的轨道，不仅可以促进社会经济的繁荣，也必然会把科学技术成就引进学校。可是，一方面，由于经营工商业的在政治上被视为"末作"②"末利"③，国与国间、地区与地区间的商品流通被课以重税④；另一方面，由于土地可以自由买卖，商人从经商获得的暴利，文武官员的俸禄和来自君王赏赐的金银货币，不是用于工商业投资，而是像水银一样，倾泻到田产上。战国时，赵将赵括母说过："今括一旦为将……王所赐金帛归藏于家，而日视便利田宅可买者买之。"⑤ 再则是放债

---

① 《马克思恩格斯选集》第4卷，人民出版社1995年版，第385页。
② 《韩非子·亡征》："……耕战之士困，末作之民利者，可亡也。"
③ 《史记·商君列传》："事末利及怠而贫者，举而为收孥"，《索隐》："末利谓工商也"。
④ 《管子》《孟子》等都提出免"关市之征"、轻"市廛之税"。
⑤ 《史记·廉颇蔺相如列传》。

取息，进行高利贷活动①，像孟尝君放的债高到"贷钱者多不能与其息"②。所以，尽管春秋战国时期出现一批富商巨贾，他们的经济归宿，只能成为地主和高利贷者，而不像西欧封建领主那样，会转化为资本家（西欧封建国家的土地不准自由买卖，市民由工商业赢利而积累的财富，只能用于继续发展工商业。这种资本主义经营方式对封建领主也具有吸引力）。社会生产力停滞不前，使得我国早期科学技术原本执世界牛耳，到后来却落在资本主义西方后面，学校所以长期维持《诗》《书》礼乐之教，其主要原因即在于此。

其次则是社会意识形态的原因。

古希腊（雅典）哲学的唯物主义和辩证法，是在城邦工商业的高度发展下产生和发展起来的。赫拉克利特和德谟克利特的哲学，就代表着工商业奴隶主的思想。德谟克利特还是个科学家。他们的思想在社会文化生活领域中会产生深远的影响，也得力于掌权的工商业奴隶主的支持。与此相反，在我国，早期儒家作为氏族的农业贵族奴隶主的思想代表，在政治上是保守的、呆滞的。他们曾把科学技术看成"异端""小道"，人为地制造"义"与"利"③的对立。这种思想长期支配着意识形态领域。顾炎武说过："三代以上人人皆知天文。七月流火，农夫之辞也；三星在户，妇人之语也；月离于毕，戍卒之作也；龙尾伏晨，儿童之谣也。后世文人学士，有问之而茫然不知者矣。"④发生在知识分子中的"科盲"，可以说主要是受儒家思想的影响。

除了儒家，墨、道、法各家思想也有这样那样的影响。墨家师徒来自手工业劳动阶层，对我国早期科技（几何学、光学、机械

---

① 《孟子·滕文公上》说"为民父母，使民盼盼然将终岁勤动，不得以养其父母，又称贷而益之"，即指此。
② 《史记·孟尝君列传》。
③ 《论语·里仁》："君子喻于义，小人喻于利。"
④ 《日知录》卷三十，《天文》。

学）作出了贡献。但正因为他们是小生产者，没有打开经济的眼界，思想上终于与孔子"俱道尧舜"①。墨学中之所以保留着《诗》《书》气味，其根源即在于此。道家讲小国寡民，还认为"民多利器，国家滋昏；人多伎巧，奇物滋起"②。"藏金于山，藏珠于渊，不利货财，不近贵富"和"抱瓮而出灌"③，也反映了他们思想保守。法家政治上反儒，经济上则把工商业者看作"游食之民"。自给自足的小农经济，规定了农业和手工业生产只靠个体劳动者"几乎一成不变的经验"。自然科学既不并入生产过程，一般也不会并入教学过程。基于上述原因，早期中国只好让《诗》《书》礼乐继续占据学校的讲台，没有别开生面的内容，可成为工农业生产和商业发展的激素。

---

① 《韩非子·显学》。
② 《老子》第五十七章。
③ 《庄子·天地篇》。

第九章　安学亲师　乐友信道

【章句】

故君子之于学也，藏焉，脩焉，息焉，游焉。夫然，故安其学而亲其师，乐其友而信其道，是以虽离师辅而不反也。《兑命》曰"敬孙务时敏，厥脩乃来"，其此之谓乎！

【校文】

藏焉脩焉　《校勘记》："闽、监本同，石经同，岳本同，卫氏《集说》同。毛本'脩'作'修'，嘉靖本同，注疏放此，下'厥脩'同，'坏乱而不脩'同。"按：修、脩通用。

乐其友而信其道　《校勘记》："各本同。毛本'道'误倒在'而'字上。"

是以虽离师辅而不反也　《校勘记》："惠栋校宋本有'也'字，宋监本同，石经同，岳本同，嘉靖本同，卫氏《集说》同，《考文》① 引古本足利本同。《石经考文提要》云，宋大字本、宋本

---

① 《考文》，指日本山井、物观等辑《七经〈孟子〉考文并补遗》所载宋版《礼记正义》。

九经、南宋巾箱本①、余仁仲本并有'也'字。此本②'也'字脱,闽、监、毛本同。"

丁晏《礼记释注》:"案卫氏《集说》'反'下有'也'字。毛本脱。《正义》曰:'是以虽离师辅不反也者',则明有'也'字。"

【注音】

乐其　《经典释文》:"乐音岳,又音洛,又五孝反。"卢文弨《礼记音义考证》:"《释文》'乐其',(乐)音岳,又音洛,又五孝反。此音'乐其友'句也。何以先音岳?陆氏于当音洛者,亦往往音岳。如《易·系辞传》'所乐而玩',但音岳,或古人不细分别,无足怪也。但此前有'不兴其艺,不能乐学',乐当音五孝反,而陆不音,岂谓当读如字,音岳,而他音皆无当,而阙之与?"按:乐可音 lè。

敬孙　孙同逊,音 xùn。下"孙"字同。

【释义】

藏、脩　"藏",郑玄解释为"怀抱之",是蓄积、掌握的意思;"脩",南宋胡铨譬喻为"竹之脩",即长进、增益的意思。"藏"是指掌握已获得的知识而言,"脩"是指增长要获得的知识而言。"藏"是"脩"的基础,"脩"是"藏"的提高。

息、游　郑玄解释"息"为"作劳休止",解释"游"为"闲暇无事"。既然"退息必有居学","息、游"就不能看成同"正业"无关的"闲暇"。"息"不过是两个学习阶段之间的休止符,"游"则含有融会贯通、左右逢源之意。

辅　朋友。原义为帮助,《论语·颜渊》:"以友辅仁。"

---

① 巾箱本,本子很小,可放在手巾箱中,如今之袖珍本。
② 此本,指武英殿聚珍版《礼记注疏》。

敬孙务时敏　敬，认真；孙①，循序；时敏，及时努力。全句意思是：认真、循序、及时地努力学习。宋戴溪说："敬孙，则心有所守，无欲速之意；时敏，则进脩及时，无自息之失。"

　　厥　其，那个的。"厥脩乃来"，意思是学习会得到成就的。《尚书》原文："惟学逊志务时敏，厥脩乃来，允怀于兹，道积于厥躬。"汪绂注"厥脩乃来"，说："言进脩之益，如水之源源而来也。"

【译意】

　　所以，有教养的人对于学习，务必做到：在掌握了已学的东西之后，进而修习未学的东西；在完成了一个阶段学习之后，进而把学习内容融会贯通，做到得心应手。这样才能巩固学习，亲近教师，交好朋友，恪守信念，将来即使离开了师友，学业和政治上也不会走回头路。《尚书·说命》说"对那修习的课业，能够认真、循序、及时地努力以赴，是一定会得到成就的"，就是这个意思吧！

【评说】

　　"藏"与"脩"，说的是学生学习过程中已知同未知的关系。如陈祥道说："藏焉以蕴其所已知……脩焉以习其所未知"；周谞说："藏者言其学之既得者也，脩者言其学之未得者也。"对"藏、脩"的含义，张载溯源于孔子的"温故而知新"②，陈祥道溯源于子夏的"日知其所亡，月无忘其所能"③，王夫之溯源于孟子的"博学而详说之，将以反说约也"④。"温故"与"知新"，"博"与"约"，"所亡"与"所能"，揭示的也都是已知同未知的辩证关系。

---

　　①　孙，清严章福注："逊，《书·舜典》：'五品不逊'，《传》：'逊，顺也'；太甲有言，'逊于汝心'，《传》：'顺也.'《说命》：'惟学逊志务时敏'，《传》：'学以顺志，务是敏疾.'《说文》作'愻'，云'顺也'."
　　②　《论语·为政》。
　　③　《论语·子张》。
　　④　《孟子·离娄下》。

"藏、脩"与"息、游",说的是学生学习过程中神经活动兴奋与抑制的相互作用,是上一章"时教"与"退息"关系的引申。姜兆锡所谓"藏焉脩焉之,谓正业专习而志不分;息焉游焉之,谓居学养纯而义愈熟"。"居"是求"居之安"①,"游"则是"游于艺",如《学记》上一章所说"不兴其艺,不能乐学"。

"藏""脩""息""游"都为了更好地学习。汪绂说:"藏、脩、息、游,无不于学",戴溪也说:"藏、脩、息、游,四者不同,其为脩业则一也。"学生学习不仅在已知和未知的矛盾统一过程中,也在兴奋和抑制的矛盾统一过程中,调节学习的时间和空间,吸取知识和增长智慧。

"安其学而亲其师,乐其友而信其道。"此"师"与"友",乃春秋战国时期特定的历史产物,而"亲师""乐友",也自是春秋战国这特定的历史条件下的社会关系和道德规范。此前,即西周时的"师",尤其上层社会贵族阶层中,"师"与"生"(太子、世子之类)之间不管是近亲或远亲,总是用血缘关系和宗法制度将他们联系起来。《尚书·君奭·序》"召公为保,周公为傅",他们俩既为成王师,又是成王的长辈。但到了春秋战国,随着社会经济——手工业分工和商品交换的发展,人与人之间关系的扩大,阶级的分化,引发了血缘宗法关系的松动和解体。那么,在人际关系上,除了子不能自由择父,臣却可以自由择君②,生徒更可以自由择师。孔子、墨子、子思、孟子之徒既非姓孔、姓墨、姓孟,其来自社会各个阶层,贫富贵贱各殊。这些生徒们既可以按照自己的意志,自由选择其所信仰的老师,彼此间有了共同语言和共同要求,则通过教

---

① 《孟子·离娄下》:"……居之安,则资之深;资之深,则取之左右逢其原,故君子欲其自得之也。"

② 《史记·魏世家》记载战国时期的"士","行不合,言不用,则去之楚越,若脱屣焉",说明"士无定主"。

学相长，自会"安其学而亲其师"。

至于"友"，在我国历史上，他们并非有了学校就已存在。且别说殷商。即如西周学校，尤其在国学中学习的，是什么样的人群呢？且看《周礼·地官司徒》记载："师氏掌以媺①诏王，以三德教国子……掌国中失之事，以教国子弟，凡国之贵游子弟学焉。""保氏掌谏王恶，而养国子以道，乃教之六艺。"又《礼记·王制》"将出学，小胥、大胥、小乐正、简不率教者以告于大乐正……"注称："此所谓简者，谓王太子、王子、群后之太子、卿大夫士之元子、适子。"可见，这些通过血缘关系把他们集结在一起受教的学子们，彼此间与其说是朋友关系，不如说是亲戚关系。那时候就没有什么"友"，《尚书》"友于兄弟"的"友"作友爱解，与孝亲并提。但是到了春秋战国，随着政治经济变化而出现的"天子失官，学在四夷"新形势，一些国家的官学和私学逐渐冲垮了血缘宗法藩篱，招收学生不拘一格。"夫子之门何其杂也"② 一语，说明了孔门如何"有教无类"（"类"，在我国古代即对血统、血缘关系而言。《左传》"永锡尔类"③，"非我族类，其心必异"④，都是讲血统论。而只有教育对象的"无类"，生徒之间才踢开血统论，构成纯正的朋友关系，在"五伦"中作为独立的社会形态，区别于其他四伦——君臣、父子、兄弟、夫妇）。《诗经》说"虽有兄弟，不如友生"⑤，交朋友的好处在于相互以"学问"和"道德"切磋琢磨，孔子对此有所体会，才说"有朋自远方来，不亦乐乎！"⑥ 每一个人对朋友可以通过仔细观察、体验而自由选择，善于分清益

---

① 媺，古美字，善道之谓。
② 《荀子·法行》记南郭惠子语。
③ 《左传》隐公元年。
④ 《左传》成公四年。
⑤ 《诗·小雅·棠棣》。
⑥ 《论语·学而》。

友与损友①，通过取善辅仁之后，就会"乐其友而信其道"。

"安其学""信其道"，表明学者在自觉主动学习的基础上，于学问能运用自如，于道德能信守不渝，到此时，即便离开了师、友，亦将强立而不反，如孟子所说的"自得"："君子深造之以道，欲其自得之也。自得之，则居之安；居之安，则资之深；资之深，则取之左右逢其原，故君子欲其自得之也。"② 亦如荀子所说的"长迁"："长迁而不反其初，则化矣。"③

---

① 《论语·季氏》："友直，友谅，友多闻，益矣。友便辟，友善柔，友便佞，损矣。"

② 《孟子·离娄下》。"资之深"的"资"，依杨伯峻《孟子译注》谓《说文》云："资，货也。"段玉裁注云："资者积也。旱则资舟，水则资车，夏则资皮，冬则资绤綌，皆居积之谓。"参见杨伯峻译注：《孟子译注》，中华书局1962年版，第190页。

③ 《荀子·不苟》。

第十章　使人由诚　教人尽材

【章句】

今之教者，呻其占毕，多其讯言，及于数进，而不顾其安，使人不由其诚，教人不尽其材，其施之也悖，其求之也佛。夫然，故隐其学而疾其师，苦其难而不知其益也。虽终其业，其去之必速，教之不刑，其此之由乎！

【校文】

多其讯言　《校勘记》："各本同，石经'讯'作'訉'。"《经典释文》："'讯'字又作'誶'，音信，问也。"①

不尽其材　张敦仁《抚本礼记郑注考异》："唐石本②初刻'材'作'才'，后改同此。"③

其求之也佛　陆奎勋："'佛'之一字，《周颂》'佛时仔肩'而外，于此再见，然皆'拂'字之讹。"《经典释文》："'佛'本又作'拂'。"

---

① 据说六朝人习草书，把"卒"字写成"夲"，与"凡"字近似，陆德明乃以"誶"为"讯"。

② 唐石本，即前引之唐国子学石经本。

③ 《校勘记》同此。

【组句】

郑玄、孔颖达、方悫、朱熹、辅广、黄震、李光坡、方苞、郝懿行、陈乔枞均以"多其讯"为一句,"言及于数"为一句。

吴澄、王夫之、姚际恒、郑元庆、翁方纲、张文虎均以"多其讯言"为一句,"及于数进"为一句。

熊朋来、汪绂、郭嵩焘、黄以周均以"及于数进而不顾其安"为一句。

按:从吴澄、熊朋来等说,以"多其讯言"为一句,"及于数进"或"及于数进而不顾其安"为一句。

【注音】

呻其　《经典释文》:"呻音申,一音新。"按:呻当音申(shēn)。

占毕　《经典释文》:"占敕沾反(zhān)。"

数进　《礼记纂言》:"数音朔。"按:数读为速(sù)。

也佛　《经典释文》:"佛扶弗反(fú)。"

其去　《经典释文》:"去如字,又起吕反。"按:去读如字,音 qù。

【释义】

呻　旧注为吟诵。如郑注"吟也";任启运注:"诵之重也";陈乔枞并引《庄子·列御寇》《释文》:"呻,谓吟咏学问之声也。"大抵古人读书使用竹简不方便,故重背诵(陈澔释"呻"为吟讽。《周礼·大司乐》"兴道讽诵言语",注:"倍文曰讽",倍与背通;疏:"谓不开读之"),并伴以韵律吟唱,使易于记忆,亦为体现礼乐教育,"弦歌"亦渐成为古代读书的习惯语。但书不论为吟诵、背诵、歌诵,都反对不求甚解。"呻",在此就是哼,与"占毕"连文,有照本宣科、呆读死记之意。

占毕　"毕",《尔雅·释器》:"简谓之毕。"邢昺言:"古时未有纸,载文于简,谓之简札,一名毕。"王国维考证书契之用自刻画始，金石、甲骨、竹木三者，以竹木之用为最广；并说"用竹书者曰册，曰简；用木书者曰方，曰版。竹木通谓之牒，亦谓之札"。汪继培考证官方文书用方，士子学习则多用简。

《尔雅》释"毕"不释"占"。《说文》亦无"占"字。郑玄训"占"为视，"占毕"意为"吟诵其所视简之文"，盖依其所注《礼记·檀弓》"我丧也斯沾"句云："沾读曰觇，觇，视也。"以"沾"为"觇"的假借字，这种依声托事，当有文字学根据。清朱骏声的《说文通训定声》便说"沾"与"觇"通。王引之以"占"为"笘"，并引《说文》"颍川人名小儿所书写为笘"为证。"笘""占"字通，均简之属。清王闿运说"笘主于习书"。清陈寿祺及王国维也说"笘"即"呻其占毕"的"占"。"占毕"泛指古代的学校课本。

讯言　郑玄："讯，犹问也"，"多其讯"就是"多其难问"。方悫也说"以言问之谓讯"。讯亦作谇，王引之说"谇""讯"同训告，并引《诗·陈风·墓门》"歌而讯之"的毛《传》①，和《小雅·雨无正》"莫肯用讯"的郑笺②为证。"多其讯言"指教师满堂灌。

及于数进　"及"，王夫之注"及，犹急也"，亦急于求成之意。"数进"有两说。一为烦琐，如王夫之"屡告之不待习熟也"，清郑元庆"烦也，频也"，郝懿行"哑也，谓多言也。"一为快速，如王引之"及于数进，谓汲汲于求速进也"，并引《尔雅》"数，疾也"和《礼记·曾子问》"不知其已之迟数"，郑注"数读速"为证。按《大戴礼·曾子立事》"行无求数有名，事无求数有成"，注："数犹促速"。今从后说，"数进"意即赶进度。

刑　郑玄"刑，犹成也"，成就、成效的意思。辅广"刑，犹仪刑③之刑"，刘青莲"不足为人之仪刑也"，效法、表率的意思。

---

① 毛《传》："讯，告也。"
② 郑《笺》："讯，告也。"
③ 《诗·大雅·文王》："仪刑文王，万邦作孚。"

后一说亦言之成理。今从郑玄说。

【译意】

现在的教师教学，老是照本宣科，令学生呆读死记，上课搞满堂灌，急于赶进度，却不考虑学生学习能否巩固，不注意学生学习的自觉性，也不发挥学生的聪明才智。采取的措施既不符合教学原则，提出的要求也不从学生实际出发。这样做，只能导致学生厌恶课业，埋怨教师，视学习为畏途，而不知道受教育的好处在哪里。即使勉强结了业，学的也会很快忘得一干二净。教学收不到应有的效果，原因就在于此吧。

【评说】

"呻其占毕，多其讯言。""占毕"乃对书本而言。"占"同"笘"；"毕"加竹头为"筚"，亦荆竹之属，并指竹简。郑玄、邢昺均引《尔雅·释器》"简谓之毕"，郭璞注："今简札也"。竹简诚然比甲骨、金石文字书写为简便（可用笔书写，不像甲骨要用针或刀刻），但还不可能普遍使用，一般只通行于官府。章太炎就说古时"非仕无学"和"不仕则无所受书"。这种情况不仅春秋战国时存在，还延续到秦汉。《汉书·刑法志》记载秦始皇"夜理书（官方文件），自程决事，日县石之一"。秦时一石为一百二十斤，有人估计相当于今天的五十多斤，如此笨重的公文载体，自是指简牍而言。20世纪70年代，在山东临沂银雀山等处汉墓中，就发掘出大量竹简。春秋后期即便是"学在四夷"，竹简仍未能普遍使用。孔子读《周易》，"韦编三绝"①。但孔门还没有竹简课本，《汉书·艺文志》才说《论语》乃"孔子应答弟子、时人及弟子相与言而接闻于夫子之语"和"弟子各有所记……门人相与辑而论纂"。《论语·卫灵公》

---

① 《史记·孔子世家》。"韦编"就是用绳子把一片片竹简编串起来，所谓"策"或"册"。古时"册"字写作"册"，就是用绳子连串几片竹简的样子。

记"子张书诸绅"，就是子张把孔子说的话写在他所佩的大带上，如今天的笔记。那么，《学记》的"呻其占毕"，此"呻"乃教师的"呻"，即只在教师手中有课本——竹简，弟子则没有。阮元说："古人简策在国有之，私家已少，何况民间。是以一师有竹帛，而百弟子口传之，非如印本经书，家家可备也。"① 教师手中有课本，比没有课本而信口开河要好些。

可见，"呻其占毕"的问题不在于"占毕"本身。

"讯言"的"讯"字有两义：一训问，一训告。关于前者，如前面《释义》引郑玄说："讯，犹问也。"黄以周也说："讯言，问难之言也。"关于后者，如王引之说："多其讯言，犹云多其告语。"张文虎也说："多其谇言。"谇同告，戴震谓"谇，告"，钱大昕亦言"谇训告"（戴、钱均不同意"讯"字训告，认为两字形声俱别②）。"问"是发问，"告"是讲说。发问也好，讲说也好，在教学过程中都不可或缺。不这样，就体现不出教师是教学的主体，学生是学习的主体，在教师主导下，教师与学生互动，以提高教学质量。

可见，"多其讯问"的问题也不在于"讯问"本身。

这就说明了需要推敲和探讨的，是"呻"与"多"二字。

"呻"，在旧注《学记》中，大抵指吟诵、诵读、讽诵（即背诵，如上述倍文曰讽），今人有解释为朗读者。③ "呻"是哼出声音来的，而且是教师的"呻"，不是学生的"呻"，背诵是学生的事，

---

① 《揅经室三集》卷二，《数说》。
② 戴震《论韵书中字义答秦蕙田》云："谇，告；讯，问。谇音粹，讯音信。《广韵·二十一震》：'讯'字下云'问也，告也'，不知告之义属'谇'不属'讯'，入'六至'不入'二十一震'也。《释文》于《尔雅》既作'谇，告也'，引沈'音粹'、郭'音碎，幸而未讹矣'；又云：'本作讯，音信。'是直不辨'谇''讯'之为二字。"
③ 傅任敢著：《〈学记〉译述》，上海教育出版社1982年版，第12页。

则讽诵说在此应当排除。教师根据不同教材内容，进行吟诵、诵读或朗读课文都是必要的、正常的。阮元说："古人简策繁重，以口耳相传者多，以目相传者少，是以有韵有文之言行之始远。"① 教育的对象是人，如果在教学的全过程中，老师目中无"人"，只见"占毕"，一头栽进课文里，"呻"得再起劲也不顶事。汪绂说："不是要废去占毕，但徒呻其占毕，则记问之学、句读之师耳，其所得者安在？"问题在于"徒呻"的"徒"字。

"多"，好不好？也要做具体分析。教材内容有难易，学生素质有参差。教材内容难度大的要讲深讲透，多花些时间亦无妨。对差班差生自要不惮麻烦，反复讲解。《学记》这里的"多"，主要是对烦琐、累赘、不得要领而言，辅广所谓"无统类、强聒而泛语之"，"泛语"就是空洞无物，抓不住要害。李光坡也说："讯或时有，多则支而转昧矣。"

教育、教学犹如裁缝衣服，要在合身。多裁了一分布则太短，少裁了一分布则太长。要做到恰如其分。这便是教育学或教学论是一门科学，又是一门艺术的原因所在。教学不仅有多与少的问题，还有快与慢的问题。慢吞吞，前松后紧，以至完成不了教学进度，不行；开快车，所谓"数（速）进"，使得教者、学者都喘不过气来，也不行。要重视教学过程的节奏和谐，抑扬顿挫。《学记》这一章主要是批判注入式教学方法。注入式的缺陷，在于不重视教学节奏，不从学生实际出发，包括生理、心理与学习的承受能力，如《学记》所说"不顾"学生之"安"，"不由"学生之"诚"和"不尽"学生之"材"。其所引起的不良效应，首先亦表现在学生"隐其学而疾其师，苦其难而不知其益"。对教师来说，也就白费了精力，尽管他主观上想把学生教好。

---

① 《揅经室三集》卷二，《数说》。

第三编 《学记》章句训义(下)

第十一章　教之所由兴

【章句】

　　大学之法，禁于未发之谓豫，当其可之谓时，不陵节而施之谓孙，相观而善之谓摩。此四者，教之所由兴也。

【注音】

　　禁于　《经典释文》："禁居鸩反。又音金，下同。"按：禁音 jìn。

　　当其可　陈澔《礼记集说》："当去声。"按：当读如字，音 dāng。

　　之谓摩　《经典释文》："摩莫波反。"按：摩音 mó。

【释义】

　　禁于未发　郑玄注"未发"，"谓年十五时"。朱熹以为："禁于未发，但谓豫为之防，其事不一，不必皆谓十五时也。"姚际恒亦言："然则年十六便可听其纵肆不禁耶？"郑注又有"情欲未生"之说，后人并引《礼记·内则》"七年，男女不同席，不共食"为证。一味强调男女授受不亲，在情欲问题上（清徐瑾注"禁者遏其欲"和"豫遏情窦"）做文章，也不对。南宋辅广说："已犯上矣，而使之无为乱也；已穴坏矣，而使之勿为盗也；既争而教之让，既奢而教之节，难矣！""未发"的"发"指生活和道德方面的失足。

禁，可解释为防范，即防范未然，未可译作禁止。二程有言："教人之术，若童牛之牿，当其未能触时，已先制之，善之大者。"① 此"制"字可作防范解，因为在"未能触"，即未发时。

当其可 郑注："可，谓年二十成人时"，孔疏："年至二十，德业已成，言受教之端，是时最可也。"朱熹指出："当其可，谓适当其可告之时，亦不必以年为断。"姚际恒亦指出："然则二十之前竟可不学耶？""当其可"，意思是不迟不早，适当其机，戴溪所谓"过时非也，不及时亦非也"。

陵节 陵，超越；节，次序。王夫之："陵，越也；节者，教者浅深之次第。""不陵节而施"就是要求循序渐进，与前章"学不躐等"相对应。

孙 孙，《说苑·建本》作"学不陵节而施之曰驯"（或书作"训"，训与驯通，《史记》："教驯其民"）。"孙""驯"古字通用，义均同顺，亦循序渐进之意。

摩 《说文》"摩，研也"；"研，䃺也"；"䃺，石硙也"；"砺，䃺也"。《说文》未见"磨"字，但"磨"本谓之硙。说得如此烦琐，都为了说明："摩""磨"不仅音同，义亦有相同之处，在此指朋友间的切磋琢磨。

【译意】

大学教育的方法是，在学生不良行为发生前就注意预防叫作防范，抓住适当时机因势利导叫作及时，循序渐进地进行教学叫作顺序，同学间相互学习帮助叫作观摩。这四点都是教育取得成功的因素。

【评说】

这一章揭示的是教师在教育、教学过程中的主导作用："豫"，预为之防，是教师的事；"时"，把握时机，是教师的事；

---

① 《二程集·河南程氏遗书》卷十五。

"孙"，循序渐进，也是教师的事。只有"摩"，是学生之间相观而善，但又是在教师指导下的相观而善。因为什么是"善"的，什么是"恶"的，和如何为善，如何去恶，学生未必都认识得清楚。"学生"，就是"学"如何正确地对待"生活"。近人姚明辉说："'摩'，友之事也。虽然，相观而善，畴使之，亦师使之耳，则所谓'摩'者，亦教法之一端矣。"这便是《学记》为啥强调"教之所由兴也"。

但是，教师主导，并不意味着学生将处于完全被动的地位。发与未发是学生的事，其可或不可是学生的事，陵节而学，即超越其自身承受能力也是学生的事，相观而善为学生的相观更不用说了。就是说，学生在学习过程中要自觉主动，积极参与教学的全过程。教师"教之所由兴"，说到底，要在学生学之所由成中受检验。

本章内容涵盖德育与智育，"禁于未发"和教师指导下的"相观而善"，主要属于德育范畴。"当其可"和"不陵节而施"，主要属于智育范畴。但德育同智育总是相互渗透，相互起作用，未可严分彼此。你说"当其可"是纯粹的学习程序问题吗？即如旧注的情欲问题，也要"当"学生青年期身心发展之"可"。这里面既有智育问题，也有德育问题。"因材施教"既含有智育成分，又含有德育成分，在某些教学环节中，哪一方面是着重点，还要视具体情况而定。

哲学认识论不仅要用于指导智育设施，也要用于指导德育设施，例如对道德规范的认识和道德行为的实践。中国哲学史和教育学史上的知行观，总是同伦理学、人性论交织在一起。孔子说"行有余力，则以学文"[①]。此"学文"是对"知"而言，主要属于智育范畴；"行"是道德行为的实践，所谓"弟子入则孝，出则弟，

---

① 《论语·学而》。

谨而信，泛爱众而亲仁"①。从这个意义说，他重视"行"②，主张"行"在"知"先。《学记》的"禁于未发""相观而善"，以及前一章的"学操缦""学博依""学杂服""兴其艺"，都多少表明其重视"行"，和"行"在"知"先。这是《学记》作者总结了春秋战国历史和人们生活经验而得出的结论，但也不无受孔子上述思想启发的原因。早期儒家，包括荀子在内讲的"学"③，也多涵盖"知"与"行"二义，往往既是对追求知识而言，又是对道德修养而言。

《学记》的思想内容属于思孟之学，但从这一章，也可看到它渗透着荀学。

例如，"当其可之谓时"，同《荀子·劝学》的"故未可与言而言谓之傲，可与言而不言谓之隐，不观气色而言谓之瞽"的基调一致；"不陵节而施之谓孙"同《荀子·致士》的"诵说而不陵不犯，可以为师"的基调一致；"相观而善之谓摩"同《荀子·性恶》的"身日进于仁义而不自知也者，靡④使然也"的基调一致。

《学记》既然属于思孟之学，那为什么又掺杂了荀学呢？

这实际上不是《学记》本身的矛盾，而是孟学同荀学在许多方面并不存在着根本性的分歧。认为孟子代表奴隶主阶级的利益，荀子代表新兴地主阶级的利益；把孟子归之儒家，荀子归之法家；以及用性善说和性恶说、法先王和法后王来划分孟、荀思想的阶级属性，都不是历史和科学地看问题。

孟、荀都是新兴地主阶级的代言人，他们作为同承孔子衣钵的

---

① 《论语·学而》。

② 从孔子说"君子言之不出，耻躬之不逮也"（《里仁》），"君子欲讷于言而敏于行"（《里仁》），"先行其言，而后从之"（《为政》）等，都说明孔子如何重"行"。

③ 《荀子·儒效》："……知之不若行之，学至于行而止矣。"荀子有时也把"行"指德行，如说"正义而为谓之行"。

④ 靡，借为"摩"。《经典释文》："摩本又作靡。"

早期儒家两个流派，思想观点尽管有"异"的一面，却更要看到其"同"的一面，是殊途而同归。如在对待人性的问题上，他们都不是性善或性恶的绝对论者。如孟子说"人之所以异于禽兽者几希，庶民去之，君子存之"①，表明只有君子的本性是善的，不是什么"人无有不善"②。同样，荀子说"兰槐之根是为芷"，由于"其渐之滫"，才使"君子不近，庶人不服"③，表明人具有天生的美质，性恶是外铄的结果，不是什么"其善者伪也"。他们都承认环境的影响，注重后天的教育（但也应当看到孟子世界观具有浓厚的内发主义倾向）。而所谓法先王、法后王，又都不外是新兴地主阶级内部，在制定政治路线上，从不同角度来考虑问题。例如托古改制。《学记》的"古之教者，家有塾，党有庠，术有序，国有学"，就是一种托古改制。我们可不能把这样的"法先王"说成恢复奴隶制。

从战国后期到秦汉，礼治论者同法治论者在对待违法乱纪者的问题上，有两种不同出发点和处理方法。《汉书·贾谊传》："夫礼者，禁于将然之前，而法者，禁于已然之后。"后者主张禁于已发，前者则如《学记》的"禁于未发"。儒家重礼治，法家重法治，从教育学或政治学的某些角度看，倒是儒家的《学记》想得周到。荀子应是礼治论者，在教育目的论方面，他甚至强调"故学至乎礼而止矣"④。他把"礼"看作"道德之极"，这"道德之极"亦即《学记》的"至道""大德"。《学记》之接受荀学，其思想和社会根源亦在于此。

---

① 《孟子·离娄下》。
② 《孟子·告子上》。
③④ 《荀子·劝学》。

第十二章　教之所由废

【章句】

发然后禁，则扞格而不胜；时过然后学，则勤苦而难成；杂施而不孙，则坏乱而不脩；独学而无友，则孤陋而寡闻。燕朋逆其师，燕辟废其学。此六者，教之所由废也。

【校文】

孤陋　《校勘记》："闽、毛本同，嘉靖本同。石经'陋'作'陋'，岳本同，监本同，卫氏《集说》同。"

燕辟　《校勘记》："闽、监、毛本同，岳本同，卫氏《集说》同。石经'辟'作'譬'，嘉靖本同。《考文》引宋版及古本同。按'譬'正字，'辟'假借字。"

【注音】

扞格　《经典释文》："扞胡半反；格胡客反，又户隔反。格，郑注读如冻洛之洛。"《玉篇》："洛下各切。"胡鸣玉《订讹杂录》："格下革反，音覈（核），又音各。"按：格音 gè（各）。《汉书》《义纵传》"废格沮事"，《淮南王传》"废格明诏"，颜师古并音阁。格、阁音同。

不胜　《经典释文》："胜音升，又升证反。"按：胜音 shēng。

坏乱　《经典释文》："坏音怪。"《礼记纂言》："坏如字，旧音怪。"按：坏读如字，音 huài，怪与坏异音所以别义。《毛氏增韵》："凡物不自败而毁之则古坏切（音怪），物自败则胡怪切（音坏）。"

燕辟　《经典释文》："辟音譬（pì），下'罕辟'同。"按此"罕辟"之"辟"亦即"譬"字。

【释义】

扞格　扞，抵制、抗拒。①《史记·游侠列传》"虽时扞当世之文罔"；《汉书·丙吉传》"吉扞拒大难，不避严刑峻法"，都是抵拒之意。格，郑注"读如冻洛（音涸）"，意为水的凝冻，《楚辞·九思》"冰冻兮洛泽"。卢文弨《礼记音义考证》引段玉裁说"洛"当作"垎"，《玉篇》"垎，土乾也"。洛、垎都表明物坚不可入。俗有"格格不入"语，是亦抵拒之意。

杂施　杂乱无章。孔颖达："谓教杂乱无次越节。"即对教学背离系统性和循序渐进原则而言。陈澔："杂施谓躐等陵节也。"

燕　简朝亮说"燕"与"宴"通，即《论语·季氏》"乐宴乐"的"宴"字。孔注《论语》"宴乐"为"沉荒淫渎"。依此解释，"燕朋"便是指与损友的关系。郑玄以"燕"训亵，说是"亵其朋友"，即对朋友不够尊重。依此解释，"燕朋"便是指与益友的关系。两种看法完全相反。按"燕朋""燕辟"都是指与损友的关系。朱熹说："此'燕朋'是私亵之友，所谓'损者三友'之类；'燕辟'但谓私亵之谈，无益于学，而反有所害也。""燕"与"宴"通，但不是"宴乐"的"宴"。《说文》："宴，安也。""燕"在这里是"安于""习于"之意。"燕朋"便是安于朋比为奸。"燕辟"便

---

①　金其源说："按《公羊》定公四年传注'挟弓者怀格意也'，解曰：'格，犹拒也。'则'扞格'者犹《汉书·丙吉传》'吉扞拒大难'之扞拒也。"参见金其源著：《读书管见》，商务印书馆 1957 年版，第 207 页。

是便辟①，安于私亵，不自省悟。清任启运说："燕朋，所与非正人；燕辟，所为非正事。"

辟　辟，郑注训譬，即譬喻。"燕辟"就是"亵师之譬喻"，或如孔疏"好亵慢笑师之譬喻"。学生为什么要奚落老师的譬喻呢？很费解。王夫之以"辟"为嬖，"燕辟"就是"女子小人导以淫佚"。按"嬖"是宠幸，《孟子·梁惠王上》："便嬖不足使令于前与？"刘宝楠曾矫正有人以《论语》的"友便辟"为"友便嬖"之讹，说："便嬖是近倖小臣，不得称友。"② 所以王说亦不可从。按"辟"字通"僻"，是邪恶的意思。《左传》昭公六年："楚辟我衷，若何效之？"杜预注："辟，邪也"；《孟子·梁惠王上》也说"苟无恒心，放辟邪侈，无不为已"，集注："辟与僻同。"说明"辟"就是邪恶的意思。

【译意】

如果到不良行为发生了才去禁止，就不容易矫正过来；如果错过了求学时机，学习就不容易取得成就；如果教材杂乱无章，不注意循序渐进，教学就不容易收到效果；如果关起门来学习，缺乏同学辅助，知识就不容易得到增长。平时安于同表现不好的同学结伴为非，以至违背师教；安于同那些同学搞不正当的事，以至荒嬉学业。这六点都是导致教育失败的因素。

【评说】

这是结合上章，从正反两方面揭示教之所由兴和教之所由废，既要总结成功经验，又要吸取失败教训。"教"之所由兴废，必相应反映于"学"之所由兴废，反之亦然，表明教师和学生都要体现、发挥各自的责任感和主观能动性。

"发然后禁"是"禁于未发"的反面。一般说"发"是学生的

---

① 《论语·季氏》："损者三友：……友便辟，友善柔，友便佞，损矣。"
② 刘宝楠撰：《论语正义》卷十九本注。

事,"禁"是教师的事,但说到底,"发"与"禁"既是学生的事,又是教师的事:学生的不良行为为何会"发"?就由于教师没有做到"豫";教师为何对学生用"禁"?就由于学生已"发"为不良行为。学生在其品德形成过程中,总是内因和外因相互起作用。学生的自觉主动是内因,教师的责任感和社会环境影响是外因。我国历史上就有内因决定论和外因决定论两种教育思潮。即如战国时期,孟子从性善论出发倾向于前者,如说"凡有四端于我者,知皆扩而充之矣。若火之始燃,泉之始达"①。荀子从性恶论出发倾向于后者,如说"蓬生麻中,不扶自直"②和"政教习俗,相顺而后行"③。而既然人的品德形成涵盖着内因与外因的对立统一关系,则片面地肯定一方而否定另一方,都是错误的。孟、荀实际上也没有把他们自己的思想倾向绝对化,即都重视环境的影响,尤其教育的作用。《学记》的"发然后禁,则扞格而不胜",也说明了教育要走在前面,先入为主,多进行正面的有序的诱导。

"时过然后学"是"当其可"的反面。"时","可",即方苞所说"年力可任",张载所说"可告之机"。究竟什么样"年力"才是"可告之机"?我国早期就规定了学龄和建立了学制的雏形,如《大戴礼·保傅》:"古者年八岁而出就外舍","束发而就大学";《礼记·内则》:"十年出就外傅","十有三年学乐、诵诗、舞勺……"。还有郑玄注"未发",谓年十五时;注"当其可",谓年二十成人时,这种说法自无心理学根据。但回过头说,像《大戴礼》等记载,它确实接触到了人的年龄特征问题,包括《学记》说的七年小成,九年大成。至于《学记》说"时过然后学,则勤苦而难成",其强调"当其可",则具有两重含义:既要看到学生能力的未逮,

---

① 《孟子·公孙丑上》。"四端"指仁、义、礼、智。
② 《荀子·劝学》。
③ 《荀子·大略》。

又要看到学生能力的"有余"。这也由于不同的个人具有不同的心理特点。用现代的语言来说，便是从人作为自然的实体看，存在着神经系统活动的特点，包括神经活动过程的强度和灵活性。而从人作为社会实体看，又受着包括家庭、学校、社会以及本人接受的教育和生活条件的影响，这就形成了从禀赋到性格、思想倾向以及学习能力的差异。包括《学记》作者在内的古代教育家不会懂得这一系列的科学原理，但从实践中已模糊地意识到人的个性差异，从而用"因材施教"和"当其可"等词汇来概括。这个"可"字可理解为教学的量力性原则，但与原来对量力性的理解有同一性又不具同一性。即它不仅要防止"过"，也要注意"不及"。而从《学记》思想总的精神来说，是更重视后者，主张宜早不宜迟，才说"时过然后学，则勤苦而难成"。《大戴礼·曾子立事》有一段话："三十四十而无艺，即无艺矣，五十而不以善闻，则无闻矣。"后人如东晋葛洪的《抱朴子·勖学》说："少则志一而难忘，长则神放而易失。故修学务早，及其精专，习与性成，不异自然也。"又颜之推的《颜氏家训·勉学》也说："人生小幼，精神专利，长成以后，思虑散逸，固须早教，勿失机也。"颜之推还用他七岁时诵《鲁灵光殿赋》为例："至于今日，十年一理，犹不遗忘。二十之外，所诵经书，一月废置，便至荒芜矣。"这些都是初步从人的身心发展角度来说明及时而学、早为绸缪的必要性。

"杂施而不孙"是"不陵节而施"的反面。"杂施"的主要问题在于它背离了教学的系统性和连贯性原则，讲课内容缺乏严谨的逻辑联系，松松垮垮，水分太多，不是一环紧扣一环。我们讲循序渐进，它之所以能"进"，即在于"循序"而"不陵节"。学习犹如登山，一步不能登绝顶，拾阶而上，总有一日上绝顶。孟子讲学问如流水,"盈科而后进"①,又说"其进锐者,其退速"②。"进锐"就容易"陵节",与系统性连贯性原则背道而驰。《学记》说"善问者如攻坚木,先其易者,后其节目",意亦重视系统而连贯,循序而渐进。渐进不等于慢吞吞不讲究进度。它相当于量变过程,没有量变,就不可能有质变。学者修业过程中有所谓豁然贯通和顿悟的,用哲学的词汇说便是飞跃。"豁然"与"顿"就意味着质变、飞跃。作为认识过程,吸取现代知识是这样,在古代,吸取当时知识的途径也未尝不是这样,只是性质和内容有不同。

"坏乱而不脩"的原因来自教学"杂施而不孙"。"杂施"则主要来自两个方面:一为教师,另一为教材。

教师业务水平低,教学经验差,课前没做充分准备,又不知道在教学过程中如何由浅入深,从易到难,从具体到抽象,以致讲解散乱无章。教师本身也许花了大气力,教学效果却微不足道。

历史早期没有按照教育原理原则编写的课本。《礼》,从"洒扫应对进退"的日常生活习惯教起;《乐》,从吹吹、打打、弹弹,所谓"操缦"教起,还算易于掌握,因为它毕竟可以由近、由浅、由具体起步;《诗》《书》《易》就难讲得深入浅出。"蒙以养正",说明我国很早就重视童蒙教育,但作为最早蒙养书,《仓颉篇》相传为秦相李斯所编,《急就篇》为西汉史游所编,即都在秦汉时启用,也不是浅显易懂。战国时期应用的竹简,看来只有教师才能拥有这个"原本"教材,编排也未必严谨,掌握得不好,就会造成"杂施"。《学记》说"坏乱而不脩",也为了提醒教师们,应用教材要注意其内容逻辑联系,尤其要重视教学方法,以弥补教材内容的简单粗糙。

"独学而无友"是"相观而善"的反面。书本知识是重要的,

---

① 《孟子·离娄下》。
② 《孟子·尽心上》。

但光靠书本上的知识还不解决问题，它有很大局限性。广交朋友可以弥补这个缺陷。《荀子·修身》："多见曰闲，多闻曰博。"多见多闻一靠亲身实践，二靠朋友辅助。

"独学而无友，则孤陋而寡闻"与"燕朋""燕辟"讲的都是交友的事，不同的是前者指交益友，后者指交损友。这就有个依靠自己的智慧和判断力进行选择，即"择交"的问题。"择交"本身也是锻炼和提高学者认识能力的过程——从感性认识上升到理性认识，不是看对方的外表，而是看对方的实际行动，这就需要长期观察。

独学与交友，凸显了一个人在学习过程中，思想的封闭性和开放性。闭门读书，孤芳自赏，造成眼界狭窄，属于前者；广交朋友，多见世面，避免孤陋寡闻，属于后者。正确的思维方式，应是既要读书，又要交友，读书不闭户，交友择损益。

读书、交友看来都是学生的事，实际上又都是教师应注意的事。教师有责任指导学生如何读书，又有责任指导学生如何交友。《大戴礼·保傅》有一段话似是寄希望于教师的："逐去邪人，不使见恶行。于是比选天下端士、孝悌闲博有道术者，以辅翼之，使之与太子居处出入，故太子乃目见正事，闻正言，行正道，左视右视，前后皆正人。夫习与正人居，不能不正也，犹生长于楚，不能不楚言也。"这种净化环境的方法，说对也对，但不现实。因为它充其量只能于培养"太子"之类的皇宫中行之。"太子"走出皇宫就非先打防感冒疫苗，再戴口罩不行。再则设在宫廷中的贵族学校，如前面所说，有同学却无朋友，因为同太子一起读书的全是有这样那样血缘关系的人，"逐去"某些邪人可能吗？春秋战国时期教育重点已转移到民间，学子们不仅走出了校门，还走出了国门，成分多样，五方杂处，良莠不齐，影响互异。说环境起作用吗？周围环境如同空气一样，有氧气也有二氧化碳，吸进什么，不由个人挑选。此时只有提高学生对正确与错误、正与邪的识别能力，增强其抵抗力；并在教师主导下，本着"相观而善"的精神，把原来的损友转化为益友，把阻力转化为助力。

  强调在教师教育下朋友之间切磋琢磨、相互帮助，这也是我国古典教育学的特点。西方教育学所揭示的教与学，通常只局限于教师与学生之间的关系。在我国，儒家从孔子开始，一脉相承，都把朋友的辅助看成教育和教学过程的重要环节。《论语》讲"以文会友，以友辅仁"①，概括了它同教师教学、教育的关系。《学记》全文仅一千二百多字，讲交友的事凡七见。荀子论"亲友"并见于《修身》《劝学》《性恶》《大略》诸篇。儒家经典中，如《易·兑》讲"君子以朋友讲习"。《周礼·大司徒》讲以本俗②六安万民，"联朋友"居其一。《说苑·杂言》还假托孔子说"不知其子，视其所友"，简直把朋友辅助看成增长一个人德才的决定因素了。

---

① 《论语·颜渊》。
② 本俗，旧注："谓本始之旧俗。"本始意为传统、良好的风俗习惯。

第十三章　君子之教喻也

【章句】

君子既知教之所由兴，又知教之所由废，然后可以为人师也。故君子之教，喻也：道而弗牵，强而弗抑，开而弗达。道而弗牵则和，强而弗抑则易，开而弗达则思。和、易、以思，可谓善喻矣。

【注音】

强而　《礼记徐氏音》："强其两反。"沈重《礼记义疏》："强其良反。"按：从其两反，音 qiǎng。

则易　陈澔《礼记集说》："易音异（yì）。"

【释义】

君子　从上编第一章到本编这一章，"君子"一词凡四见，代表着三种不同身份的人："君子如欲化民成俗"，此"君子"指天子、诸侯、卿大夫；"故君子之于学也"，此"君子"指学生；"君子既知教之所由兴"和"故君子之教，喻也"，此"君子"则指教师（以下除最后一节的"君子曰"泛指权威者的话，其他均指教师）。但此有同又有不同：天子、诸侯、卿大夫是不同级别的统治者；国学学生一般是未来的统治者，私学学生则未必；春秋以前，教师按"师，官也"①"师氏亦中大夫也"② 的说法，算是统治阶层中人；春秋以后，私学教师有当官的，也有不当官的。《学记》中的"君子"就反映这一复杂性。

故君子之教，喻也 旧注有把"教""喻"作为同义词的，如方悫说"教无非喻也，喻无非教也"。亦有以"喻"为教法之善者，就是启发诱导。如戴溪说"教者有善诱之功，学者有欲罢不能之意"。姚舜牧说"喻有不言自契之意"。王闿运还强调"君子之教，非教也，喻也"和"喻则开其悟而已"。这一句标点，如依前说，则读"故君子之教喻也"；如依后说，则读"故君子之教，喻也"。从后说。

道 "道"同"导"，《释名·释言语》："道，导也。"郑注本章"示之以道涂"，宋育仁认为郑说即"引路"之意，亦如吴澄注"谓引导其前"，刘光蕡注"示之程途"。

抑 旧注有两说。一训推，如郑注："抑犹推也。""推"犹《孟子·公孙丑上》的"揠苗助长"，意即不按照学生身心发展规律办事。另一训按，如姜兆锡注："抑，犹按也。"从姜说。《说文》"抑"从"印"字，训按。"印"反写为𠧪，加"手"旁就是"抑"(掬)字。商承祚《殷墟文字类编》："《卜辞》卯字从爪从人跽(跪)，象手抑人而使之跽。其谊（义）如许书之'抑'，而字形则如许书之'印'。'抑'训按、训屈、训枉、训止……"③"抑"字训按，意即不顾学生的能力和自觉性而强制使接受。方苞注："强之犹恐其不能进取，而或抑之，则重以为难，而自沮丧矣。"

---

① 《广雅·释诂》。
② 《诗·小雅·十月之交》"楀维师氏"朱注。《周礼·地官司徒》："师氏……掌国中失之事以教国子弟，凡国之贵游子弟学焉。"
③ 罗振玉考释，商承祚编：《殷墟文字类编》，癸亥（1923年）仲夏刊本（中国书店代售），第11页。

开　郑注"开，为发头角"，后人不知作何解释。宋育仁试揭其原义："开喻作髻，开从'幵'，古'笄'字，故云'发头角'。"此即崭露头角之意。刘光蕡注："露其端倪，开也。""开"就是开个端倪。

【译意】

当教师的只有既懂得教育成功的原因，又懂得教育失败的原因，才能胜任工作。所以，有经验有修养的教师，总是善于运用启发诱导的方法，那就是：引导学生，但不是牵着他们走；严格要求他们，但不施加压力；开个端绪，但不把道理和盘托出。引导而不牵着走，就能处理好教与学之间的矛盾关系；严格要求而不施加压力，学生就不视学习为畏途；开个端绪而不和盘托出，就可以让学生独立思考。处理好教与学的矛盾关系，学生不视学习为畏途，又能进行独立思考，这才算善于启发诱导了。

【评说】

本章是在总结"教之所由兴"和"教之所由废"的经验教训之后，指出教学过程中那种"呻其占毕，多其讯言，及于数进"，对待学生学习既"不顾其安"，而又"不由其诚"和"不尽其材"的做法，背离了教学客观规律，所谓"悖"与"佛"。至于教学内容和方法上不"当其可"，又"杂施而不孙"，这也同样是注入式教学留下的后遗症。

与注入式教学相反，启发式教学反对照本宣科的"呻其占毕"，反对烦琐累赘的"多其讯言"，反对填鸭灌肠式的"及于数进"。它主张顺应学生的身心发展，做到"顾其安"；主张调动学生学习的自觉主动性，做到"由其诚"；主张充分发挥学生聪明才智，做到"尽其材"，尽可能把学生的学习潜力挖掘出来，这对于发展学生智力实有巨大的战略意义。

启发式教学方法在我国，是孔子首先在他长期教学实践中提炼出来的，叫作"不愤不启，不悱不发"①。老师在没有看到学生处于"愤""悱"的心理状态时，便不会应用"启""发"方法来诱导他们。同样，学生对老师的"举一隅"还不能"以三隅反"时，老师也就不再告诉他什么，所谓"则不复也"②。《论语》记子贡回答孔子，说颜渊"闻一以知十"，而他只能"闻一以知二"③。但"知十"也好，"知二"也好，都是"举一反三"方法所引发的正面效应。

孔子这种思想后来为孟子所继承和发展，如说"君子引而不发，跃如也"④，"予不屑之教诲也者，是亦教诲之而已矣"⑤，"求则得之"⑥，以及"君子深造之以道，欲其自得之也"⑦。

《学记》的"道而弗牵，强而弗抑，开而弗达"，是上承孔子的"不愤不启，不悱不发"，却更接近孟子的"引而不发""不屑教"和"自求自得"。例如"道""强""开"就是对"引"而言，"弗牵""弗抑""弗达"就是对"不发""不屑教"而言，"不"什么、"弗"什么，就在于让学生"自求自得"，发展其独立思维能力。

教师的"道""强""开"，作为首发，表明他是教学的主体。此时，学生相对地说，是客体。教师的"弗牵""弗抑""弗达"，不是教师不能"牵"、不能"抑"、不能"达"，而是不应当"牵"、不应当"抑"、不应当"达"，即不应当包办一切，而应当看到学生是学习的主体。此时，教师相对地说，他是客体。这种结构表明，在教学过程中，必须做到在教师主导下，教师与学生互动，教与学有机结合。主客体在某种情况下的角色互换，并不表明谁永远是主

———————

①② 《论语·述而》。
③ 《论语·公冶长》。
④ 《孟子·尽心上》。
⑤ 《孟子·告子下》。
⑥ 《孟子·告子上》。
⑦ 《孟子·离娄下》。

动,或被动,像注入式教学的先生讲、学生听那样,学生永远处于被动的地位。

这就有必要从根本上改变以往那种对学生学习能力估计不足的错误观念,把他们从原来的附庸地位解脱出来,认清他们既是教育的对象,又是在学习过程中认识和实践的主体,相信他们具有自觉主动的意志表现和独立思考的创造能力。《学记》强调"弗牵""弗抑""弗达"的思想意蕴就在此。历代许多注家也都从学生的"自"字做文章。例如吴澄说:"故其教而晓喻之也,但引导其后,使之自进,而不以力洩之以速其进,则受教者不至于乖戾;但激励其志,使之自能,而不以力迫之以速其能,则受教者不至于艰难;但开发其端倪,而不尽言以直透于底里,则受教者必须致志而自得之。"姚明辉说:"'道而弗牵':示之以道涂,而听其自行;'强而弗抑':第劝勉之,而听其自奋;'开而弗达':为发头角,而听其自绎。"清刘沅说:"和,喜于渐入;易,易于上进;思,自生体悟。"李式縠也说:"思则自得之知生,易则远到之行至,和则无之不任天率性而自中矣。"

这就给"道而弗牵则和""强而弗抑则易""开而弗达则思"的"和""易""思"作出仔细的分析和明确的答案,即不仅要看到"和""易""思"之间的内在关系,还要把重心放在"思"字上,想方设法发展学生思维和创造能力,培养学生的"自我观念",使他们对个人的存在价值和能力充满自信,树立浓郁的学习情感和坚强的学习意志,以充沛的精力,来完成自己的学习任务。

《学记》这一章阐述重视教师与学生的关系,教与学的关系,学习知识与学习态度、情感、意志的关系,在方法论上体现出朴素的唯物主义和辩证法,揭示了教学的客观规律,运用了灵活的教学方式。这对于启发式教学来说,才算"启"得有方,"发"得到位。

第十四章　长善而救其失

【章句】

学者有四失，教者必知之。人之学也，或失则多，或失则寡，或失则易，或失则止。此四者，心之莫同也。知其心，然后能救其失也。教也者，长善而救其失者也。

【注音】

则易　陈澔《礼记集说》："易去声。"俞樾《群经平议》："易当读变易之易。"按：易去声，音 yì。

长善　《经典释文》："长丁丈反，下文同。"陈澔《礼记集说》："长上声。"按：读如"教学相长"之"长"，音 zhǎng。《经典释文》以此"长"字作"丁丈反"，"相长"之"长"字作"丁两反"。今人读"两"为上声，读"丈"为去声。实际上"丈"在隋唐之际亦为上声，则"丁丈""丁两"，其读音同。《集韵》改"丁"为"知"，此是以音和代类隔。

【释义】

失　缺点，偏向。即失之多，失之易，意为缺点在于某处。

则易　俞樾以"易"字为变易之易，"谓见异思迁，此事未竟，又为彼事也"。但《学记》下文"或失则止"，"止"是畏难，则"易"字当为容易之易，即把学习看成不经过刻苦钻研的劳动。"则多"与"则寡"相对成义,"则易"与"则止"亦相对成义。

心　学生的学习心理状态。

【译意】

学生的学习存在着四种缺点,教师必须掌握具体情况,因势利导。学生在吸取知识过程中,有的缺点表现在贪多务得,不求甚解。有的缺点表现在知识面狭窄,使智力没有得到充分发展。有的缺点表现在对学习的艰巨性认识不足。有的缺点则表现在畏难,缺乏刻苦钻研精神。这四种缺点反映着学生对待学习不同的心理状态。教师只有了解了这些心理状态,才能矫正这些缺点。良好的教学方法就在于:它既善于发扬学生的优点,又善于矫正学生的缺点。

【评说】

"学者有四失",指的是学生在学习过程中,思想和行为上存在这样那样的缺点和偏向。旧注从各个角度作出不同解释,综合起来有如下四种:一指学生的才质。如吕祖谦注:"或失则多,才有余者;或失则寡,才不足者;或失则易,俊快者;或失则止,钝滞者。"二指学生的学习态度。如戴溪注:"失之多者,博采以为功;失之寡者,约取以为精;失之易者,泛应而不能致思;失之止者,小成而莫肯前进。"三指学生的学习方法。如王夫之注:"多,泛记而不亲也;寡,专持而不广也;易,果为而不知难也;止,循分而不能进也。"四则兼指学生才质和学习态度。如郑玄注:"失于多,谓才少者;失于寡,谓才多者;失于易,谓好问不识者;失于止,谓好思不问者。"以上各种因素实际上都存在,只是不同的教育对象有不同的思想倾向,程度上也有轻有重。主要问题是学习态度和方法。

张载说:"失之多,过也;失之寡,不及也。"其实,失之易,也是过也；失之止，也是不及也。过与不及都不好，孔子说"过犹不及"①。多，寡，易，止，彼此间往往相互制约，相互影响，其表现为行为，又往往受不正确的思想指导，如张载所说的："学者之四失，为人②则失多，好高则失寡，不察则失易，畏难则失止。"为了防"失"，教师要综合运用各种教育教学方法方式。同样，学生也要综合运用各种学习和自我矫正的方法方式，既要有为学的积极性和顽强精神，又要伴以自觉性和度德量力，树立正确的学习观。旧注"无过与不及，乃是中矣"（张载），此"中"字就是指：不是形而上学地，而是辩证地对待自己的学习和思想倾向。对于年纪比较大的学生来说，"一日三省吾身"式的检查和调整自己的学习思想与行为，十分必要。

一个人的"失"，有其内部诱因，也有其外部诱因，是主体属性与客体属性交互起作用。在教育领域，特别是对未成年人，主要是外部诱因，即客体属性占上风。例如父母压力，朋友影响，尤其是教师工作作风。对学生严格要求，处理得不好，超过了他们现有能力，甚至横加指责，也会导致后者灰心丧志，视学习为畏途，向"失之止"滑下去。

当我们看到学者存在这样"失"那样"失"时，就会想到教者。《学记》说："学者有四失，教者必知之。""知"者，了解也；"必"者，必须也。不是浅表地了解，而是深入地了解，不是局部地了解，而是全面地了解，了解学者的家庭、生活、学习、思想等的情况，以便因势利导。孔子对其弟子，尤其是比较"贴身"的七十子，了解得清清楚楚。如说"柴也愚，参也鲁，师也辟，由也

---

① 《论语·先进》。
② 此"为人"一词，当如《论语·宪问》说的"古之学者为己，今之学者为人"。意为古人为学目的是为了提高自己，今人为学目的是为了炫耀自己给别人看。

喭"①,"由也果","赐也达","求也艺"②,对这些弟子的性格、兴趣、学识和能力作了很好的概括。宋吕祖谦于其注《学记》本章时,说"孔子教人,四者之病,随症用药,曲得其妙"和"小以成小,大以成大"。可见,对学生的"失",仅仅"知之"还不够,"知其心",是为了"救其失";欲"救"其"失",必须"长"其"善";"长善"必先"救失","救失"是为了"长善"。教师要善于用表扬取代批评,用鼓励取代指责。先有教师"教"的耐心,才有学生"学"的信心。

---

① 《论语·先进》。
② 《论语·雍也》。

第十五章　善教者使人继其志

【章句】

善歌者，使人继其声。善教者，使人继其志。其言也，约而达，微而臧，罕譬而喻，可谓继志矣。

【注音】

善教　《经典释文》："教如字；一本作学，胡孝反。"按：教读如字，音 jiào。

而臧　《经典释文》："臧子郎反。"按：臧音 zāng。

【释义】

其言也　指教师的讲解。

约、微、罕譬　约，简练。微，微妙。罕譬，少作譬喻。都指教师的讲解艺术。取其约、微、罕譬，让学生去举一反三，自觉主动。任启运注："言简而理已明，词近而意尽善，略为比方，而人已感动。"

达、臧、喻　旧注有两说：一指学生的学习反应。如吴澄说："故教者之言虽至约不繁，而能使人通之；虽至微不显，而能使人善之；虽少所取譬，而能使人晓之。……约、微、罕譬，教者之不尽言也；达、臧、喻，学者之能自得也。"意即善学来自善教。①二指教师的讲解艺术。如孔颖达说："言善为教者出言寡约，而显达易解；义理微妙，而说之精善；其譬罕少，而听者皆晓。"清徐瓈也说："约达、微臧、罕喻，皆指师言，不可以喻属学者。"从孔、徐说为妥。刘光蕡说："善教不在多言，七章②'道而弗牵'三句已能该③之，此章特言继起之善教。""继起之善教"自是对教师而言。观姚明辉说："以西洋教育学说观之，前节（章）为心理学与教育之关系，此节（章）为伦理学与教育之关系。故前节（章）言必知学者之心，此节（章）则记善教者之言。"道理益明。

继志　"继其志"，指学生跟着教师指引的路子去努力学习，坚定志趣。"可谓继志"是承上"继其志"的省文。孔颖达："为教如此，则可使后人继其志也。"

【译意】

优秀的歌唱家会使听众不约而同地跟着他歌唱。优秀的教师会使学生由衷地跟着他指引的路子去努力学习。教师的讲解能引人入胜，就在于语言简练而透彻，说理微妙而精善，举例不多而诱导得法。这样就会使学生跟着他指引的路子去努力学习，坚定志趣，收到教学的预期效果。

【评说】

用"善歌"来衬托"善教"，意为：只有"善歌"，才能"使人继其声"，以引发情感的共鸣。同样，只有"善教"，才能"使人继其志"，以引发思想和行为规范的共识。

---

① 臧的意思就是善。《国语·晋语》："其事臧。"韦昭注："臧，善也。"清纳兰成德注："臧，如《诗》'视尔不臧'之臧，谓善之也。"

② 七章，刘氏从王夫之说，以"故君子之教，喻也"至"可谓善喻矣"为第七章。

③ 该，概括、包含。

"继志"是本章的思想核心，也是教育的根本目的，《学记》就说"士先志"。什么是志之所向？或者说志的落脚点是什么呢？儒家将其概括为"道"。《论语·里仁》："士志于道，而耻恶衣恶食者，未与与议也。"孔子甚至于说"朝闻道，夕死可矣"[①]。这说明了"道"的重要性，学道对于人之所以为人的重要性。

　　"道"赖教育以传，《学记》开头说"人不学，不知道"，教师的主要职责是传道。韩愈《师说》："师者，所以传道、受业、解惑者也。"首先是"传道"，"受业"和"解惑"作为"传道"的手段，都为"传道"服务，服从于"传道"的要求。

　　"道"对于受教育者来说，它主要涵盖政治修养和道德修养，从语言到文字，说来比较抽象而深奥。教师为了揭示其基本理念，避免教条主义，生拉硬扯，需要运用包括语言、文字在内的教育教学技巧，来诱导学生自觉践履。《学记》为此提出"约而达，微而臧，罕譬而喻"。

　　这就使我们联想起教学的直观性原则。它是通过课本插图和实物显像来增进学生的感性认识的。早在17世纪时，捷克的夸美纽斯说"知识的开端永远必须来自感官"；作为"记忆的最可信托的仆役"，人的感官"可以使得知识一经获得之后，永远得以记住"。为了使"一切事物都应该尽量放在感官跟前"[②]，夸美纽斯要求"文字应当永远和事物一道教授，一道学习"[③]，如同果实同果皮永远在一道一样。夸美纽斯这种直观教学思想在世界教育史上之所以永放光芒，就在于他把教学理论建立在唯物主义感觉论的基础上。但是人的感性认识还得上升到理性阶段，对某些抽象的知识，是难以用具体事物同它放在一道讲授的。像我国

---

　　① 《论语·里仁》。
　　②③ 参阅[捷克]夸美纽斯著，傅任敢译：《大教学论》，人民教育出版社1984年版，第156~157、149页。

古代，作为哲学，又是政治、伦理范畴的"道"，那种看不见又摸不着的东西，不可能借助于标本、模型之类的教具来演示。这就需要教师运用深入浅出、生动活泼的语言直观。《学记》的"约而达，微而臧，罕譬而喻"，就是为体现语言的直观性，借以增进学生对"道"的实质的了解；也为了培养学生的想象力，坚定学者为学做人的志趣，如《学记》提出的"辨志""逊志"①，于本章又提出"继志"，可以说都与"道"联系在一起，北宋黄裳对此做了诠释："辨志，求道之时也；逊志，从道之时也；继志，会道之时也。"

但是如何"求道""从道""会道"呢？面对这玄之又玄的"至道"追求，没有教师运用语言直观，将难以完成教学任务。孟子有一段话："言近而指远者，善言也；守约而施博者，善道也。君子之言也，不下带而道存焉；君子之守，修其身而天下平。"②"君子之言""不下带而道存"衬托出了"言"与"道"的关系。"善言"是为了宣扬"善道"、捍卫"善道"。

语言直观体现于教师的生动讲解，似乎只能造成学生的听觉效应。但是如果能把这种语言直观原则与方法发挥尽致，伴以教师面部表情和手势等，把讲述内容形象化，绘声绘影，它也能产生视觉效应。两种效应双管齐下，将更有利于提高传"道"的教育效能，唤起学生的想象和思考，把有关"道"的知识、思想和行为从感性接受引入理性掌握。

但是回过来又要看到，古代哲学家和教育家心目中的"道"，从总体说，它毕竟是中国封建社会乃至奴隶制社会的上层建筑，内

---

① 《学记》引《兑命》"敬逊务时敏"，按《尚书》原文为"惟学逊志务时敏"。

② 《孟子·尽心下》。"不下带"比喻近在眼前的事，带是束腰的带。朱熹《集注》："古人视不下于带，则带之上乃目前常见至近之处也。举目前之近事，而至理存焉。"

容既有精华，也有糟粕，要作具体的分析过滤。至于《学记》的"约而达，微而臧，罕譬而喻"，那是经过较长期的教学实践升华出来的理论概括，应作为我国珍贵的教育遗产将其继承下来。

第十六章　择师不可不慎

【章句】

君子知至学之难易，而知其美恶，然后能博喻；能博喻，然后能为师；能为师，然后能为长；能为长，然后能为君。故师也者所以学为君也。是故择师不可不慎也。《记》曰"三王四代唯其师"，此之谓乎！

【校文】

唯其师　《校勘记》："石经同，岳本同，嘉靖本同。闽、监、毛本'唯'作'惟'，卫氏《集说》同。陈澔《集说》'唯'字同。"《抚本郑注考异》："十行以来本'唯'误'惟'。"

此之谓乎　《校勘记》："'此'上有'其'字。《考文》引古本足利本，'此'上'其'字亦有。卢文弨校云：据疏，'此'上有'其'字。《石经考文提要》宋大字本、宋本九经、南宋巾箱本、余仁仲本并无'其'字。"

【注音】

美恶　《经典释文》："恶乌路反，又如字。"按：恶读如字，音è。

【释义】

君子　指教师，孔颖达："'君子'，谓师也。"

至学 指学习的深度。此处亦作"入德""入道"解。如张载说:"知至学之难易,知德也;知其美恶,知人也。知其人且知德,故能教人使入德。"孙希旦说:"至学之难易,谓学者入道之深浅次第。""至"字是对程度、境界而言。

美恶 有两说:一指教育、教学方法的优劣。如郑玄注"美恶,说之是非也",孔疏:"罕譬而喻,言约而达,是为美,反此则为恶。"另一指学生资质的好坏。如张载注:"知其资质才性之美恶。"陈祥道、任启运、汪绂、孙希旦等虽亦主其说,但"美恶"在这里应指教学方法的优劣。姚明辉注:"'君子知至学之难易,而知其美恶',予以为指教者之学力也。教者知之,其造诣必深,夫是以能博喻也。"

博喻 孙希旦解释为"广博譬喻",与《学记》的原义不符。《学记》的"罕譬而喻""故君子之教,喻也"的"喻",讲的是启发诱导。"博喻"就是多方启发诱导。正如陈澔所说的"循循善诱,不拘一涂(途)也"。

师也者所以学为君 宋方悫:"'学',宜读曰教,教,教也。"清郑元庆:"唯其学为君之道,故师严而道尊。严陵方氏读'学'为'教',谓君亦师之所教,非其旨矣。"但对此句理解为教人学治术,不是没有道理。

三王四代唯其师 郑玄:"四代:虞、夏、殷、周。"孔颖达:"三王,谓夏、殷、周,四代则加虞。"方悫:"三王者,禹、汤、文武也,四代者,虞、夏、殷、周也,指其人则曰王,指其世则曰代。"俞樾认为:"既言三王,又言四代,必当有义。"他采取董仲舒的《春秋繁露》的"四而相复"说①,即五帝中黄帝最尊,不数,而数颛顼、帝喾、尧、舜四帝,合夏、殷、周三王,为"三王

---

① 详见《春秋繁露》的《三代改制·质文》篇。

四代"。传说的黄帝"明民共财"①,基本上属原始共产制。黄帝后裔的氏族部落同夷人部落和羌人部落结成新的部落联盟,其中夷人部落奉颛顼、帝喾、伯益、皋陶为始祖,而尧、舜、禹又相传是这部落联盟的首领。《荀子·大略》:"尧学于君畴,舜学于务成昭,禹学于西王国";伊尹为汤师,臧丈人为文王师②,吕尚为武王师。传说这些人为古帝王的创业作出了贡献。《韩诗外传》就说这些帝王"未遭此师,则功业不能著乎天下,名号不能传乎后世"③。这大概是《学记》"三王四代唯其师"典故的由来。

【译意】

教师懂得了入道,即政治和道德修养有难易,教育、教学方法有优劣,就能多方诱导学生;只有善于多方诱导学生的人,才能充当教师;能充当教师,就能充当一地之长;能充当一地之长,就能充当一国之君。这说明了,教师本身也在学习和教人如何统治人民,管理国家。所以选择教师不可不慎重。古书上说"夏、商、周三个帝王和颛顼、帝喾、尧、舜四个朝代都重视教师的作用",就是这个意思吧!

【评说】

本章全文均是对教师身份、地位和修养而言。

"知至学之难易,而知其美恶",陈祥道注:"学有精粗,则其至有难易;质有美恶,则其喻有浅深。知其美而喻之,则有以长人之善而达才;知恶而喻之,则有以救人之失而成德。"此"学""质"均指学生之"学"与"质"。又任启运注:"'难易'以力言,'美恶'以质言。学有必至之域。然敏者、纯者其材美,其至易;钝者、驳者其材恶,其至难,教者必知之,然后能因材以

---

① 《国语·鲁语》。
② 事载《庄子·田子方》。
③ 《韩诗外传》卷五。

教，而晓喻之方非一端也。"此"力""质"亦均指学生之"力"与"质"。按两说均非指教师修养，似不可取。本章开头"君子"，自是指教师，继说"知至学之难易"与"然后能博喻"，此"知"与"能"既点出教师学识（知）的深度与广度，又点出教师经验（能）的积累与运用，最后落实到得心应手的"博喻"上，嵌入学生的心灵深处。从这个角度说，教师的"学"同学生的"学"确实关系密切，教师学好，是为了教好；教好，也为了学生学好。它的反馈本身就是"教学相长"的过程。

"能为师，然后能为长；能为长，然后能为君"，反映了我国古代政教合一时期官、师不分。"长谓乡大夫、州长、党正之属"（孙希旦注）。《周礼·地官》讲乡大夫"掌其乡之政教禁令"，州长"掌其州之教治政令之法"，党正"掌其党之政令教治"。长有教民之责，君也有教民之责，《周书·泰誓》就有"天佑下民，作之君，作之师"的记载。

方悫注本节有一段话："师有道者也，长有位者也，君有土者也。有其道然后可以有其位，有其位然后可以有其土。君虽有土，非有道不足以得之。"这就是马克思主义创始人所指出的："支配着物质生产资料的阶级，同时也支配着精神生产资料……"①"有土"者，支配着物质生产资料也；"有道"者，支配着精神生产资料也。在我国古代政教合一的历史阶段，不仅"有土"者必"有道"，反之，"有道"者亦必"有土"。那时候如大司乐、大司徒、师氏、保氏这些掌管教育的官员，有爵位，自然也有封邑。"师氏亦中大夫也。"《左传》成公十八年："荀家、荀会、栾黡、韩无忌为公族大夫，使训卿之子弟，共俭孝弟。"这些公族大夫亦师亦官，有道有土。虽然从严格意义说，由于"普天之下，莫非王土"，他们只有土地的使用权，没有所有权。

---

① 《马克思恩格斯选集》第1卷，人民出版社1995年版，第98页。

官师合一制度是历史的产物,与"学在官府"相终始。这一方面说明自从社会出现了阶级和阶级对立,教育就同政治联结在一起,成为统治阶级的专利品。这时不仅官、师不分,官、生也不分。另一方面说明生产力没有发展到一定水平,教育不可能从官府里分离出来。"有书斯有学。"① 那时候纸还没有发明,用竹、木削制的简策方板笨重不堪,不可能颁发副本到民间;而作为礼乐射御教育的手段如乐器射具,也不可能成套地生产流传。

官、师不分和"学在官府"是历史的局限,而"天子失官""学校②不修",倒是历史发展的结果。如果说春秋初期像卫文公这样一个国君还可以"敬教劝学,授方任能"③,郑子产不毁乡校,还可以让乡大夫照常执行政教合一的任务,那么,到春秋末年以后,私学发展即以欣欣向荣的势头,逐渐凌驾于中央和地方官学之上。"东周以还,君师政教不合于一,于是人之学术,不尽出于官司之典守。"④ 这既然是文化教育方面的进步,那《学记》为什么又提出师、长、君三位一体,岂不是又回到原来的政教合一的老路上去吗?

从制度本身说,它是走回头路,不利于文化教育的发展。但考《学记》作者的出发点,有三种可能性:一是以"法先王"为指导思想,以为"先王"的东西有许多可取之处;二是为实现统一的封建中央集权政治做准备,即搞托古改制,在便于国家统一管理学校的同时,把教师当作国家官吏来安排使用;三是"长""君"作为官,不妨假借为管理、统治,如"学为君"可理解为学习或教人如何管理国家、统治人民,不是学为君本身。清姚际

---

① 参阅章学诚撰:《校雠通义》卷一,《原道》。
② 学校,指官学。
③ 《左传》闵公二年。
④ 章学诚撰:《文史通义·史释》。

恒注："意谓师何以君，盖所以学为君之理以教人君也。"郑元庆也说"学为君之道"。

"择师不可不慎也"。这也是从"三王四代唯其师"的历史经验得出的结论。何谓"三王四代"？本章【释义】条已初步提供了历史线索，不予赘述。"唯其师"，则见【译意】说"重视教师的作用"。"唯"，意为依靠、依赖；"其师"，意为古帝王的师傅。探索"三王四代"，如何依靠其师傅们辅佐创业，比较突出的是伊尹和吕公望。伊尹是成汤的老师，他帮助汤推翻夏桀，为历史上所谓"汤武革命"出了大力。吕公望即姜子牙，是周武王的老师。他先是辅佐周文王，后又帮助武王灭掉商纣王奠下了建立西周王朝的基础。伊尹和吕公望原都是隐者，成汤知伊尹有才干，先是连续三次派人邀请，后又亲自拜访。吕公望是西伯姬昌（后来的周文王）在渭水之滨遇见，知其为非凡人物，曾沐浴斋戒去邀请他出山。这些都是我国历史早期君王"择师"和"招贤"的典范；而所谓"慎"，就是认真、诚挚，看准对方乃一贤者，不惜卑身厚遇以求。

但也要看到，这样的"择师"虽已打破了血缘纽带关系，不搞"唯成分论"，是一个进步，但它毕竟是上对下的抽选，又是个别君王的原始民主行为。商周时代的经济发展，在生产关系方面还没有为自由择师提供一定的思想基础和政治条件。青铜器铭文中虽已看到"师"字（所谓师某之器）以及《周礼》中所见"师氏"，可他们还不曾从宫廷中分离出来，成为自由人和从事自由职业。他们的学生像"国子"等等也不可能按照自己的意志而自由选择老师。

历史到了春秋战国，礼崩乐坏的格局，给人际关系带来了深刻的变化，使得先前做梦也难得碰头的人，此时却能够坐在一起交谈和授受了。《论语·微子》："大师挚适齐，亚饭干适楚，三饭缭适蔡，四饭缺适秦，鼓方叔入于河，播鼗武入于汉，少师阳、击磬襄入于海。"这些"猢狲"们既是宫廷中搞音乐专业的"官"又是"师",在"树倒"之后,都分散下到民间,教人唱歌弹琴跳舞,平民或者说士阶层,也根据自己的愿望,选择满意的某些人为师。更突出的是私学兴起之后,像孔子、墨子、孟子等人都不受官方节制,在民间办学,士阶层或师孔、孟,或师墨子,都是按照各自的生活节奏和学习志趣而自由择师。王充的《论衡·讲瑞》说:"少正卯在鲁与孔子并。孔子之门,三盈三虚,唯颜渊不去,颜渊独知孔子圣也。"说的是少正卯与孔子同时在鲁国讲学,孔子的门人"去孔子归少正卯"[1],这是否事实,尚有待考证。但春秋战国时期,学生由于自由择师,其流动性之大,当毋庸置疑。这也是那时候人才竞争激烈,"士无定主"在教育领域的曲折反映。

那么,回过来看《学记》的"择师不可不慎也",它将涵盖两层意思,即除了上择下——君王为自己的子弟择师外,还有下择上——士阶层基于个人政治抱负与学术志趣,也为了在百家争鸣的局势下增长见闻,对于追随哪一个教师及其学术流派问题上不择一而终。墨翟学于儒[2],而不局囿于儒,对他的弟子们不无影响,杂家者流"兼儒墨,合名法",以及融会百家的齐国稷下学宫的学子们,看来都是本择善而从之旨,学无常师,体现其各自的"慎",这也是时代赋予士的自由意志。

---

[1] 《论衡·讲瑞》。
[2] 《淮南子·要略》:"墨子学儒者之业,受孔子之术。"

第十七章　师严然后道尊

【章句】

凡学之道，严师为难。师严然后道尊，道尊然后民知敬学。是故君之所不臣于其臣者二：当其为尸，则弗臣也；当其为师，则弗臣也。大学之礼，虽诏于天子无北面，所以尊师也。

【释义】

　　严师　严是尊、敬的意思。郑玄："严，尊敬也"；方悫："严，即尊也"；俞正燮："严，敬也。"作动词解，不同于"严父"之严。

　　所不臣　君王对臣子不作为君臣应有的礼节看待。《孝经纬·钩命诀》："暂所不臣者五，谓师也，三老也，五更也，祭尸也，大将军也。此五者天子诸侯同之。"

　　尸　郑注："尸，主也，为祭主也。"是当作祖先而受祭者，由本族中人充当。郑晓《古言类编》："尸取同姓，同姓之中，用其适男。"按照"率土之滨，莫非王臣"的说法，亲族对天子仍然称臣。

　　诏于天子无北面　大学的教师给天子讲课或问对叫作诏。在这个场合下，天子不是面向南，而是向东；教师不是面向北，而是向西，即不以寻常的君臣之间的礼节待之。王夫之注："天子入大学，而亲有所问，则东面，师西面，所谓'弗臣'也。天子尊之于上，其下莫敢不尊也。"

【译意】

　　教育的优良传统——尊师,不是所有的人都懂得它的深远意义。只有尊师,才能重道;只有重道,才能在全国范围内营造重视教育的气氛。所以,在这种情况下,君王才不以君臣的尊卑关系对待臣子:一是臣子在祭祖时充当受祭者,一是臣子身为教师时。按照大学的规矩,教师给天子讲课或问对,可以不受君臣之间礼节的约束,表示做帝王的也一样地尊师。

【评说】

　　上一章讲教师的身份、地位和修养,这一章则讲尊师的重要意义和如何尊师。

　　由于"凡学之道,严师为难",为了唤起全社会对尊敬老师的共识,并诉诸实际行动,天子乃以最高统治者的身份首为之倡。如《学记》所揭示的"虽诏于天子无北面",其规格之高,在于要求按照周武王如何屈尊看待吕公望行事。《大戴礼·武王践阼》:

　　　　武王践阼……然后召师尚父而问焉,曰:"黄帝、颛顼之道存乎意,亦忽不可得见与?"师尚父曰:"在丹书①。王欲闻之,则齐②矣。"三日,王端冕,师尚父亦端冕,奉书而入,负屏而立,王下堂,南面而立。师尚父曰:"先王之道,不北面。"王行西,折而南,东面而立。师尚父西面道书之言……

　　师尚父(父读作 fǔ)即前面说的吕公望。他姜姓,吕氏,名望,一字子牙,为周武王师。"虽诏于天子无北面"作为大学尊师之礼,历代注家都看作重大的原则性问题,而不吝惜笔墨,竞相解释。如

---

① 孔颖达疏:"丹书者,师说云,赤雀所衔丹书也。"
② 《说文》:"齐,戒洁也。"今译斋戒沐浴。

清郭嵩焘说:"郑注引《大戴礼记·武王践阼》之文①,以明无北面之义。北面,臣道也,为师则弗臣,宾道也……君适臣,君则为主,臣不敢当主人之位。武王东面受丹书,谓若亲就尚父而问焉,武王反为宾,而尚父为主,则直忘君臣之分,而用宾主之礼,所以为敬之至也。"《学记》"师""尸"并举,也在于"当其为尸,则弗臣也"。孔颖达引《孝经纬·钩命诀》云:"暂所不臣者五,谓师也,三老也,五更也,祭尸也,大将军也。此五者天子诸侯同之。"

"师"之必须受尊敬,不止是从教育角度看问题,还得把他们的作用提到政治高度。北宋刘敞有一段话足资论证:

> 师者非也,所以使人知事亲之道,事父之义,治民之术,治身之法者也。故有国家者,恃之以化良民焉,恃之以得贤臣焉。故师者常与人君分天下之治者也,位不同耳,名不类耳,权不及耳,众不如耳。不然,殆无以异。是以先王知其若此也,则重师之礼,以系邦国之民也。

为什么"师"与"君"位不同、名不类、权不及、众不如,而竟可"与君分天下之治"呢?一言以蔽之:"道"起了指挥棒的作用。"事亲之道,事君之义,治民之术,治身之法",说到底都是"道"的具体体现。《中庸》开宗明义说"修道之谓教","师"的职责首先是"传道"。尊师重道,彼此间并不是走平衡木,尊师为了重道,为重道而尊师,重心在"道"字一边,"道之所存,师之所存也"②。张载注《学记》本章,就坦率地说:"匹夫传道,虽天子

---

① 郑玄注《武王践阼》文有小异。清翁方纲注:"孔疏云'或郑见古本,不与今同',又云'或后人足之',又云'郑所加'。窃按:孔氏所见《大戴礼记》,唐初之本,亦与今行版本同,然孔氏既云郑或见古本,则并存以资考可矣,岂必竟以'郑所加'为断耶?"

② 韩愈:《师说》。

无北面,亦非尊是人,盖尊道也。"其后刘沅也说天子"其屈于臣也,所以屈于道也"。

可见,"虽诏于天子无北面",还只是一种假象。在讲究等级的社会里,哪怕是战国时期,为师的仍不可能同最高统治者平起平坐,即不可能真正把原来的君臣关系转化为宾主关系。清代金鹗在这方面也提供了论证:"先圣先师,天子或不亲祭,其祭曰释奠,非重礼矣。"先师只能"祀于学",不比先帝要祀于四郊,并且"祠之不以太牢"。因为先师同先圣、先老三者"要之,皆人臣也"①。有人虽贵为王者师,还不曾受"刑不上大夫"的保障。"王者"出了事,师傅就倒霉。春秋时期,晋国发生了宫廷动乱,太子申生出奔,杜原欵因为当了申生的老师而无缘无故丢掉了脑袋!②

但是话又得说回来,"虽诏于天子无北面"不管它是真是假,其见于《大戴礼记》记载,《学记》又作了一番宣传渲染,那么,在"凡学之道,严师为难"的环境下,它毕竟起了号召从最高统治者开始,到全社会树立起重视教师风气的作用。

这也由于真正的尊师,形成风尚,在我国还不算很早,它也往往同养老制度联系在一起。如《礼记·文王世子》"遂设三老五更之席位焉",《乐记》"食三老五更于大学",《王制》"殷人养国老于右学,养庶老于左学;周人养国老于东胶,养庶老于虞庠"。这些,如果算作尊师,它也将是叨养老制度的福,还可能是传说。周文王之于吕公望,汤之于伊尹,都带有传奇的色彩。孔门的尊师爱生事迹,蔚为历史佳话:颜回死,孔子"哭之恸"③,还说"回也视予犹父也"④。孔子死,"弟子皆服三年。三年心丧毕,相诀而去,则

---

① 《求古录礼说》卷十,《祭祀差等说》,并见《学记》"大学始教"章金注。
② 《左传》僖公四年。
③ 《论语·先进》。马融注"恸"字,谓"哀过也"。
④ 《论语·先进》。

哭，各复尽哀，或复留"，子贡庐墓达六年之久。① 但这些只是杏坛门槛内的事，还没有在社会上形成尊师风尚。作为拥有三千弟子的孔子，他活着时候，日子并不好过。他还是当过官的，官阶也不小，却常受人奚落。荷蓧丈人骂过他："四体不勤，五谷不分，孰为夫子！"②

春秋战国时期，官学没有什么看头③，官学教师自不会受人尊敬。私学呢？孔子的境遇还不过如此，其他当教师的更用不着说了。早期具有经典性的书籍关于尊师的记载，有宫廷的，也有民间的，有属于官学的，也有属于私学的。如《周礼·地官司徒》载以三行教国子，"三曰顺行以事师长"；《大戴礼记·保傅》载"帝入太学，承师问道"；《管子·弟子职》载"先生施教，弟子是则"，"少者之事，夜寐蚤（早）作"；《吕氏春秋·尊师篇》载"顺耳目，不逆志"，"临饮食，必蠲洁。善调和，务甘肥，必恭敬"，等等。《周礼》，有人认为是战国时作品，也有人指为西汉末刘歆伪造；《管子》，今人认为是战国乃至秦汉时人摭拾管仲言论之作；《吕氏春秋》，则是战国末期吕不韦集合其门客编写。这些书，或比《学记》晚出，或着重讲照顾教师日常生活，还有历史的真实性问题。只有《学记》本章联系其他各章，是我国历史上第一个从政治和学术文化发展、教师的任务及其社会地位与作用诸角度，比较全面地揭示教师为什么要受尊敬和如何尊敬；不仅学生要尊敬，统治者要尊敬，更要把尊师作为全社会的政治道德规范和优良历史文化传统，来教育世世代代的人们。

---

① 《史记·孔子世家》。
② 《论语·微子》。
③ 黄绍箕《中国教育史》卷四："春秋二百四十年，诸侯学校之制见于经传者，亦只鲁僖公之立泮宫，郑子产之不毁乡校二事。外此诸国，凡未闻其有一二学校，岂书缺有间欤。"

第十八章　善待问者如撞钟

【章句】

善学者，师逸而功倍，又从而庸之。不善学者，师勤而功半，又从而怨之。善问者如攻坚木，先其易者，后其节目，及其久也，相说以解。不善问者反此。善待问者如撞钟，叩之以小者则小鸣，叩之以大者则大鸣，待其从容，然后尽其声。不善答问者反此。此皆进学之道也。

【校文】

撞钟　《抚本礼记郑注考异》："唐石本初刻'锺'，后改同此（钟）。"按：今简体字作钟。

【注音】

相说　《经典释文》："说音悦。"《礼记纂言》、陈澔《礼记集说》："说如字。"按：说当音脱（tuō）。

以解　《礼记纂言》："解音蟹。"陈澔《礼记集说》："解下介切。"按：解读如字，音 jiě。

从容　《经典释文》："从，依注读为'舂'①，式容反②。"按：从当音 cōng。

【释义】

庸　归功的意思。郑玄注："庸，功也；功之，受其道有功于己。"王夫之注："归功曰庸。"清金鹗注："庸，功也，又通颂。《大射仪》：'西价之西，颂磬东面。'③ 注云：言成功曰颂。古文'颂'为'庸'，'颂'古'容'字，与'庸'同声，故通用。"

后其节目　方悫注："节，木理之刚者，《说卦》所谓'为坚多节'④ 是矣。"清陆奎勋注："'目'亦坚处。"王夫之注："'节目'，木枝节所自出，坚撑处也。"

相说以解　"说"字旧注有三种解释：一为喜悦之悦，如北宋马晞孟引《论语·先进》"于吾言无所不悦"。一为说理之说，如朱熹说"'说'只当如字"，为"义理相说"。再一为脱落之脱，如辅广注"柔者既去，然后坚者可脱而解"。按"相说以解"是接上文"如攻坚木"，所以"说"应读为"脱"。"说"与"脱"古字通用。《易·蒙》："用说桎梏"；《小畜》："舆说辐"；《礼记·檀弓上》："使子贡说骖而赙之"；《丧大记》："说髦括发以麻。"这些"说"字都读为"脱"。《诗·大雅·瞻卬》："彼宜有罪，女覆说之。"《潜夫论·述赦》引《诗》"说"亦作"脱"。⑤ "说""脱"同从"兑"声，古韵同属月部，声母同为舌音，故可通假。《学记》这一节讲木头关节受斧砍而脱落，下"解"字亦即"迎刃而解"之意。

---

① 郑玄注："从，读如富父舂戈之舂。"据《左传》文公十一年：冬，叔孙得臣败狄于咸，获长狄侨如，富父终甥以戈舂长狄喉而杀之。
② 《集韵》为书容切，此疑为地方方言。
③ 语见《仪礼·大射》。
④ 《周易·说卦》："其于木也，为坚多节。"
⑤ 《述赦》原作"反聪"，今作"覆说"。《释文》："说，一音他活反。"

撞钟 钟比喻教师。因为是对"善待问者"而言。下文"叩之以小者则小鸣,叩之以大者则鸣",是出自《墨子》。《墨子·公孟》就是以君子比钟:"君子共己以待,问焉则言,不问焉则止。譬若钟然,扣则鸣,不扣则不鸣。"《学记》中"君子"一词亦多指教师。

待其从容 从容,郑注"重撞击也"。"从"读为舂,孔颖达注:"舂,谓击也,以为声之形容。言钟之为体,必待其击,每一舂而为一容。"方悫注:"从,非牵也,容,非迫也,待其从容然后尽其声,则随其所感而为之应,进之以渐而不以顿故也。"陈澔注:"优游不迫之意。""待其从容"的"其"字,有指为"问者"(姚际恒),即学生。有指为钟,"盖'待其从容'之'其',与下'尽其声'之'其',皆指钟言"(纳兰成德)。钟既比喻教师,"其"也就是对教师而言。

【译意】

善于学习的学生,教师不必花多大气力,收效却很大,学生又会把学习成就归功于教师的教学得法。不善于学习的学生,教师尽管花很大气力,收效却甚微,学生又会埋怨教师教学不得法。善于发问的教师,就像砍伐坚硬的木头一样,先砍那容易砍的部分,后砍那关节的部分,经过相当时间,关节自会迎刃而解。不善于发问的恰恰相反。善于对待学生发问的教师,如同撞钟一样,敲得轻些音响就小,敲得重些音响就大,利用其悠扬不绝的声波,反复吟味,以尽其绪。不善于对待学生发问的恰恰相反。这些都是提高学生学习效果的良好方法。

【评说】

《学记》前几章揭示启发式的教学方法,这一章又揭示问答式的教学方法。这两种方法在教学领域中是比邻而居,又往往并肩而行:启发式常运用问答方法以完成其教学任务,问答式间亦运用启发方法以完成其教学任务。与注入式教学方法不同,它们二者都既重视教师如何教，也重视学生如何学。教师有讲，学生也有练，不是只看到书本，而看不到学生。

但是，问答式教学同启发式教学又不是一而二、二而一的东西。从培养学生的学习能力来说，大抵问答式教学向记忆能力和表达能力方面倾斜；而启发式教学则更重视思维能力和创造能力。如果用现在眼光审视，即从发挥大脑功能区的作用来说，问答式教学对于发挥大脑的感受区和储存区功能所起的作用比较明显，而启发式教学对于发挥大脑的判断区和想象区功能所起的作用比较明显。

在国外教育学史上，首先比较系统地提出问答式教学法的，当推古希腊的苏格拉底。作为哲学家又是教育家，苏格拉底的问答法是以其哲学认识论为基础，结合以讲学为主的教学经验总结。尽管他的认识论有错误的一面（如认为思维可以离开感觉而独立存在，主张"尽可能切断思想与眼睛、耳朵及身体的其他部分的联系"[1]），而对于问答法的运用，也还有个前提，那就是受教育者必须有坚实的知识基础，否则问答便难以进行。但是我们也不能因此而轻下结论：似乎问答法缺点多，用不得。它的积极作用不可抹杀。我国的孔子既倡用启发法，也倡用问答法。他对学生的"问同而答异"，还具有因材施教的意蕴。

问答式教学有两个含义：教师问而学生答，和学生问而教师答。《学记》提出的"善问"与"善待问"，揭示了在问答过程中，教学的主体与客体角色互换的辩证法，教师善问与善待问的关键在于"善"字。善问比机械地一问一答前进了一步，善待问比善问又前进了一步。善问和善待问表明教学的主动权，在教者和学者的双边活动过程中起主导作用的是教师，但也不排斥学生在学习过程中的主动性和积极性。它体现了教者和学者的双向运动和相互关系，

---

[1] ［古希腊］柏拉图著，余灵灵、罗林平译：《苏格拉底的最后日子——柏拉图对话集》，上海三联书店1988年版，第127页。

如学生善学必然善问；教师善问，将引发学生善学。

　　正因为处理教学工作是一门艺术，从理论方面应用形象化的语言文字表达，将更能发人深思。《学记》描绘"撞钟"便是这样。《五经通义》以金、石、丝、竹、匏、土、革、木为八音，金为钟，其为音，余韵悠长，久而不绝，则《学记》所谓"尽其声"，又具有不"尽"之意。"一声未止"，"又重撞击之"，就意味着教学一环紧接一环，由浅入深、从易到难，螺旋上升。清焦循曾描述其全过程："凡撞钟，其声悠长不即尽。今待问者小叩小鸣，大叩大鸣，亦不即尽说之，待其意有所进而复问，乃以前未尽之说，极说①以尽之。如始撞钟一声悠长，未遽尽，待重撞一声，此声合前未尽之声，极成其盛而后尽之。"这种"从容""尽声"的高度教学技巧，不仅可使学生于"仰之弥高，钻之弥坚""欲罢不能"之中，充分发挥学习潜力，教师教学亦将更加主动，真正做到"师逸而功倍，又从而庸之"，为提高教学质量提供有力保证。

---

　　①　"极说"一词见郑注："始者一声而已，学者既开其端意，进而复问，乃极说之，如撞钟之成声矣。"

第十九章　必也其听语乎

【章句】

记问之学，不足以为人师，必也其听语乎。力不能问，然后语之，语之而不知，虽舍之可也。

【注音】

语　《经典释文》："语之，鱼据反，下同。"陈澔《礼记集说》："上'语'如字，下二'语'去声。"翁方纲《礼记附记》："今行世注疏版本载《释文》'语，鱼据反'，然《释文》原本云'语之，鱼据反，下同。'所以陈云庄①《集说》'上语如字，下二语去声'也。孔疏云'听语，谓听其问者之语'，然郑注'必待其问乃说之'，郑注却未尝以'听语'作如字也。方氏、李氏②诸家亦皆以'听语'之'语'字作去声，则今版本'语，鱼据反'直作刊定《释文》可矣。"按："听语"、两"语之"的"语"字均作去声，音 yù。

舍　《经典释文》："舍音捨，又如字。"陈澔《礼记集说》："舍上声。"按：《释文》（音捨）、《集说》同，音 shě。

---

① 陈澔号云庄。
② 指方悫、李格非。

【释义】

记问之学　记问,就是对教师的知识水平和教学方法而言。如徐瑄注"全无实学,只凭记诵以待问",姚际恒注"其学徒揣人所应问者记诵而已"。俞樾标新立异,说"记问亦是一学","《周易》有《序卦》一篇……其实即记问之学也"。此究非《学记》原意。"记问之学"的"学"字可作"教"(敩)字解,说"记问之教,不足以为人师",似无不可。

听语　听语曾有两种解释:(1)方悫:"听语者,听其所问,然后语之以言也。"此"语"字指教师对学生讲解;(2)陈澔:"听语,听学者所问之语也。"此"语"字则指学生的发问。以从后一说为妥。

舍之　舍,搁置,暂时放在一边。正如"尽其声"的"尽"并不意味着终止一样,"虽舍之可也"的"舍",也不意味着放弃不管。戴溪引申郑注"须后(之意)"说:"舍之以须其后,犹为不弃也。""舍之"意如孟子说"予不屑之教诲也者,是亦教诲之而已矣"。所以戴溪又说:"世人……皆知答问之为教,而不知不屑之为教,此教学之所以难也。"

【译意】

只靠一点现学现教的零碎知识来应付学生发问,是不能承担起教师的重任的。要做到针对学生提出的问题进行讲解。只有当学生提出问题又说不出其究竟的时候,教师才开释给他听。要是开释后还不理解,就暂时放在一边,留待以后再开释。

【评说】

本章主要讲教师。如说"记问之学,不足以为人师","必也听语乎"和"虽舍之可也"。至于"语之而不知"则是讲学生。全章贯串着教师应起主导作用的精神。

教师只顾"记问",这使人联想起《荀子·劝学》的"鼫鼠①五技而穷"。《说文》说鼫鼠"能飞不能过屋,能缘不能穷木,能游不能渡谷,能穴不能掩身,能走不能先人"。柳宗元写过一篇短文,讲放到贵州地方一只驴子的拙劣本领,所谓"黔驴之技":起初,它一鸣,虎大骇,后"往来视之,觉无异能",虎因喜,"计之曰'技止此耳'"。② 历史上确实有人像鼫鼠、黔驴,除了"记问"一着,别无作为。

何谓"记问"?"记"者,猜也;"问"者,学生执经问难也。一个课题,学生问些什么,怎样问,教师将如何猜,即"记"得来吗?李格非说:"夫人之才性有明暗之殊,而其学有浅深之异。或学博矣,而约有不能;知体矣,而用有所不备。"王夫之也说:"记问者,无察识之实,懵③于次序,述诵以教人,倾尽而止。"则"记问之学",只能说明教者的学识谫陋,教学方法方式一筹莫展,也是对教育理论的无知,如程颐所说的:"以其所学者外也。"此"外"字,就是指虚有其表,没有实学,包括知识与教学经验贫乏,在教学过程中,把自己完全处于被动的地位。

《学记》上一章讲教师的"善问"与"善待问"。有教师的"善问",又要有学生的"善问"——有理有节,问到点子上,使得教师的"记问之学"无处施展,不得不改弦易辙,由被动转化为主动,亦即上一章说的"善待问",以解决学生提出的这样那样疑难的问题。但此"善待问"的"待",并不意味着坐而等待学生来问。它说的主要是善于对待学生的问;教师回答了,亦非瓶里倒橄榄似的,一古脑儿倒出来,而是根据实际情况,可倒可不倒可以不倒,如《学记》所说的"语之而不知,虽舍之可也"。它的目的在于培

---

① 鼫(shí)鼠,原作梧鼠,今亦作鼫鼠。
② 原文见《柳河东集》十九卷。
③ 懵,同懵,心里不明白之意。《说文》:"懵,不明也。"

养学生独立思维能力,鼓励学生多动脑筋,所以"舍之"决不是弃之。李格非说过:"或听之,或语之,或舍之,其欲成之一也。"

"问"作为认识范畴和教育范畴,对于激发学生"学然后知不足"、教师"教然后知困",意义重大。我国一向把学业称作"学问",是蛮有道理的。有"学"必然有"问",韩愈《师说》:"人非生而知之者,孰能无惑?"惑就是对疑而言。张载《经学理窟》:"在可疑而不疑者,不曾学;学则须疑。""惑"与"疑"是学习心理活动过程的正常状态,也是学生求知欲和进取心的具体表现。事物总是在矛盾运动中前进的,提出疑问,或者说提出问题,就是反映学习过程中的矛盾运动。学生通过问,旧的矛盾解决了,新的矛盾又到来;再问,又解决了新的矛盾。如此不断往复,达到认识的深化和学业的提高。再则每一个学生、学生每一次发问,都不会是一模一样的,"记问"在这里根本解决不了问题。到这时,"记问"者往往不是弄巧反拙,所答非所问,甚至胡扯一通,就是害怕或百般回避学生的发问——从"记问"发展到"忌问",捉襟见肘,更显得不足以为人师!

第二十章　可以有志于学

【章句】

良冶之子，必学为裘；良弓之子，必学为箕；始驾（马）者反之，车在马前。君子察于此三者，可以有志于学矣。

【校文】

始驾（马）者反之　《经典释文》："'始驾者'一本作'始驾马者'。"臧琳《经义杂记》："《释文》：'始驾者一本作始驾马者。'案《正义》：'始驾者，谓马子始学驾车之时。反之者，驾马之法，大马本驾在车前，今将马子系随车后而行，故云反之。车在马前……以大马牵车于前，而系驹于后，使此驹日日见车之行，其驹惯习而后驾之，不复惊也。'据此知陆、孔本皆作'始驾者'，无'马'字。此言小驹始驾车之法，故云'始驾'者，非言人驾马也。陆氏所见一本有'马'字，非是，今注疏本误从之。"孙志祖《读书脞录》："《释文》：'始驾者一本作始驾马者。'案孔氏云：'始驾者，谓马子始学驾车之时……大马驾在车前，将马子系在车后而行。'则《正义》本无'马'字明矣。今注疏本作'始驾马者'，误。"《校勘记》："'始驾者反之'：闽、监、毛本同，石经同，岳本同，嘉靖本同，卫氏《集说》同。《释文》出'始驾者'云：'一本作始驾马者。'按《正义》云：'始驾者，谓马子始学驾车之时。'

出'始驾者'三字成句，其所据经文亦当无'马'字。"

【注音】

为箕　《经典释文》："箕音基。"按：今亦音基（jī）。

【释义】

为裘　孔颖达以裘为皮衣，"学为袍裘，补续兽皮，片片相合以至完全也"。黄震、郝懿行、林春溥则以裘为冶铸工人用以鼓风的橐籥。春秋战国时期，由于冶铁手工业的发展，冶铁技术已相当进步。为了增高炉温，不能不加强鼓风设备。"橐籥"一词见于《老子》："天地之间其犹橐籥乎！"段玉裁《说文解字注》瓦部："治橐谓排橐……冶者以韦囊鼓火，《老子》之所谓'橐籥'也。"《管子•揆度》有"炉橐"①，《墨子•备穴》也有"习橐事"②的记载。古时鼓风袋即以皮革为之。段玉裁所谓"韦囊"，韦就是指皮制品。林春溥的《开卷偶得》说："闻之吾郡黄氏世发云，昔宰广西，谳狱，见堂下呈一皮囊，毛向内，口甚小，而有柄外出，问作何用？对曰：'此名风裘，用以纳风以扇炉火者。'因悟'良冶'之'裘'或指此物。"③郝懿行的《郑氏礼记笺》也说："冶者为火扇，连缀以皮为之，故其子学为裘。今之冶粗者犹然。"先秦文献"橐"字已数见，《学记》用"裘"字而不用"橐"字，大概因为古音裘渠直反，与"箕"字为韵之故。④

为箕　注疏以箕为柳箕，"取柳和软，挠之成箕"。以柳干为弓，盖取其易学。所以庄有可也说："屈柳以为箕，屈木以为弓……而箕之曲易于弓，故必先学之。"清冯登府、王闿运则以箕为矢服，就是箭袋子。矢服是根据"檿弧箕服"一语来的。《国语•

---

① 《管子•揆度》："吾非埏埴摇铲橐而立黄金也。"
② 《墨子•备穴》："必令明习橐事者勿令离灶。"
③ 林春溥撰：《开卷偶得》卷五。
④ 江永撰：《群经补义》。

郑语》的"櫜弧箕服"注:"山桑曰櫜;弧,弓也;箕,木名;服,矢房也。"《汉书·五行志》的"櫜弧箕服"注:"櫜,山桑之有点文者也;木弓曰弧;服,盛箭者,即今之步叉也;箕,草,似荻而细,织之为服也。"又《列女传》的《周幽褒姒》"櫜弧箕服"注:"《汉书》作'萁',刘向以为萁服,盖以萁草为箭服。"从上面注解看来,箕是植物名,制造箭袋子的材料,非箭袋子本身。但"箕"古文为"ᛘ"①,形如盛物的东西,可作箭袋子解。父亲做弓箭,儿子取柳和软做箭袋,既学基本功,又是搞生产,一举两得,说明以上两说可互为补充。

始驾者　"始驾者反之"和"始驾马者反之",只一字之差,意思完全两样。前者指马始学驾车,后者指人始学驾马。一讲马的"惯习",一讲人的经验。看下文"车在马前",是说明马始学驾车,应作"始驾者反之"。清人管礼耕亦云:"此言小驹始驾车之法,故云'始驾'者,非言人驾马也。《周礼·夏官》:'廋人掌教䮘之政。'郑司农云:'教䮘,始乘习之也。''始乘',即始驾习之,即'车在马前'之事也。"

【译意】

有经验的冶铁工人给儿子传授冶铁手艺,总是先教他学会用皮革制成鼓风裘;有经验的造弓工人给儿子传授造弓手艺,总是先教他学会用柳条编成箭袋子;训练小马驾车,总是先用大马来带,小马跟在车的后头跑。教师搞清楚了这三条道理,也就懂得教育的途径了。

【评说】

本章的"良冶之子,必学为裘;良弓之子,必学为箕"句,给我们看到了春秋战国时期的自然经济模式。一家一户作为生产单

---

①　箕,甲骨文作ᛘᛘᛘ,罗振玉说"其形初但作ᛘ",见《殷虚文字类编》卷五。《说文解字》:"箕从甘,象形。"

位，反映在手工业方面，它是以父传子的方式，世世代代延续下去。《管子·小匡》的"旦昔①从事于此，以教其子弟。少而习焉，其心安焉。不见异物而迁焉。是故其父兄之教不肃而成，其子弟之学不劳而能。夫是故工之子常为工"，就说明了这个问题。当然，这是讲经济，不在此多赘述。但有一点应当指出：《学记》同《周礼·地官司徒》和《考工记》一样，把"为裘""为箕"作为"学"，即我国早期生产劳动教育经验来认可，将其收入儒家经典的大雅之堂，虽文字简赅，亦难能可贵；与此同时，我们还可以看到，《学记》作者当来自民间或曾下到民间，不像官府的教师，根本看不到农工劳动者的生活真实。虽然"为裘""为箕"还只是当作《学记》正文的陪衬，来论证这样那样教育原理原则，而非提倡生产劳动教育本身。

那么，"为裘""为箕"以及"驾马"，根据后人注解，它给我们什么启迪呢？

第一，人的知识不是与生俱来的，必须依靠后天习得，经历世面，增广见闻。如孙希旦说："……此三者皆非生而能之，由于见闻习熟而驯而致之也。"戴溪也强调"学者贵乎习"。

第二，知识经验靠长期积累。如孔颖达说："……上三事皆须积习，非一日所成"；"学者数见数习，其学则善。"

第三，着重基本训练，从模拟到实物操作。如李式榖说："夫补苴之法，未能于金之刚，而先于革之柔者试之。同一，矫揉之制，未能于干之强，非先于柳之弱者效之。"

第四，学习过程要从易到难，由粗入精，循序渐进。如南宋应镛说："……皆自易而至于难，自粗而至于精。习之有渐，而不可骤进；学之以类，而不可泛求。"张湛注《列子·汤问》引古诗"良

---

① 昔，与"夕"通。

弓之子"句，意同。①

第五，可以由此及彼，触类旁通。如清赵良㵑说："冶与裘异工，弓与箕异器，但其理可通"，可以"引申而触长"。李调元也说："冶与裘，弓与箕，绝不相谋也，而相悟。"

第六，教者示范诚然重要，却贵在学者亲自实践。如刘沅说："故父母之身范必端，始易教其子弟"；"此言亲之教子，必先自学，不徒恃师教及督责子弟。"

以上诸说，各有一得之见，主要归结两条：（1）注意由浅入深，由易到难，循序渐进；（2）重视练习，持之以恒，求其得心应手。历代注家理解比较一致，看来亦符合《学记》原旨，本章不过将上述"学不躐等"，"或失则多"，以及"不学操缦，不能安弦"等命题作进一步说明而已。再则本章以"学为裘""学为箕"为例，揭示了学习文化与生产劳动过程有其相似规律，此种思想弥足珍贵，也可以说是早期士的阶层现身说法。他们往往一边劳动，一边读书。《礼记·少仪》："问士之子长幼，长，则曰能耕矣；幼，则曰能负薪，未能负薪。"《学记》这段文字来自历史生活实践，即使此时脑力劳动同体力劳动存在着对立，所谓"劳心者治人，劳力者治于人"②，但是体力劳动者一代一代相传的生产劳动技能，也理应作为良好的教育经验来看待，《学记》就说"君子察此三者，可以有志于学"。

---

① 《列子》中有此四句，但以两"先"字代两"学"字。见王应麟注引。

② 《孟子·滕文公上》。

第二十一章　古之学者比物丑类

【章句】

古之学者，比物丑类。鼓无当于五声，五声弗得不和；水无当于五色，五色弗得不章；学无当于五官，五官弗得不治；师无当于五服，五服弗得不亲。

【校文】

比物丑类　朱熹云："'比物丑类'，此句详文义当属上章，仍有阙文。"按：此为朱熹见解，录之聊备一说。

【注音】

比物　陈澔《礼记集说》："比音纰。"按：比可读如字（bǐ）。

无当　《经典释文》："当丁浪反。"陈澔《礼记集说》："当去声。"按：《释文》《集说》同，音 dàng。

【释义】

丑类　归类之意。《尔雅·释草》："蘩之丑，秋为蒿"，郭璞注："丑，类也。"《方言》："丑，同也；东齐曰丑。""比物丑类"，郑玄注："以事相况而为之。"《韩非子·难言》有"连类比物"句。

当　郑玄注："当，犹主也。"吴澄注同。

五声　宫（相当于 do）、商（相当于 re）、角（相当于 mi）、徵（相当于 sol）、羽（相当于 la）五个音阶，亦称五音。《孟子·

离娄上》:"不以六律,不能正五音。"

五色 青、赤、黄、白、黑。

五官 旧注有不同解释:一说金、木、水、火、土之官(孔颖达),一说天官、地官之属(张载),一说治、礼、政、刑、事五官(吴澄),一说耳、目、口、鼻、形能(陈祥道),一说视、听、言、貌、思(戴溪),一说耳聪、目明、貌恭、言从、思睿(王夫之)。实际上前三说为一类,指人事的五官;后三说为一类,指人身的五官。今从后一说,即:学不属于人身五官,但人不通过学,使管思考的"心"① 起"天君"② 的作用,来制驭(治)五官,就不可能成德达材。

五服 一指用五种色彩纺织物裁成服饰,以定政治地位的尊卑。《尚书·益稷》:"以五采彰施于五色,作服,汝明。"另一指斩衰、齐衰、大功、小功、缌麻五种丧服。郑玄:"五服,斩衰至缌麻之亲。"孔颖达:"五服:斩衰、齐衰、大功、小功、缌麻也。"从后一说。吴澄、王夫之等亦均主此说。五服制度是指在宗法社会里,以父子兄弟关系为核心,根据从高祖到玄孙的男性的九代人亲族关系所规定的五种丧服规格与守丧期限的一种血缘凝聚方式。

【译意】

古时候研究学问,总是从各个事物的类比中,概括出某一最根本的起统摄作用的东西来。鼓不在五声之列,但五声没有鼓,就不能使音调和谐;水不在五色之列,但五色没有水润,就彰施不出文采;学问不在五官之列,但五官没有经过学习训练,就得不到正常发展;教师不在五服之列,但五服没有通过师教,就难用以维系宗法社会的亲亲尊尊关系。

---

① 《孟子·告子上》:"心之官则思。""思"同"学"又是相互制约着的,《论语》:"学而不思则罔,思而不学则殆。"

② 《荀子·天论》:"心居中虚,以治五官,夫是之谓天君。"

【评说】

"五声""五色""五官""五服"依其历史和思想根源说,乃由"五行"推衍而来。

"五行"之说,由来已久。《尚书·洪范》载箕子言:"我闻在昔,鲧陻洪水,汨陈其五行。"那时"五行"还是指物质结构的基本属性,如水"润下作咸",火"炎上作苦",木"曲直作酸",金"从革作辛",土"稼穑作甘"。到了春秋时期,即延伸到各个领域。如医和以为"天有六气,降生五味,发为五色,征为五声,淫生六疾……分为四时,序为五节,过则为菑"①,晏子说"先王之济五味,和五声也"②;子太叔给赵简子引述子产论"礼",是"则天之明,因地之性,生其六气,用其五行,气为五味,发为五色,章为五声"③;蔡墨答魏献子问,说"五行之官,是谓五官",已将其神化,所谓"封为上公,祀为贵神,社稷五祀,是尊是奉"④。

子思作五行说。《荀子·非十二子》批评子思"案往旧造说,谓之'五行'"。郭店楚简中即有《五行》一篇。《学记》的"五声""五色""五官""五服"自是子思"五行"说的推衍,却没有神秘主义的色彩。

这一章,用鼓与五声、水与五色的关系来衬托学与五官、师与五服的关系。即以鼓、水二物衬托学、师二事。学、师是直接与"道"联系着的。

先说"鼓"这个乐器在和声中的作用。

陈祥道说:"夫声中之宫,触于角,验于徵,章于商,宇于羽,

---

① 《左传》昭公元年。
② 《左传》昭公二十年。
③ 《左传》昭公二十五年。
④ 《左传》昭公二十九年。

其声浊者尊,其声清者卑,非得鼓为之君①而唱节之,则五声虽奏,而不和者有矣。"吴澄说:"鼓,革音之乐。凡乐,金、石、丝、竹、匏、土,各具宫、商、角、徵、羽五声,惟革音于五声之内,不偏主于一声。然五声之乐,若无革音则不相协合,是鼓者五声之本也。"

次说"水"这个润物在调色中的作用。

陈祥道说:"夫色青于震,白于兑,赤于离,黑于坎,黄于坤②;相有以章,相无以晦,非得水而润色之,则五色虽施,而不章者有矣。"吴澄说:"水,谓清水。凡绘画之采,各分青、赤、黄、白、黑五色。惟水于五色之中,不偏主于一色。然五色之采,苟非水渍则不能彰施,是水者五色之本也。"

这就涉及价值观问题。一切事物,不是看它是否载诸经典,耳熟能详,听来能悦耳,视之会爽目,来衡量其价值。而是看它是否能对诸事物众生相起调节、中介、平衡,尤其是主导的作用。哪怕是一时看不见、闻不到、摸不着它。《老子》就揭示了"有"与"无"的辩证关系:

> 三十辐共一毂,当其无,有车之用。埏埴以为器,当其无,有器之用。凿户牖以为室,当其无,有室之用。故有之以为利,无之以为用。③

这一段话翻译起来是:三十条辐集中在一个毂上,正处在这毂中间空洞的地方,才能使车轮起转动的作用;抟击陶泥作器皿,正处在

---

① 鼓为之君,即以鼓为主。
② 按:震为东方的卦,属木,色青;兑为西方的卦,属金,色白;离为南方的卦,属火,色赤;坎为北方的卦,属水,色黑;坤为西南方的卦,属土,色黄。故称。
③ 《老子》第十一章。

这器皿中间空虚的地方,才能使器皿起容纳物品的作用;开凿门窗造房屋,正处在这门窗空隙的地方,才能使门窗起进出和通风的作用。所以,"有"所给予人们生活以便利,只有当它同"无"相配合时,才能充分发挥其功能。

我们日常生活中一个简单的道理,像房子四围墙壁为"有",房间空着的面积为"无"。但如果没有利用这个"无"来摆设家具和生活用品,房子也就失去了它供人们饮食起居的作用。

据此则"鼓"在"五声"(有)之外应为"无"。但"五声"这个"有"不与"鼓"这个"无"相配合,便会失掉了乐章演奏的调和作用。从这个意义说,"鼓"对于"五声",是居于主导的地位。同样,"水"在"五色"(有)之外应为"无",但"五色"这个"有"不与"水"这个"无"相配合,便会失掉了绘画章明的调和作用。从这个意义说,"水"对于"五色",是居于主导的地位。

从"鼓"与"五声"的关系,"水"与"五色"的关系,来审视"学无当于五官,五官弗得不治;师无当于五服,五服弗得不亲",同样得出结论:"学"高于"五官","师"高于"五服"。这正如方悫所说的:"五官之异用,固所以相治也,然非学以明之,则弗得其治而乱矣。五服之异等,固所以相亲也,然非师以教之,则弗得其亲而疏矣。"戴溪也说:"学何有于五官,然视、听、言、貌、思,非学则不得其正;师何与于五服,然五服隆杀,非师则恩义不笃。"为什么"学"与"师"有如此魅力呢?一言以蔽之曰:道。"学"的目的在于卫道,"师"的责任在于传道,"道"通过"学"与"师"而始显。"道"是看不见、闻不到、摸不着的,可它的能量大于一切。这也说明"无"对于"有"起了支配的作用,"有"如果没有依靠"无",同"无"配合,"有"也不成其为"有"。正如《老子》所说的:"道常无为而无不为,侯王若能守之,万物将自化。"① 老子的"道"同儒家的"道"有不同的内涵，但道理却无二致。陈祥道在解释本章时，便说："五声、五色、五官、五服虽不同，而同于'有之以有利'；鼓也、水也、学也、师也虽不一，而一于'无之以为用'。"

---

① 《老子》第三十七章。但"无"没有"有"，"无"也不会存在，即不成其为"无"。以"无"衬"有"，以"有"显"无"，"有""无"相资，从这个意义说，"道"又涵盖"有""无"。

第二十二章　此之谓务本

【章句】

君子曰：大德不官，大道不器，大信不约，大时不齐。察于此四者，可以有志于本矣。三王之祭川也，皆先河而后海，或源也，或委也，此之谓务本。

【校文】

或源也　《校勘记》："各本同，石经同。《释文》出'或原'云：'本又作源。'"

【注音】

不约　《礼记徐氏音》："约于妙反。"《礼记义疏》："约于略反。"《礼记纂言》："约如字，又音要。"按：约读如字（yuē）。

或委　《经典释文》："委于伪反。"《礼记纂言》及陈澔《礼记集说》："委去声。"按：委音 wěi。

【释义】

大德不官　是指有最高道德修养的人，不一定要担任哪一种官职，却更能使民心归向，达到治国平天下的目的。《大学》"德者本也"，《中庸》"大德敦化"，说的就是这个道理。《大学》开宗明义讲"明德"，并提供了一条逻辑："有德此有人，有人此有土，有土此有财，有财此有用。"《中庸》也讲："故大德必得其位，必得其禄，必得其名，必得其寿。"可见"德"是居"官"的最大政治修养。

大道不器 大道，在此指高深的学问；器指技艺。具有高深学问修养的人，他通晓宇宙间一切事物的根本道理，不限定于掌握一技一艺。后者只能"各适其用"，如《论语》所谓"君子不器"①。技艺毕竟是"小道"。

大信不约 大信，就是绝对守信。绝对守信的人，没有必要借重于盟誓来保证他的诺言。这也只有最高道德修养的人才能做到。《易·系辞》所谓"默而成之，不言而信，存乎德行"。《中庸》也说"故君子不动而敬，不言而信"。先秦儒家把这种"大信"的典范，归之尧舜禹汤文武这些"先王"人物，《穀梁传》有"诰誓不及五帝，盟诅不及三王"② 之说。

大时不齐 大时，指世变，历史的转折；不齐，指顺应这个世变。陈祥道注"大时无固，而唯变是适，故不齐"，意思近是。戴溪、黄震解释"大时"为"尧舜揖让，汤武征伐之时"，也有一得之见。《易·革》就强调："汤武革命，顺乎天而应乎人，革之时大矣哉。"

郑玄、孔颖达、陈澔等认为"大时"指四时寒暑，"不齐"指万物的生死荣枯。那就是讲天道。此说未协。"大时不齐"与"大德不官""大道不器""大信不约"都是讲人事。李式毂就说："以上四者，皆指圣人言，不应三者指圣人，而独留'大时'以指天。"

先河而后海 朱熹注："先河而后海者，以其或是源，故先之；或是委，故后之。"南宋沈清臣注："先河而后海者，以河之近，故先祭之，海之远，故后祭之。"从前说。

---

① 《论语·为政》。
② 《穀梁传》隐公八年。

或源也或委也　源，水所自出。委，水所汇聚。北宋黄震："河虽小，源也，水所出也。"郑玄："委，流所聚也。"郝敬："委，下也，聚也。"孔颖达："源则河也，委则海也。"

【译意】

权威者说："最有道德修养的人，不限定于担任某一种官职；最有高深学问的人，不在于要掌握一门技艺；最守信用的人，无须借重于盟约的诺言；最识时务的人，必善于顺应历史的潮流。"懂得了这四条道理，就能够从根本处看问题了。夏、商、周三个帝王祭祀百川，总是先祭河，后祭海，因为河是水的本源，海是水的归聚。这就叫抓住了根本。

【评说】

"大德不官，大道不器，大信不约，大时不齐"表现为"至道"。"志于本"便是"志于道"，这就把教育提到"务本"上来。"圣人"是"至道"的体现者，教育的终极目的就在于培养"圣人"模式的人物。

春秋战国时期，有两种对"圣人"的看法。一种是把"圣人"看成高不可攀。"圣人，吾不得而见之矣；得见君子者，斯可矣。"[1] 这种思想见于春秋。另一种认为"圣人"不是可望不可即。"人皆可以为尧舜"[2]，"故圣人也者，人之所积也"[3]。这种思想见于战国。尤其当动乱的战国后期，它反映在教育方面，就是以崭新的姿态，揭示从士做起，中经"君子"，最后到"圣人"。荀子概括了战国后期儒家的教育目的论："学恶乎始？恶乎终？曰：其数则始乎诵经，终乎读礼；其义则始乎为士，终乎为圣人。"[4] "士"

---

[1] 《论语·述而》。
[2] 《孟子·告子下》。
[3] 《荀子·儒效》。
[4] 《荀子·劝学》。

"君子""圣人"各有其特定的品格:"好法而行,士也;笃志而体,君子也;齐明而不竭,圣人也。"① 《学记》提出教育人的全过程,实际上也分三个层次:"士先志"和"官其始也"是求之于"士";"学为君"和"官先事"是求之于"君子";"大德不官,大道不器,大信不约,大时不齐"则求之于"圣人"。"士"是低标准,"圣人"是高标准。这就有个"本末"问题:士对于百工来说,士是本;"君子"对于士来说,"君子"是本;"圣人"对于"君子"来说,"圣人"是本;"大德""大道""大信""大时"对于小德、小道、小信、小时来说,前者是本;大学(修、齐、治、平)对于小学(洒扫、应对、进退)来说,大学是本。最后,学对于道来说,道是本。《论语·子张》引子夏言:"君子之道,孰先传焉?孰后倦焉?譬诸草木,区以别矣。君子之道,焉可诬也?有始有卒者,其惟圣人乎!"《大学》也将其概括为"物有本末,事有终始,知所先后,则近道矣"。这也说明了"圣人"与"道"的一致性。但是"圣人"也不是从天而降,作为圆颅方趾的人,他的学问与道德修养,同样经历长期磨炼和考验。"道"也赖人以立,依靠人而传。这说明了教育的重要性。"君子学以致其道"②,"人不学,不知道"。那么,从这个意义说,教育又成为"本","道"为"末",有了教育才能使"道"发挥其应有的作用。孔子说"本立而道生"③,《学记》说"虽有至道,弗学不知其善也"。"道"本身也只是上层建筑,它取决于一定的经济形态的发展。那么,在春秋战国时期,新兴地主掌握了政权,生产资料所有制和政治模式问题基本解决了之后,教育便成了当时"建国君民"的重要手段,这也是为什么我国历代许多

---

① 《荀子·修身》。

② 《论语·子张》子夏语。《白虎通·辟雍篇》:"故玉不琢,不成器,人不学,不知义。子夏曰:'百工居肆以成其事,君子学以致其道',是以虽有自然之性,必立师傅焉。"

③ 《论语·学而》。

《学记》注家都倾向"教育为本"的解释，如说"以学为本，则其德于民无不化"①，"言四者莫不有本，人亦以学为本"②，和"先学然后至圣，是学为圣本也"③。

---

① 郑玄注。
② 庾蔚之注。
③ 孔颖达注。

第四编 《学记》的历史评估

第一章　经学演变历史与《学记》注释

历代的《学记》注释者，绝大多数为经学家。因此，在评介这些注家的思想脉络和治经方法之前，得说一下我国经学发展过程及其影响。

所谓经学，就是运用训诂或义理方法，注释或阐述儒家经典的来龙去脉之学。孔子自是这门学问由来的总根源。子思说："夫子之教，必始于《诗》《书》，而终于《礼》《乐》。"《史记·孔子世家》说："孔子以《诗》《书》《礼》《乐》教，弟子盖三千焉"，而身通六艺者，惟高弟为能。东汉徐防说："《诗》《书》《礼》《乐》定自孔子，发明章句，始于子夏。"① 但也未可漏掉曾子。后人把孔门的"博学于文"属之子夏②，"约之以礼"属之曾参。清黄以周以为曾子之学尤湛深于礼。《大戴记》有《曾子立事》以下十篇，《小戴礼》有《曾子问》。朱熹还把《大学》定为曾子之书。承继曾参衣钵的两员大将——子思、孟子被称为"宋学之祖"。这于我们研

---

① 《后汉书·徐防传》。
② 《论语·先进》："文学：子游、子夏。"

究《学记》亦有其历史线索可寻。

　　说实在的，研"经"之形成为"学"，并不始于孔子的弟子或弟子的弟子，所谓门人①，包括曾子、子思、孟子在内，而是在西汉时期。

　　儒经中罹秦火，汉初到惠帝四年始除挟书之禁，文景继开献书之路，武帝时又建藏书之策，置写书之官；尤其采董仲舒罢黜百家、独尊儒术议。帝王尊经，引发天下学士靡然向风。近人衡阳马宗霍于其所著《中国经学史》中谈两汉经学流派："自六经燔于秦而复出于汉，以其传之非一人，得之非一地。虽有劝学举遗之诏，犹兴书缺简脱之嗟。既远离于全经，自弥滋于异说。是故从其文字言，则有古今之殊；从其地域言，则有齐鲁之异；从其受授言，则有师法家法之分；从其流布言，则有官学私学之别。"② 所谓"古今"，乃指古文经学与今文经学。③ 古文经指秦以前用古文书写的儒家经典，相传出于孔子住宅壁中和民间，由学者加以训释的。今文经，则指用当时通行的文字隶书记录，到汉代写成定本的儒家经典。所谓"齐鲁"，乃指齐学与鲁学。鲁为孔子讲学之地，其流风余韵自深；齐有稷下学宫，荀子且三为祭酒。鲁传礼学，以高堂生为代表；齐传礼学，以孟卿为首选。汉代传经者不出于齐，即出于鲁。所谓师法家法，乃指五经博士及其所传弟子以"师法"说经，其各自成家，如礼有大戴、小戴、庆氏之学，为师法，大戴有徐氏，小戴有桥杨氏之学，则为家法。至于官学私学，则指立于学官者与不立于学官者，前者如大小戴记设博士，置弟子，后者则自相传授。汉初，古文经不入官学，所立博士，都是今文家。但亦非无

---

　　① 宋人言受业于孔子者为弟子，受业于孔子之弟子者为门人。
　　② 马宗霍著：《中国经学史》第六篇，《两汉之经学》，商务印书馆1937年版，上海书店1984年重印。
　　③ 古曰文犹今曰字，即古体文与今体文。皮锡瑞《经学历史》言今文者今所谓隶书，古文者今所谓籀书。隶书在汉世通行，故谓之今文。

争论。东汉时，古文经转而盛行，研究文学训诂的"小学"占了上风，今文经不为学者所赏识，学风为之一变。总之是错综复杂。复杂也有复杂的好处，没有差异和矛盾就谈不上发展，也自不会有彼此间的互补。今古文本出一源，彼此间相对而立，无古不成今，后人治经就多古今文并行不悖。郑玄入太学学今文《易》与公羊学，后又从张恭祖、马融学古文经。其治学方法，则以古文经说为主，兼采今文经说。三国魏经学家王肃指摘郑玄，但其主张今古文合，与郑玄却并无二致。今古经文的关系如此，则如何对待西汉之世的鲁学齐学、师法家法，亦可知其大半了。

魏晋南北朝时期，经学受玄学、佛学影响，人尚清谈，执麈敷座，相习成风。此时虽有郑学、王学各承郑玄、王肃余绪，南学、北学亦各有代表人物如崔灵恩、皇侃、徐遵明、熊安生等人的义疏之类，还有陆德明的《经典释文》，为后来人治经和理学开辟些蹊径，但从总体说影响并不大。

唐兴，太宗曾诏颜师古考究五经，继诏孔颖达与诸儒撰写《五经正义》，伴以石经。从此经义重定于一尊，作为科举取士依据，士民奉为圭臬。天底下有永恒不变的"正义"吗？这无异给经学发展画了个句号！

宋初经学，大都依唐人之旧，章句名物训诂尚详。经生帖括，仍遵汉唐注疏，音义则本陆氏《释文》，邢昺（北宋经学家）之学亦越不出《五经正义》范围，清人（例如钱大昕等）对此即有评估。但是从两宋经学主流来说，却不是如此。首先，自汉以来受压抑而始终翻不了身的孟子，到宋代受到尊崇，《孟子》一书升了级，与《孝经》等并列入《九经》，思孟之学亦于此时抬了头。它标志着学风的转变。而更重要的是，历周敦颐、张载、二程，至朱熹集大成的以义理为主线的宋学，渐取以训诂为主线的汉学而代之。此

"宋学"亦称为理学①,或称为道学。他们上承思孟(近人所谓"孔子而后,曾子、子思继其微,至孟子而始著,由孟子而后,周、程、张子继其绝,至朱子而始著"②),旁及释老(程、张出入释老,朱熹于释老亦有所取)。他们疑古(如欧阳修以为《系辞》《文言》《说卦》以下皆非孔子之作,朱熹疑《古文尚书》为伪书,有人还并《今文尚书》而疑之),竟以己意说经。陆九渊甚至于说"学苟知道,六经皆我注脚"。这种治经态度与方法,可以作两方面剖析:一是偏离经典本来面目,失之武断,如皮锡瑞所说的"改古人之事实,以就我之义理"③,以主观臆断代替客观事实;二是敞开思想,不受拘束,给扩大学术视野,开拓哲学阵地带来好处。

清代经学,起元、明之衰,复汉唐之盛。其初仍重宋学,尤其程朱,但不久即转向汉学,推重许慎、郑玄。这与明清之际学者,怵惕于空谈心性无裨于世务,务实以挽颓俗不无关系。到了乾隆、嘉庆年间,即有有心者出,恢复以古文经的训诂方法治经,形成清代的汉学。所谓"朴学",主要有东吴、皖南两派,吴派以惠栋为代表,皖派以戴震为代表,从校订经籍、解释经义,到考订史传与诸子学说,以至天文历算、典章制度。这个历史上被称为乾嘉学派,其贡献已远远超过经学研究范围。至于嘉庆、道光年间,以龚自珍等人为代表的今文经学复起,龚自珍提倡"更法""改图",继后康有为又以今文经为其提倡"变法"的理论根据,这表明今古文经学各有千秋,在理论和方法上可以互通有无,未可顾此失彼。

明乎经学发展的总趋势,我们将清楚地看到历代《学记》注释的深厚底蕴。

---

① 北宋初年的胡瑗、孙复、石介被称为"理学三先生",但实际的创始人乃周、张、程、朱,还加上邵雍。
② 马宗霍著:《中国经学史》,商务印书馆1937年版,上海书店1984年重印,第114页。
③ 皮锡瑞撰:《经学历史·经学变古时代》。

这还得从包括《学记》在内的经籍注释目的和效益说起。

注释经籍，首先由于语言文字的发展，先秦人著作中的古字古音古义，传到后代，人们已看不懂或不完全懂。最早解释经籍词义的，是《尔雅》。郑玄《五经异议》："玄之闻也，《尔雅》者，孔子门人所作①，以释六艺之旨，盖不误也。"其后便有《方言》《说文解字》《经典释文》等工具书或类似工具书出现，给研究儒家经典提供了方便。注释经籍也出于政治上的要求，如《旧唐书·孔颖达传》所说"五经义训"乃"受诏撰定"，后来还受到当时最高统治者唐太宗的奖赏。

注释《学记》，南北朝、唐、宋、元、明、清以至民初，不仅给我们提供了研究《学记》的丰富资料，也提供了我国教育思想发展的历史线索。归结起来有下列几点：

第一，《学记》注释者大量印证了孔、孟的教育学说，印证了《中庸》和《大学》的哲学和政治观点，使我们可以从中探究《学记》问世的历史根源，鉴定《学记》的思想属性。

第二，注释者征引了儒家经典如《书》《诗》《易》《周礼》《礼记》中有关我国古代教育制度和教育思想的记录，给我们提供了我国古代教育和早期儒家教育思想的研究素材。

第三，从历代各家注释，我们不仅看到《学记》在我国教育学史上的地位和影响，也看到儒家教育思想的历史地位和影响。

第四，注释者还从辨伪、校勘、训诂等方面，给我们提供了研究《学记》的某些概念、命题的含义，更正字误、句误的材料。

《学记》的注释者绝大多数是历代经学家。《学记》是《礼记》中的一篇。正如《左传》起初只是《春秋》经之传一样，《礼记》起初也只是"《礼》之记"。汉代定"七经"，即《诗》《书》《礼》

---

① 《尔雅》相传为周公或孔子门人所作，均不可信。后人考证当为春秋到汉初的儒家为解说经传而作。

《易》《春秋》，加《论语》《孝经》，还没有《礼记》的份儿。① 到唐代科举取士，在"明经"科中，才正式把《礼记》纳入"九经"中。但在汉武帝罢黜百家、独尊儒术之后，《礼记》实际上已被作为儒家经典看待，因此也就不能不受经学流派的思想方法论的制约，包括《学记》的系列注释在内。

作为我国历史上第一个注释《学记》的经学家郑玄，他的治学方法，正如上面所提到的，以古文经说为主，兼采今文经说。反映在《学记》注释中，如第二编第一章本文注："'宪'，法也，言发计虑，为拟度于法式也。'求'，谓招来也。'谀'之言小也。'动众'，谓师役之事。'就'，谓躬下之。'体'，犹亲也。所学者，圣人之道，在方策。"同一编第五章本文注："（比年入学者）学者每岁来入也。'中'，犹间也。'离经'，断句绝也。'怀'，来也，安也。'蛾'，虸蜉也。……"都意味着今古文并存。依《后汉书·儒林传》载，郑玄兼治数经，几乎遍注群经，其弟子著籍者，辄以千计，多者万余，其说经之书，动辄十万百万言，故其学术影响至大。这亦如《后汉书·郑玄传》所说："网罗众家，删裁繁芜，刊改漏失，自是学者略知所归。"南北朝到隋唐的学者如皇侃、熊安生、陆德明注《学记》，虽风格有不同，要皆恪守古义，以郑玄为宗。唐孔颖达为郑注作注，所谓孔疏，自不离开汉学传统。宋代理学家虽不追随汉学，但对于《学记》的许多郑注并不一味抹杀。这也由于钻研经义缺少不了文字训诂，它至今仍有使用价值。郭沫若就说："汉学主张先从文字学（训诂学）入手，以实事求是的精神，将读古书的第一道难关打开，然后再去研究内容。"②

---

① 北宋刘敞撰《七经小传》，别立《尚书》《毛诗》《周礼》《仪礼》《礼记》《公羊传》《论语》为七经，那是另一码事。

② 详见郭沫若著：《历史人物》，新文艺出版社1953年版，第209—210页。

两宋的《学记》注释者,既有理学家,也有教育家,主要有刘敞、陆佃、马晞孟、方悫、戴溪、吕祖谦、张载、朱熹等人。他们中的有些人虽然不本之汉学,但注解《学记》亦言之成理,义有创见。如"教之所由兴"章的方悫注:"幼子常视毋诳,则可谓之豫矣","十年学书计,十三年舞勺,成童舞象,则可谓之时矣","孔子言可与共学,未可与适道,可与立,未可与权,则可谓之孙矣","荀子所谓'见善脩然,必以自存,见不善愀然,必以自省',则可谓之摩矣"。"教之所以废"章的戴溪注:"发然后禁,非不禁也,特禁之不得其要尔。时过然后学,非不学也,特学之不得其道尔,杂施而不孙,则固尝施之矣,施之不得其统,犹不施也。独学则固尝自学矣,而无其友,犹不学也。""可谓继志矣"章的吕祖谦注:"大抵圣贤之教,引而不发,非是阻节学者。若开户倒囊,尽其底蕴以告之,学者不去思量,不去玩味,其流弊多是口耳之学。惟是引而不发,示其端而不尽,使人万绎千思,及功深力到,义理自涣冰释,怡然理顺。""今之教者"章的张载注:"人未安之,又进之,未喻之,又告之,徒使人生此节目。不尽其材,不顾其安,不由其诚,皆是施之妄也。教人至难,必尽人之材,乃不误人,观可及处,然后告之。圣人之明,直若庖丁之解牛,皆知其隙,刃投余地,无全牛矣。""此之谓务本"章的朱熹注:"(郑)注说非是。但言大德者,不但能专一官之事,若荀子所谓'精于道者兼物物'也。大信不约,谓如天地四时不言而信者也。先河后海者,以其或是源,故先之;或是海,故后之。疏有二说,此说是也。"如此等等。历代经学家解经,理学家也解经。他们聚徒讲学,又往往是经师和教育家,根据自己的教育实践,揭示教育理论和方法,彼此间便有共同语言,这在《学记》注释中也可以看到。

有清一代的《学记》注释者,受政治环境影响,除了一部分学者仍援宋学以自重(例如桐城派)和汉、宋兼治(例如万斯大)外,不少人都倾注全力于名物训诂。阎若璩、臧琳、江永、惠栋、段玉裁、阮元、俞樾等人都具有代表性。由顾炎武开其端，戴震集其成，其运用训诂之学来注释《学记》的就有惠栋、卢文弨、段玉裁、孙希旦、王念孙、焦循、王引之、俞樾等人。例如"不学博依，不能安《诗》"，俞樾且一反郑玄注①，认为"依"当作"悠"，《尚书》的"声依永"之"依"即"悠"字，疑古字作"依"，并以声之从容曲折，矫正《说文·心部》"悠，痛声也"之误，"不学博依"乃对"不知孰为双声，孰为叠韵"而言。又如"呻其占毕"句的王引之注："占读为笘，《说文》曰：'颍川人名小儿所书写为笘。'又曰：'篇，书童竹笘也。'《广雅》：'笘，籯也。'春秋齐陈书字子占，'佔''占'并与'笘'同，'佔'亦简之类，故以'佔毕'连文。"并说："郑（玄）谓'吟诵其所视简之文'，殆失之迂矣。"可见，清代的朴学既与汉学一脉相承，又是批判地继承。

综观《学记》注释者，他们中不少是历史上有名的学者，在哲学、文学、文字学、史学、教育学等方面有着不同程度的素养，也作出了贡献。但其注《学记》，又不免受各自的世界观和方法论所指导：有运用朴素的唯物主义和辩证法的，也有陷入唯心主义和形而上学的；他们绝大多数是承继儒家道统，却也有运用墨家或释道观点的，各执一说，参差复杂。"大德"和"大道"的命题，就反映着释道和反释道的思想分歧。如北宋陈祥道认为："大德无事于事，故不官，大道妙于无体，故不器……由德以至道，则入神而无为，由信以至时，则致用而无不为。"王夫之则认为："此篇所言，皆亲师讲艺之事，而终之以务本……盖与《大学》'至善''知本'之旨相符合，而后世窃佛老之说，以文其虚枵狂诞之恶者，亦鉴于

---

① 郑注："博依，广譬喻也。"

此，而可知其妄矣！"①

但更主要的是注释者的政治态度。他们中有当了经师的，有经过科举磨炼，取得了功名，在封建王朝或地方当了官吏，致仕后而回到书房的。主持官学和私学的则更多从事著述等学术活动。但由于历史的局限，他们教学或研究儒家经典又往往被打下为封建政治服务的烙印。当然也有借《学记》来表达自己崭新的思想政治倾向的。例如道光、咸丰以后，有些走今文经学道路的学者，强调经世致用，面向现实。反映在《学记》注中，如宋育仁借"发虑宪"，说"此发端乃推原初进化，正如今之代议制"②；成本璞借"藏脩息游"，附会近代西方学校的作息制度③；刘光蕡借"夏楚收威"，对传统的体罚措施提出抗议④；姚明辉更结合资本主义国家的教育制度和资产阶级古典教育学来探讨《学记》⑤。这又反映了清末民族资产阶级要求发展资本主义、向西方学习的愿望。

---

① 见卫湜《礼记集说》卷九十，陈祥道注"大德不官"，王夫之《礼记章句》同章注。
② 宋育仁撰：《学记补注》。
③ 成本璞撰：《九经今义》，"君子之于学也"章注。
④ 刘光蕡撰：《学记臆解》。
⑤ 姚明辉撰：《学记集义训俗》。

第二章 《学记》对我国教育学史的影响

《学记》思想上承孔子、子思、孟子还有荀子的哲学与教育学说，下启秦汉以后儒家、经学家，尤其是教育家，迄新中国教育学界，影响至深且巨。

首先自是成于战国或秦初的《吕氏春秋》①。它是秦相吕不韦集其门下客所辑包括儒学在内的百家九流之说，如《汉书·艺文志》所说"秦相吕不韦辑智略士作"。诚如本书第一编第三章所提到的，《吕览》的《不二》篇"无术之智，不教之能，而恃强速贯习，不足以成也"，与《学记》的"人不学，不知道"意同。因为"无术之智，不教之能"都是对正道而言。不学而光靠"强速贯习"，玩弄小聪明，是绝不会认识和掌握正道的。《诬徒》篇的"达师之教也，使弟子安焉，乐焉，休焉，游焉，肃焉，严焉。此六者得于学，则邪辟之道塞矣，理义之术胜矣"，它与《学记》的"故君子之于学也，藏焉，脩焉，息焉，游焉"，不仅文相似，义亦略同。如"安"与"藏"，"乐"与"脩"，"休"与"息"，"游"与"游"，

---

① 有人认为成书约在公元前239年左右。参见王范之选注：《吕氏春秋选注》绪论，中华书局1981年版。

意思没有什么两样。

《学记》内容的主要精神，是从正反两方面总结师与生、教与学的相互关系及其影响的经验教训。

我们看《诬徒》篇说："不教者，志气不和，取舍数变，固无恒心，若晏①阴喜怒无处。言谈日易，以恣自行；失之在己，不肯自非，愎②过自用，不可证移。"对待学生则"不论其材，不察其行，驱而教之，阿而谀之③，若恐弗及"，而对"本（卒）业几终"的学生，"则从而抑之，难而悬④之，妒而恶之"，导致"师徒相与异心"，"师徒相与造怨尤⑤"。这便是《学记》所说的"教之不刑"，造成师生关系不正常乃至于恶化。善教者则相反，他"视徒如己，反己以教"，"所加于人，必可行于己，若此则师徒同体"，其赢得积极效应，便是"学业之章明也，道术之大行也，从此生矣"。看来也是受《学记》的启迪。至于《诬徒》说"不能学者，遇师则不中，用心则不专，好之则不深，就业则不疾，辩论则不审，教人⑥则不精，于师愠⑦，怀于俗，羁神于世……此不能学者之患也"，这也与《学记》的"善学者，师逸而功倍，又从而庸之。不善学者，师勤而功半，又从而怨之"思想相近。至于《吕氏春秋》的《用众》⑧篇，讲"善学者，假人之长以补短"，又是对《学记》的"论学取友""乐其友而信其道""独学而无友，则孤陋

---

① 晏，天清气朗。与天阴相对而言。
② 愎，音 bì。愎过，意为坚持自己的错误。
③ 阿而谀之，即阿谀谄媚、随俗浮沉之意。
④ 悬，疏远。
⑤ 相与造怨尤，相互抱怨。
⑥ 这里的"教人"指帮助同学而言。
⑦ 高诱注"愠"为怒，清王念孙注"怒"应是"怨"字。
⑧ 《用众》，一作《善学》。

而寡闻"的引申,所谓"天下无粹①白之狐,而有粹白之裘,取其众白也"。

继《吕氏春秋》之后,便有汉文帝时任博士的韩婴作的《韩诗外传》,其中如本书前面所提到的"玉不琢,不成器,人不学,不成行","虽有美酒嘉肴,不尝不知其旨;虽有善道,不学不达其功","凡学之道,严师为难,师严然后道尊,道尊然后民知敬学"以及"大学之礼,虽诏于天子无北面",等等,它与《学记》语言完全相同。韩婴不是教育家(虽然当过常山王刘舜的太傅),而是今文诗学家,他的语言在中国教育发展史上亦不是没有影响。

董仲舒作为西汉儒家学派的代表人物,以博学和精于《公羊春秋》被汉景帝征为博士。武帝时"诏丞相、御史、列侯、中二千石、二千石、诸侯相举贤良方正,正直极谏之"② 士,由皇帝亲自策问。董仲舒就在"举贤良文学之士前后百数"中,"以贤良对策焉"③。也就在这里,他提出"变民风,化民俗",继承发展了《学记》的化民说,强调了教育的重要性。所谓"常玉不琢,不成文章,君子不学,不成其德"④,这个"成德",实亦对"知道"而言,认为国家治理不好,就在于"教化不立而万民不正"⑤,强调人君"南面而治天下,莫不以教化为大务"⑥,民已大化之后,天下便亡"(无)一人之狱"⑦。他在《春秋繁露·度制》中提出"使教易行,使化易成",也就是对化民成俗,以完成政治上大一统而言。为了应元朔五年诏"其令礼官劝学","崇乡党之化",他提出"设庠序以化于邑",还提出"立太学以教于国",当亦来自《学记》的"党有庠,术有序,国有学"。在教学内容方面,他重视《诗》

---

① 粹,纯粹。
② 《汉书·武帝纪》。
③ 《汉书·董仲舒传》。
④⑤⑥ 《汉书·董仲舒传》,《对策一》。
⑦ 《汉书·董仲舒传》,《对策三》。

《书》《礼》《乐》之教，所谓"《诗》《书》序其志，《礼》《乐》纯其美"①。在教育、教学方法方面，诸如"贵微重始"②，"预禁于未然之前"③，"不知则问，不能则学"④，以及"其言寡而足，约而喻，简而达，省而具，少有不可益，多而不可损"⑤，等等，同《学记》的思路也是一致的。

西汉的扬雄吸取《老子》和阴阳家言，形成其玄学的思想体系。但他也重视儒家学说。像《法言》模仿《论语》体裁，被认为集儒家思想之大成。就在这《法言》中，我们看到了它那类似《学记》的语言。如说："或曰：'学无益也，如质何？'曰：'未之思矣。夫有刀者砻诸，有玉者错（此"错"字便是琢磨的意思）诸，焉攸用？砻而错诸，质在其中矣；否则辍。'"又说"人而不学，虽无忧，如禽何"和"大人之学也为道"，以及"学以治之，思以精之，朋友以磨之"，"务学不如求师。师者，人之模范也"。⑥ 扬雄被认为是魏晋玄学的先驱，此时儒学趋于低潮，有这样的人来振衰起废，对《学记》思想来说，也起了承继历史遗产的作用。

王充是东汉一位博通众流百家的唯物主义思想家，早年受《论语》《尚书》，接触过儒家经典。⑦ 后"受业太学，师事扶风班彪"⑧。班彪被认为是儒家的正统派。王充批评过儒家，但没有反对儒家，还多次引孔子师徒的话以自重。他从事过教育工作，"后归乡里，屏居教授……著《论衡》八十五篇"⑨。他的许多重要教

---

① 《春秋繁露·玉杯》。
② 《春秋繁露·二端》。
③ 《春秋繁露·王道》。
④ 《春秋繁露·执贽》。
⑤ 《春秋繁露·必仁且智》。
⑥ 以上均见《法言·学行》。
⑦ 参见《论衡·自纪篇》。
⑧⑨ 《后汉书·王充传》。

育观点，如"学""问""思"，与《学记》也有共通之处。如说"知能之士，不学不知，不问不识"①，"天地之间，含血之类，无性知者"②。所谓"无性知"，就是无生而知之者，包括贤圣人在内；"实者，圣贤不能性（知），顺任以耳目以定情实。"③强调"不学自知，不问自晓，古今行事，未之有也"，即便是"智能之士"，同样是"不学不成，不问不知"④。他也强调思维的作用，所谓"是非者，不徒耳目，必开心意"和"以心原物"⑤。王充这些话，如果不是从《学记》得到启发，也可以反过来论证《学记》的"教学为先"等思想的正确性。

后汉郑玄早年于"东郡张恭祖受《周官》《礼记》《左氏春秋》《韩诗》《古文尚书》"，曾"游学十余年"，"学徒相随已数百千人"⑥。他治学破门户之见，采众家之长，是个经学家兼教育家，我国历史上第一个注《学记》的学者。朱熹言"汉魏诸儒，正音读，通训诂，考制度，辨名物"⑦，看来首先是推崇郑玄。作为《学记》的第一个导读者，他以简赅的文字，阐发《学记》的要旨，也多少结合他个人的教学经验，现身说法。如反对"陵节"和"杂施"，主张因材施教，"不教长者才者以小，（不）教幼者钝者以大"，避免"小者不达，大者难识"。对发展学生思维能力，认为"思而得之则深"。"好问不识"（识音 zhì，如今心理学上的识记）不好，"好思不问"也不好。他自己教人也重视答问。唐代史学家刘知几便说郑玄卒后，其弟子追论师所著述及应对时人，弟子分授门徒，更相问答。⑧ 但是郑玄主要的还是应用训诂方法，脚踏实地为后人开辟研究《学记》的途径。郭沫若就说汉儒如郑玄、许慎等

---

① ② ③ ④　《论衡·实知篇》。
⑤　《论衡·薄葬篇》。
⑥　《后汉书·郑玄传》。
⑦　《朱文公文集》卷七十五，《语孟集义序》。
⑧　袁钧辑：《郑氏佚书》第十册。

人的研究方法持客观态度，读古人的书，先从了解古人的文字入手，不像宋儒凭着主观的见解去解释古人。①

汉末有个徐干，文学家（与孔融等被称为"建安七子"）又是教育思想家，作《中论》，其中的《治学》篇阐发了求学、择师、交友的重要性。如说："学犹饰也，器不饰则无以为美观，人不学则无以有懿德。""马虽有逸②足，而不闲舆，则不为良骏；人虽有美质，而不习道，则不为君子。故学者，求习道也。"这是《学记》"人不学，不知道"的引申。又说："民之初载，其矇未知。譬如宝在于玄室③，有所求而不见。白日照焉，则群物斯辨矣。"这是《学记》"化民成俗，其必由学"的引申。再则说："大听黄钟之声，然后知击缶之细；视衮龙之文，然后知被褐之陋；涉庠序之教，然后知不学之困。故学者如登山焉，动而益高，如寤寐焉，久而愈足，顾所由来，则杳然其远。"这是《学记》"学然后知不足"的引申。还有"独思则滞而不通，独为则困而不就"，以及"故使学者劳思虑而不知道，费日月而无成功。故君子必择师焉"，这是《学记》"择师不可不慎"和"独学而无友，则孤陋而寡闻"的引申。他如"志者，学之师也；才者，学之徒也。学者不患才之不赡，而患志之不立"，这又是《学记》"辨志""逊志""继志"说的引申。

魏晋南北朝时期有几个政论家、教育理论家和经学家，我们可以从他们著作的字里行间，看到《学记》思想的历史影响。

生活于魏晋时期的傅玄（217—278），他先后当过弘农太守和谏议官，政治上尊儒重教。如果说《学记》以"玉"比喻人性，傅玄则以"水"比喻人性："人之性如水焉，置之圆则圆，置之方则

---

① 郭沫若著：《历史人物》，新文艺出版社1953年版，第209—210页。
② 逸，捷也。
③ 玄室，即暗室。

方,澄之则淳而清,动之则流而浊。"①"水"澄与不澄,和"玉"琢与不琢,道理是一样的,总之是"习以性成"②。他主张把教育下到民间,如说"使民可教可制"③,而只有"笃乡闾之教",才能使"民存知恤"④。这种思想同《学记》的"化民成俗""党有庠,术有序"的设想也有相似之处。他的教育目的论,从总体上说,也是本《大学》的"修身、齐家、治国、平天下"旨意,如说"心正而后身正,身正而后左右正,左右正而后朝廷正,朝廷正而后国家正,国家正而后天下正"⑤。他提出的培养九种人才中,诸如德才、理才、政才、学才、辩才……也只有像《学记》的"大学之教"才能胜其任。傅玄就主张设太学,选明师以教。

南北朝的颜之推也强调教育的重要性:"夫所以读书学问,本欲开心明目利于行耳。"⑥ 又说:"大学者所以求益尔。"⑦《学记》以"琢玉"比学,颜之推则以"种树"比学:"夫学者犹种树也,春玩其华,秋登其实。讲论文章,春华也;修身利行,秋实也。"⑧在思维方法上,有如《学记》的"比物丑类"。颜之推说:"人生小幼,精神专利,长成以后,思虑散逸,固须早教,勿失机也。"这也如同《学记》说的"时过然后学,则勤苦而难成"。只是颜氏还强调继续教育,最大限度地发挥教育功能:"老而学者,如秉烛夜行,犹贤乎瞑目而无见者也。"⑨这倒是对《学记》思想的补充。颜之推还提到士大夫阶层需要的"杂艺",包括琴、棋之类,这也与《学记》的"不兴其艺,不能乐学"相似。至于说"笞怒废于家,

---

① 《傅子·附录》。
② 《傅鹑觚集·太子少傅疏》。
③ 《傅子·治体》。
④ 《傅子·安民》。
⑤ 《傅子·正心》。
⑥⑦⑨ 《颜氏家训·勉学》。
⑧ 《颜氏家训·勉学》。"华"同"花"。

则竖子之过立见"①，这种棍棒教育又不无受《学记》"夏楚二物，收其威也"影响的痕迹。

两晋学者如徐邈、贺玚、皇侃、沈重、熊安生，他们中有经学家，也有教育家，担任五经博士、国子助教、国子博士，在国学中教《礼记》并注疏《礼记》。其于《学记》，有的发郑玄之所未发，如"强而弗抑则易"，郑玄只说"抑，犹推也"，贺玚则补充说"师但劝强其神识，而不抑之令晓，则受者和易，和易亦易成也"。又如视学，郑玄只说"天子诸侯既祭，乃视学考校"，没说视学在何时，熊安生则补充说视学谓仲春视学。有的则承前启后，如"祭菜"，郑玄说祭先圣先师，熊安生肯定其说，这就给孔颖达疏《学记》以比较坚实的依据。至于皇侃解释《学记》比郑玄为翔实，则不用说了。

唐代孔颖达以国子博士、司业的身份，即带着个人的教育、教学实践经验讲论《学记》，所以未可仅以为郑注作注视之。他主编的《五经正义》，包括《学记》在内，后人评为"记载详实，未易轻议"，也说明其对唐以后学术界和教育思想界的影响。

韩愈未曾直接谈论《学记》，更没有去注释《学记》。但一则，《礼记》到唐代已列为"九经"之一，作为儒学的正统派韩愈不会没有接触到；二则韩愈作为教育家，先后担任四门博士、国子博士、国子祭酒，任潮州刺史时还自掏腰包办学，直接从事教育和教学工作，看来不会不受《学记》思想影响。他从"性三品"论出发，认为教育可以转移人性②，强调"人非生而知之者"③。他讲

---

① 《颜氏家训·治家》。
② 《昌黎先生集》卷十二《原性》："然则性之上下者，其终不可移乎？曰：上之性就学而愈明，下之性畏威而寡罪，是故上者可教，而下者可制也。"这是沿袭孔子"上智与下愚不移"的思想。虽只说人的禀赋，却是《学记》"化民成俗"说的补充。
③ 韩愈：《师说》。

尊师，因为"师者，所以传道受业解惑者也"。又讲择师："生乎吾前，其闻道也，固先乎吾，吾从而师之；生乎吾后，其闻道也，亦先乎吾，吾从而师之"和"爱其子，择师而教之"。他说"弟子不必不如师，师不必贤于弟子"，是或多或少看到了学生作为学习主体，具有可以充分发挥的学习潜力，冰生于水却寒于水，这也是对《学记》的"博习亲师""择师不可不慎"以及"教学相长"说的发展。特别是在"道"与教育的关系上，韩愈似乎更靠近《学记》思想。

"道"进入哲学，成为最高哲学范畴，始于《老子》，但"道"在老子哲学中是被看作宇宙生成的总根源的。儒家也讲"道"，如孔子说"道不同不相为谋"①，这个"道"主要乃指政治和道德规范。老子则不是。②《学记》中关于鼓于五声、水于五色、学于五官、师于五服，以及"大德不官，大道不器，大信不约，大时不齐"，都是讲"道"的价值与作用。教育的目的就是为了明道或"知道"，尊师（"三王四代唯其师"）也是为了重道。韩愈呢，他除了出于哲学和政治意向写了《原道》外，其教育思想亦与"道"字紧紧拥抱在一起，如说"文者，贯道之器也"③。"文以载道"的"文"依其广义说，该是包括教育在内的整个文化；"载道"，便是体现"道"，为"道"服务。在此总框架下，为师的主要任务是"传道"，为学是为了"师道也"④；离开了"道"，就谈不上教育。

宋人的有关教育文献，尤其注释，发挥《学记》旨意，是既有继承，又有发展。

---

① 《论语·卫灵公》。
② 韩愈《原道》："老子之所谓道德云者，去仁与义言之也。"
③ 《韩昌黎集序·门人李汉编》。
④ 韩愈：《师说》。

第一是揭示"道"与"学"的关系。例如二程认为"道"涵盖一切，所谓"道外无物，物外无道"①。教育的目的和内容都离不开"道"。"道"既是至理，作为人生的最高理想，教育的目的就是从"知道"到"达道"。二程曾运用《中庸》的"中"字来概括，说："此道也，常而不可易，故既曰中，又曰庸也。"②道不是可望不可即，重要在于学。二程在其《论学篇》中强调："有志于道，而学不加进者，是无勇也。"这就给《学记》写作的历史背景和思想根源，或者说《学记》的主旨，增加了透明度。

　　关于教育问题本身，首先是论教育的重要性。如"化民成俗"：张载以为"成德谓之学，学在乎推广"，刘敞要求"所传者博，所教者众"，朱熹强调"唯教学可以化民使成美俗"，辅广把"教学"看作"政之先务"。又如以"玉"取譬：陈祥道谓"玉则璞之至美者也，人则性之至贵者也。器待琢而后成，苟不琢焉，虽其质至美，不成器者有矣；道待学而后知，苟不学焉，虽其性至贵，不知道者有矣"，并引《礼记•聘义》曰"君子比德于玉，终之以天下莫不贵者道也"。戴溪以为"玉不琢而碔砆琢之，则碔砆犹为可用，玉盖不及也"，并引孔子的"好仁不好学，其蔽也愚，好知不好学，其蔽也荡……"③一段话为证。

　　第二是论教与学的关系。对于"学然后知不足，教然后知困"，方悫联系孔子的"学而不厌，诲人不倦"④，说："足则厌矣，故学以不厌为知；困则倦矣，故教以不倦为仁。知其不足，然后能自反以求其是；知其困，然后能自强以济其困。"又说："自反

---

① ②　《二程集•河南程氏粹言》卷一，《论道篇》。
③　《论语•阳货》。
④　《论语•述而》："学而不厌，诲人不倦。"又《孟子•公孙丑上》："孔子曰：圣则吾不能，我学不厌而教不倦也。子贡曰：'学不厌，智也；教不倦，仁也。仁且智，夫子既圣矣。'"

若所谓'自反而仁'①之类,自强若所谓'自强不息'②之类。"张载以为:"困者,益之基。学者之病在不知困。"陆佃解释"教学"相长,说:"教之中有学,学之中有教。"

第三是论小成大成。陈祥道以为:"由'离经辨志'至于'论学取友',则可与适道而未可与立,学之小成者也。必四进,而后视之'知类通达''强立而不反',则可与立矣,学之大成者也。"③学者们也多从"立"字下功夫。朱熹就以肯定的语气,说:"'九年知类通达',横渠④说得好:'学者至于能立,则教者无遗恨矣。此处方谓大成。'盖学者既到立处,则教者亦不消得管他,自住不得。故横渠又云:'学者能立,则自强不反,而至于圣人之大成矣。而今学者不能得扶持到立处。'尝谓此段是个致知之要。"⑤

第四是论教之所由兴。陈祥道提出"救失于未然之前","长善于可教之际","因时而不违,循理而不逆,不责其所不及,不强其所不能",做到"优而柔之,使自求之,厌而饫之,使自趣之"。方悫引《荀子》"见善脩然,必以自存;见不善愀然,必以自省"来论证"相观而善"。张载论当其可,将是"乘其间而施之,不待彼有求而后教之",亦即"不待其问,当其可告之机即告之",如《孟子》所说"时雨化之",不"待望而后雨",重申教师应起主导作用。

第五是论择师取友。方悫以"师之为义",乃"以道帅人",学为君亦赖师之教,如"舜之于务成周,禹之于西王国,汤之于伊尹,文王之于臧丈人,武王之于太公望",以示"三王四代皆以择

---

① 《孟子·离娄下》:"其自反而仁矣。"
② 《易·乾》:"君子以自强不息。"
③ 按此乃据《论语·子罕》"子曰:'可与共学,未可与适道;可与适道,未可与立;可与立,未可与权。'"发抒其见解。
④ 横渠,指张载。
⑤ 《朱子语类》卷八十七,《礼四·小戴礼·学记》。

师为重"（戴溪语），辅广也说"四代之君，或善或否，皆系其师之如何"，此亦《墓门》诗之所由作。戴溪言"先王养老尊贤之义，非特为其人，皆所以令众庶见也"，"见"的意义在哪里呢？如辅广所说"斯民皆将兴起于学。"①。

南宋的事功学派代表人物陈亮、叶适也讲择师取友，陈亮反对一生只宗一师，也反对自命为人师，主张师友间共同讨论、共同学习。叶适强调："今宜稍重太学，变其故习。无以利诱，择当世之大儒，久于其职，而相与为师友讲习之道，使源流有所自出"；并强调"州县有学"，使"人知由学"。② 这与《学记》的"择师不可不慎""教学相长也"和"化民"说相合。叶适在其《习学记言》中引了《论语》"三人行，必有我师焉"，还引了《学记》的"独学而无友，则孤陋而寡闻"。

南宋的卫湜所撰《礼记集说》，辑后汉到宋代学人注，《四库全书总目提要》评价其"采摭群言，最为赅博，去取亦最为精简"。我们看其中的《学记》集说，亦可知其一二。它加深了后人对《学记》的理解，为进一步研究《学记》教育思想廓清了道路。

陈澔作为元代的经师，在历史上算是没当过官而从事教育工作的人。他集前人对《礼记》的一些评估，包括《学记》在内。清人虽批评其《礼记集说》为科举应试俗书，但他毕竟做了一番整理工作，其自注《学记》，亦不无一得之见（这在前面已经提到）。其书虽被称"兔园册子"，对明清士子思想影响却是很大的。

明代学者注释《学记》的不多，亦少新见。倒是一些著名教育家，继承和发展了《学记》思想。

例如王守仁，他认为教育的目的在于"格民心""复民性"，以

---

① 以上主要据元陈澔《礼记集说》卷八十八至九十，不一一加注。
② 《叶适集》卷三，《奏议·学校》。

移风易俗。如说:"天下之患,莫大于风俗之颓靡而不觉。"①"务使礼让日新,风俗日美。"② 当然,他的"复民性"离不开"致"人们先天的"良知",但此可有两个含义:(1)人性本善③;(2)人生来是平等的。从后一说,可谓比《学记》前进了一步。他说的"食味之美恶,必待入口而后知"④,与《学记》的"嘉肴知旨"义同。在教育内容方面,他提出"歌诗""习礼",亦《学记》"安弦""安《诗》""安礼"的孑遗,但他认为"歌诗","非但发其志意而已,亦所以泄其跳号呼骈于咏歌,宣其幽抑结滞于音节也";"习礼",则"非但肃其威仪而已,亦所以……动荡其血脉,拜起屈伸而固束其筋骸也"⑤,这就发展了《学记》的思想,而更加重视发展学生个性。至于德育,他主张防于"未萌之先,而克于方萌之际"⑥,强调意志的作用⑦。至于教学方法,则要求"随人分限所及"⑧,认为人品力量"不可躐等而能"⑨。再则提出教人由诚,所谓"教不由诚,曰惟自欺","须做愚夫愚妇,方可与人讲学",其强调"教学相长"⑩,可知思想亦渊源于《学记》。

　　清代至民初注释和研究《学记》的队伍扩大了,他们中大致有三种类型:一为教育家,从事过教育工作(例如主讲书院),乃至提出自己的教育主张;二为文字训诂学家;三为经学家。他们对《学记》的撰述内容,亦可归纳为下列几个特点。

----

① 《山东乡试录》。
② 《颁行社学教条》。
③ 王守仁不止一次说过人"性无不善",此当亦为思孟心传。
④⑥⑧ 《传习录中》。
⑤ 《训蒙大意示教读刘伯颂等》。
⑦ 《教条示龙场诸生》:"志不立,天下无可成之事。"
⑨ 《与刘元道》。
⑩ 《教条示龙场诸生·责善》:"人谓事师无犯无隐,而遂谓师无可谏,非也。谏师之道,直不至于犯,而婉不至于隐耳。使吾而是也,因得以明其是;吾而非也,因得以去其非,盖教学相长也。"

其一是探源。

他们主要是进一步论证《学记》为上承孔子思想的思孟学派之作。因而首先集中于《大学》《中庸》，旁及《大戴礼》和《礼记》其他篇章。如《学记》"使人不由其诚"的"诚"，王闿运说此亦本《大学》的"以诚求之"。这也是对前人仅以《中庸》的"诚"分析《学记》思想根源的一种补充。王树楠则更从《中庸》的"有弗学，学之弗能弗措也……人十能之，己千之"论证《学记》的"知不足，然后能自反也"。

其二是释词。

曾督广东学政的李调元，以为前人释"夏楚"为"榎楚"，乃俗字。"夏"同"榎"，为楸木。《诗·大雅》有"不长夏以革"①句。夏用木，革用皮，皆作鞭扑用。《诗·周南·汉广》"言刈其楚"，则指杜荆，多产楚地，故名。古时刑杖以荆，故字从刑，此亦夏楚二字之所由来。前人间亦言之。但他又说"荆"之"生成丛而疏爽，故又谓之楚"，此乃新义。清人应用训诂文字解释《学记》的甚多，这里不过举其一例。

其三是别解。

别解乃指不同于他人的见解，但亦言之成理。如"夏楚收威"的"收威"，皮锡瑞以郑注非经旨，谓"收"当假借为"纠"，引《史记索隐》"收、司谓相纠发也"，是"收"与"纠"声近义通，"收其威"即纠其威。王树楠则说："收，藏也，藏其威以示不可轻犯之义，所以警也。"又如"教学相长"，姚明辉以为自唐以来诸家皆以"教"字属教者说，以"学"字属学者说，实则"'教'与'学'皆从学者身上立言亦可也"，因为"教也者，学者之教师也；学也者，学者之自修也"。

其四是立说。

---

① 《诗·大雅·皇矣》。

摆学者个人的论点，于《学记》思想有所发挥。如"道而弗牵，强而弗抑，开而弗达"，郭嵩焘言使学生"自厉以进"，刘光蕡言"俟其自喻"，姚明辉言"听其自行、自奋、自绎"，"使自得"，"放任固非，干涉亦不是"。姚明辉还以为"进而顾其安，使人由其诚，教人尽其材，此三事，实为《学记》之骨节，其前后所论教术，总不离此"。他又认为《学记》的"顾其诚""由其安""尽其材"，此三"其"字汉唐人以为属教者，宋儒则说属学者。他以为两说皆是："夫教者未安，则学者亦不安矣；教者未诚，则学者亦不诚矣；教者不尽其材，则学者之材亦不得尽矣。"

其五是质疑。

俞樾疑郑玄注《学记》"呻其占毕"的"呻或为慕"，乃异文，非相通，说不如依《说文》"慕，习也"。若从"或本作慕"，则当训习。又《学记》"多其讯言"，疑郑注的"讯或为訾"，亦异文，非相通："訾或作纸，疑亦形近而误。"至于《学记》的"术有序"，包括郑玄注"术"为"遂"，清人尤疑其虚构。如翁方纲说"术有序，今无可考"，毛奇龄以为所谓"六遂之内，县学以下皆为序"乃"杜撰之言"。王懋竑说："古书参错，传闻多误，不可考也。"事实上，《周礼》对于遂人，但言"以岁时稽其人民，而授之田野，简其兵器，教之稼穑"，对于遂师、遂大夫亦只言"巡其稼穑""以教稼穑"，未闻有"序"之学。

此外还有勘误（如郝懿行对郑注"天子诸侯既祭"句，谓"诸侯"二字乃衍文）、辨伪（如王树楠谓《兑命》虽为伪书，"其言必有所本"）等，说明此时对《学记》研究进一步深入。

尤其重要的是清末民初出现《学记》专著。如曾任甘肃大学堂总教习的刘光蕡撰《学记臆解》、民国国史馆总纂王树楠撰《学记笺证》、国学院院长宋育仁撰《学记补注》、武昌高等师范学校教员姚明辉撰《学记集义训俗》。他们对《学记》研究的深入，我们都已在本书有关篇章中提到，也或多或少运用于他们各自教育实践中，并得到检验。而当社会上提出近代中国得向西方学习时，有人还把《学记》同欧洲、日本的教育理论做了比较，如王树楠说此"先王教民之大略，证之今日东西各国学校教育之法多相合者"。姚明辉分析《学记》"化民"义蕴，既批评德国叔本华的教育无效论，"论教育无效者恒援习惯以为证，谓被教育者受此外部势力之感化即被其限制，而教育之力无从而施"，又批评教育万能论，如英国洛克以为"人一依教育便成为人"。《学记》则"言习（俗）可以化民而成，则教育无效论不攻自破"，"万能论亦未免疏陋，要不若《记》文'化民成俗必由学'之为精确"。王树楠联系当年中国政治实际，认为"民行未善，民智未开，虽就贤体远，不可遽言立宪"，等等。

清末，从光绪二十八年（1902年）《钦定京师大学堂章程》开始，关于师范馆课程，只有经学与教育学，前者内容为考经学家家法，后者乃揭示当代教育宗旨，都未必考究《学记》思想本身。倒是光绪二十九年，时为福州东文学堂主理总董的陈宝琛创办全闽师范学堂。他亲撰一副对联作为学堂办学主旨，其上联即为《学记》的"化民成俗其必由学"①。

民国元年（1912年）教育部公布《师范学校规程》②。其第九条规定："讲经宜先就《论语》《孟子》全文中之合于儿童心理，及其学年程度，简明诠释；次即节取《礼记》中之《曲礼》《少仪》《内则》《大学》《儒行》《檀弓》等篇……"，未言《学记》。次年公布的高等师范学校课程标准，文理科均于第二学年设教育史课，内容包括中国教育史与外国教育史。1922年"新学制"建立到1949年新中国成立前夕，高等师范学校包括大学教育学系，都设置教育史课程，此时着重介绍从夸美纽斯到杜威的西方教育学说，中国教

---

① 下联采《论语》"温故知新可以为师"句。
② 《师范学校规程》，1916年1月修订。

育史主要讲孔子,《学记》还未受重视。①

新中国成立后,高等师范学校和综合性大学教育学系的教育史课程区分为中国教育史和外国教育史,前者所占的分量也大了。②在挖掘中国古代教育遗产的号召下,《学记》作为独立的课题研究,受到教育理论界的重视。华东师范大学孟宪承编的《中国古代教育文选》,作为1961年全国高等学校文科教材编选计划会议确定的师范院校教育专业的教材,即将《学记》全文编入。顾树森的《学记今译》和傅任敢的《〈学记〉译述》于1957年、1962年先后行世。③ 随着研究《学记》队伍的扩大,中央和各省的教育刊物发表有关《学记》的论文且不胜枚举。重要的是他们都在不同程度上运用马克思列宁主义的立场、观点、方法,撷精摘华,对《学记》做了深入的研究。

---

① 1943年,国立四川大学教育研究会出版了杜明通的《学记考释》。他的论点,如认为《学记》为董仲舒所作,未必为学者们所认同,包括当今研究董仲舒的学者(参见陈元晖著:《中国教育学史遗稿》,北京师范大学出版社2001年版,第127—129页)。但作者毕竟对这被湮没多少年的教育专著《学记》下了功夫,起了"钩沉"的作用。

② 20世纪50年代初期,教育史列为师范院校各学系的公共课。

③ 顾树森著:《学记今译》,人民教育出版社1957年版;傅任敢著:《〈学记〉译述》,新知识出版社1957年版,后上海教育出版社于1962年出新1版,1982年出新2版。

第三章 《学记》在世界教育学史中的地位

把《学记》放在整个世界教育发展过程中来研究,目的在于认识,一定的历史时代的教育实践和所升华出的教育理论,总是同一个国家的政治、经济、文化现实相联系。以此为线索,把比较教育研究引申到教育史领域,以便掌握各国教育发展变化的普遍规律和特殊规律。如果说,我们从《学记》看到了中国古代教育思想、理论发展比其他国家先走了一步,那也只能说明中国当时,在教育方面对世界教育发展,作出了应有的努力和贡献;另一方面,我们也要看到它的不足之处,实事求是地对待历史文化遗产。

古代东西方国家,如印度、巴比伦、埃及、波斯、古希腊、古罗马等,都是世界文明的摇篮地。说"摇篮",主要是指经济和文化发展走在其他国家前面。

拿印度、埃及、古罗马来说,这些国家依靠其地理形势的优越,和人民的辛勤劳动,农业、手工业和商业都比其他国家早熟。印度还是世界上最早植棉的国家。从哈拉帕文化遗址可以看出,这里居民已使用青铜制的锄、镰刀、武器和家庭用具,已从事海外交流,并与西亚取得了联系。埃及很早就有统一的水利灌溉系统,掌握熔铸金属的简单技术，铜开始在手工业中使用，有船只在尼罗河上承担运输任务。古罗马到了帝国时期，农村已使用带轮的犁和割谷机，水磨也已普遍使用，手工行业开始生产和使用简单机械。更主要的是航海技术发达，促进了东西方商品交换。我国的丝织物，即通过"丝绸之路"运销罗马各地。

没有这样的物质文明，便产生不了阿旃陀石窟和"巴西里卡"风格①之类的精神文明。拿教育来说，相当于我国春秋战国时期的印度、埃及、古罗马学校乃至家庭教育都有所发展。在印度，早在婆罗门统治时期，便出现了专门从事教育工作的"古儒"②，教育内容已有语言学、韵律学、文法学、辞源学、天文学。佛教主导下的印度教育已不受种姓限制，高等学校学术气氛浓厚，还吸收来自中国、蒙古、朝鲜、爪哇等处的留学生。埃及除了以贵族子弟为对象的宫廷学校，像以提高文化水平为目的的文士学校（或称为书记学校），也吸收部分手工业者子弟。埃及这时也重视高深学术研究，据说著名的古希腊学者，如泰勒斯、毕达哥拉斯、德谟克利特以及柏拉图等既到过印度，也到过埃及学习。③至于古罗马，帝国时期即设立有公立学校，并把私立的文法学校和修辞学校改为国立，表明国家重视教育，当然也为加强对教育的专制主义控制。中等教育和高等教育都受到重视。国家还为教师支付薪金，教师可以豁免纳税和服兵役。

从世界各国教育理论发生发展的历史看，在西方，也是古希

---

① 阿旃陀石窟在印度，建于公元前1、2世纪到公元6、7世纪，有石雕佛像、藻井图案和壁画等；"巴西里卡"（basilica）为古罗马帝国时期建筑，包括多种场所，成为罗马公众生活中心。

② "古儒"，或译作"古卢"，意即明师。

③ 转引自吴式颖等编：《外国教育史简编》，教育科学出版社1988年版，第19页。

腊、古罗马占了上风，特别是古希腊，以智者①著称的雅典城邦有一批专业教师和教育家，例如智者派创始人之一普罗塔哥拉（Protagoras），他提出"人是万物的尺度"的著名命题，确定了真理的标准不在天上，而在人间。普罗塔哥拉曾以神话的形式表述教育的重要性，说人在伦理品质上彼此的差异不大，都有受教育的可能性。另一位智者希庇亚斯（Hippias），他认为人的天性平等，按照法律组成的社会是违反自然的。许多智者用辩论的方式方法教人，目的也为了增进人的智慧与思维能力。苏格拉底重视人的现实生活实践，认为哲学的立足点应从天上搬回到地面。他认为人的禀赋尽管有不同，但"都可以通过勤奋努力而得到很多改进"②。他提出"智慧就是最大的善"③，即把智育同德育统一起来。苏格拉底曾用问和答的方法与人讨论哲学问题，也用这种方法启迪学生，后人称之为"苏格拉底方法"，或"产婆术"。这种方法的特点在于它不把现成的东西强令对方接受，而是通过不断提问的方式，引导对方从荒谬、错误中，引入正确的立论来。柏拉图重视教育同政治的关系，主张智、德、体、美和谐发展，按照年龄特征划分不同教育阶段。亚里士多德主张把教育纳入国家法律轨道，注重环境和教育对人的发展所起的作用。他比柏拉图更重视教育的年龄分期和体、德、智、美和谐发展。对于这些，我们都应当给予充分肯定。

有比较，便可以进行具体分析。把古代的印度、埃及、古希腊和古罗马的教育实践与理论，比照我国春秋战国时期的教育实践与理论，衡量其先进与落后、优越与缺陷，将更能凸显《学记》在世界教育史领域的地位。

首先，表现在教育内容方面。

---

① 智者（sophist），出自希腊文 sofcs。
②③ 转引自赵祥麟主编：《外国教育家评传》第 1 卷，上海教育出版社 1992 年版，第 46、53 页。

早期的东西方国家，由于国家体制上实行政治与宗教合一，宗教领袖便是政治领袖，反映在教育方面，便是学校笼罩着浓郁的宗教气氛。印度在婆罗门统治时期，教育就按照婆罗门的教义行事。这个教义认为梵天是绝对的实体或宇宙精神。由梵天产生的人，必须勘破红尘以与梵天相接。佛教承继婆罗门教以后，以追求"圆寂"或"涅槃"为人生归宿。与我国孔子大约同时的佛教创始人释迦牟尼，他宣传现实世界"生灭无常，无可留恋"，把希望寄托于"彼岸世界"。大乘空宗一派还提出"一切皆空"。寺院和尼庵成为当年印度主要的教育场所，教育的主要目的是学为僧尼，所谓"比丘"和"比丘尼"。埃及在其古王国时代，奉太阳神为国神，其最高统治者法老，被认为是太阳神之子，从政治到文化教育，都被套上神秘的光环。它的重要教育场所，便是"寺庙学校"，规模宏大的寺庙，便是传授高深知识的学府，皇家的天文、数学官员，便是在寺庙执教的僧侣。宫廷学校和职官学校也没有离开宗教教育。其他笃信伊斯兰教的中东国家，到历史晚期，学校上课，教师第一句话仍然是："无能无力，惟赖崇高伟大的上帝。"① 基督教兴起于古罗马帝国社会危机之际，早期基督教曾以提倡人人平等、财产公有为古罗马皇帝所取缔，但一当它被定为古罗马国教，便转过来成为帝国奴役和麻醉人民的工具。

苏格拉底、柏拉图、亚里士多德都是古希腊卓越的思想家、教育家，但是在哲学上苏格拉底和柏拉图都是唯心主义者，亚里士多德徘徊于唯物主义与唯心主义之间，终于走向唯心主义。苏格拉底认为客观世界的一切都是神安排了的，神并为人们"安排了灵魂"，人的认识不是依赖感觉而应依赖心灵。柏拉图提出"灵魂不朽说"，认为轮回转世的灵魂先于肉体而独立存在。亚里士多德也相信有脱

---

① ［叙利亚］Khalil A. Totah 著，马坚译：《回教教育史》，商务印书馆1946年版，第88页。

离肉体而独立存在的理性灵魂,有超越于物质之上的一种定型的"形式",而此纯粹的"形式"便是神。他们这些世界观都给各自的教育理论打下神秘虚幻的烙印,渗透到各自国家的学校教育内容中。

回过头来看《学记》,我们就看不出内容有什么宗教迷信痕迹,尽管它的作者思孟学派的代表人物子思、孟子都是唯心主义者。《学记》所揭示的教育目的、学校制度、教学内容和方法方式,基本上都是为具有独立人格的人而安排。他们信仰的对象仍然是"人",哪怕死了的所谓"先圣先师"——包括尧舜文武,或周公孔子,而不是虚无缥缈捉摸不着的上帝和神。《学记》尤其鼓励接触和依赖活着的人,如说"博习亲师""论学取友"。而只有活着的人,才能为"博习"而"亲",为"论学"而"取"。《学记》也讲祭祀,如说"皮弁祭菜,示敬道也",但这种祭祀的对象乃是"先圣先师"。它带有饮水思源之意,也为了现实生活需要,所谓"示敬道也"。《学记》还说"未卜禘不视学"。"禘"是一种祭祀仪式,《尔雅》:"禘大祭也。"意思是由天子主持的祭祀,但这种祭祀的对象也不是神,而是自己的祖先,《礼记·大传》说禘其祖之所自出,《春秋传》僖公八年"禘于大庙",大庙就是周公之庙,《左传》定公八年"禘于僖公",也是对祭祀自己的祖先而言,不是上帝、神。"卜禘"当然是繁文缛节,但可以从侧面说明天子把视察学校当作一种隆重的教育和政治活动。

《学记》章句中之所以没有看不见、摸不着的神秘气息,是同早期儒家重人不重神、重现世不重来世有关。

先说孔子,他尊重天,也重视人,二者对比,更重视人。他对于天也有两种看法:一是神,如说"畏天命"[①];一是自然,如说

---

① 《论语·季氏》。

"天何言哉？"①他相信有鬼神，却说"敬鬼神而远之"②。"远"就是保持一定距离。当子路问如何服事鬼神时，他回答说："未能事人，焉能事鬼？"而当子路又问死是怎么回事时，他又回答："未知生，焉知死？"③孔子把"鬼"分作自己的祖先和非自己的祖先二者，可以祭祀自己的祖先，但不可以祭祀同自己没有血缘关系的死者，所谓"慎终追远"④，"非其鬼而祭之，谄也"⑤。孔子说"吾不与祭，如不祭"，和学生回忆的孔子"祭神如神在"⑥，都是对祭祀自己的祖先而言。祭祖先属于宗法行为，不算得宗教迷信。子思、孟子都在"心""性"的基础上提出天人合一说，他们以"诚""自我"为中心，把"人"与"天"连接起来，如孟子说"尽其心者，知其性也。知其性，则知天矣"⑦，这是唯心主义，但它强调了人的主观能动性。至于荀子提出"制天命而用之"⑧，轻天重人的旗帜自更鲜明。

春秋战国时期，人们对于"天""鬼神"的崇拜和恐惧心理逐渐淡薄。《左传》僖公十六年，有六只鹢鸟倒退飞过宋国的都城，宋襄公问周内史叔兴是吉还是凶，叔兴回答："君失问。是阴阳之事，非吉凶所生也。"那时宋国国都刮起大风，飞鸟控制不住自身，倒退飞着没啥奇怪。《左传》昭公十八年，郑国子产在火灾问题上说："天道远，人道迩，非所及也，何以知之。"战国时，魏国西门豹治邺，严肃处理了河伯娶妇的一场骗局，对老百姓教育很大。这些事实都有助于加深包括《学记》作者在内的教育家们对宗教迷信

---

① ②　《论语·阳货》。
③　《论语·先进》。
④　《论语·学而》。
⑤　《论语·为政》。
⑥　《论语·八佾》。
⑦　《孟子·尽心上》。
⑧　《荀子·天论》。

问题的认识，从而在思想言论中消除或淡化有关宗教迷信的痕迹。

其次，表现在教育对象方面。

早期的东西方国家，由于存在不同程度的等级制度，给平民阶层接受教育设置了障碍。相当于我国春秋战国时代的印度，除了宗教信仰，其种姓等级界限亦十分明显。国人按照不同职业，划分为四个种姓：婆罗门、刹帝利、吠舍和首陀罗。婆罗门为僧侣，属于祭司贵族阶层；刹帝利为武士，属于军事贵族阶层；吠舍为农民与手工业者，属于平民阶层；首陀罗则为奴隶。佛教虽提倡众生平等，但基本上还是承继婆罗门教的教义。埃及的阶级结构就像它的金字塔。极少数特权阶层统治着众多被奴役者，主要是奴隶。一个奴隶主拥有数以百计的奴隶。中王国时期的中小奴隶主被称为"涅捷斯"（意为"小人"），它包括国家和地方的官吏、商人，属于社会中上层。新王国时期靠侵略战争掠夺了大量奴隶，直到公元前5世纪（相当于我国战国中期）才为波斯帝国所征服。古罗马的塞尔维乌斯·图里乌斯，即传说中的第六个罗马国王时代，把全体罗马人按财产划分为五个等级：拥有十万阿司①的为第一级，七万五千阿司的为第二级，五万阿司的为第三级，二万五千阿司的为第四级，一万一千（或一万二千五百）阿司的为第五级，财产低于第五级的称"无产者"，不列级别。国家规定由有产者分别掌握政权。

等级制的政治制度决定着等级型的教育体系。这里不仅有受教育和没受教育（即被剥夺受教育权利）之别，还有不同阶层受不同的教育之别。印度吠陀时期的刹帝利家庭教育，就是印度特权阶级的特殊教育形态。这些家庭子女都得记诵用梵文写成的《吠陀》经，内容艰深。刹帝利子弟哪怕减少了学习分量，还得对本经咬文

---

① 阿司，罗马钱币。但阿司的出现不会早于公元前4世纪，史书称这次改革用阿司计算财产，那是后人按地价折算的结果。转引自北京大学历史系编写组编：《简明世界史》（古代部分），人民出版社1979年版，第123页。

嚼字。吠舍子弟则主要学习实际生活知识。同是为奴隶主服务的学校，埃及便有宫廷的、职官的和文士的学校之分，课程和教材内容也不一样，农民、手工业者子弟无缘受高一级的教育。奴隶子弟理所当然被排斥在学校门墙之外。僧侣乌若霍若新特在记叙他设置学校的铭文中说："我遵照法老的命令，创办和管理学校，学校的全部学生来自显贵人家，而非来自贫穷人家。"① 古罗马在其共和后期，实施希腊化教育，希腊文化在古代西方世界独占鳌头，但是古罗马这种教育，也仅以统治阶级子弟为对象。帝国时期的教育，主要是培养为官僚体制服务的各类官员。初等教育原以平民子弟为主要对象，但此类学校并没有得到发展，皇帝颁布的教育法令，很少提及初等教育，并出现贫富子弟分入小学与文法学校的双轨制萌芽。

在教育思想方面，以古希腊、古罗马为例。智者派提出他们的教育，是"教人治理一个民族"，"给予政治家一种预备教育"②。这种教育自没有平民的份儿。苏格拉底被认为是"最早的专家治国论者"，他轻视群众，认为"不应苟同于大众的所有意见，而只有听取部分意见"③。从政治上否定了人民群众的作用，教育对象自可不言而喻。柏拉图在他的《理想国》中，不厌其详地提出关于上层统治者如何教育的见解。在他的《法律篇》中，讲了平民教育，那是与统治者截然不同的教育。因为在他看来，"上帝造人"就"分为三等"，属于第三等级的人，只能从事繁重的体力劳动。他那"知识就是道德"的主张，并不包括劳动者。亚里士多德认为奴隶之所以成为奴隶那是命定，所谓"自然"的事。亚德士多德要求全

---

① 转引自曹孚等编：《外国古代教育史》，人民教育出版社1981年版，第19页。

②③ 转引自赵祥麟主编：《外国教育家评传》第1卷，上海教育出版社1992年版，第17、48—49页。

城邦人都应受教育，主要是要求他们守法，对被统治者诸如奴隶或佣工来说，他们只能从事鄙俗行业，是谈不上培养"明哲端庄"的品德的。至于古罗马，共和后期的政治家西塞罗，他重视培养儿童的观察和思考能力，他规定的学校课程的人文主义性质，对文艺复兴以后的西方教育有一定影响。但他认为教育的主要目的是培养演说家、雄辩家，这种教育显然不是面对普通老百姓。他提倡奴隶主之间要讲究人道，却未见其提出奴隶主与被统治阶层之间也要讲究人道。昆体良提出的教育目的、内容和方法，也都围绕着一种思想：培养出色的演说家。

写作于古希腊教育家之后、古罗马教育家之前的我国《学记》，它一开头就突出"民"字："化民成俗""化民易俗"。"化"就是变化。《易·系辞上》"化而裁之谓之变"，又说"变化者进退之象也"。尽管《系辞》的"变化"一词与今天说的"变化"含义同，又有所不同，后人曾作这样那样解释，但"化"的目的即为了"变"，客观世界"变"了，人的主观世界就需要"化"。战国时期奴隶制社会向封建制转化（变），习俗与人心必然也要随之转变（化），包括上层社会和下层社会，这便是《学记》"化民成俗"到"化民易俗"的全部含义。可以说《学记》作者看到了"民"的历史作用，把"民"的教育摆上了历史议事日程。在这个意义上"化"即是"学"，"学"亦即是"化"。

从"化民"，我们看到了春秋战国时期"民"的社会地位。这种转变不用说经历着漫长的斗争过程。"民"字在我国历史早期指奴隶。《周礼·秋官·朝士》："凡得获货贿、人民、六畜者，委于朝……"郑玄注："人民谓刑人，奴隶逃亡者。"（最早则以"众"字出现。"众"卜辞作"🅧"，像三个生产奴隶在烈日下干活。）春秋以后，"民"字的阶级含义开始转变，不用说这是奴隶们在长期生产斗争和政治斗争中，用血汗换来的代价。即便是被统治者，作为农、工、商贾，也已不同于奴隶，《国语·周语》所谓"子孙为隶，不夷于民"。他们与"士"同进入"国人"行列，所谓"四民"①，《管子·小匡》："商、工之乡六，士、农之乡十五。""国人"在春秋时期相当于自由民。由于现实决定了"民"的重要性，统治阶层甚至把"民"的位置放在"神"之上。《左传》桓公六年引季梁语："民，神之主也，是以圣王先成民而后致力于神。"襄公三十一年，穆叔引《尚书·大（泰）誓》云："民之所欲，天必从之。"孔子也已注意到"民"的生活与教育，观其回答子贡，说"足食足兵，民信之矣"②，称赞子贡讲的"博施于民而能济众"③。他还主张"民可使，由之；不可使，知之"④（过去均以两"之"字断句，如"民可使由之，不可使知之"，非是）。子思于《中庸》中引孔子的话："子庶民则百姓劝。""子庶民"意即爱民如子。又言："时使薄敛，所以劝百姓也。"薄敛也为了减轻人民负担。他还引孔子说"声色之于化民，末也"。这些实亦代表子思的思想。更突出的是孟子。他似乎看到"民"的力量，也重视"民"的力量，说"得其民，斯得天下矣"⑤。他认为得民须先得民心。作为明君，其制民之产，"必使仰足以事父母，俯足以畜妻子，乐岁终身饱，凶年免于死亡"⑥。他还大胆地提出"民为贵，社稷次之，君为轻"⑦，并把"人民"看作诸侯的"三宝"之一（另两宝为"土地"与"政事"）。他说的"壮者以暇日修其孝悌忠信"和"谨庠序之教，申之以孝悌之义"，当为《学记》"化民成俗""化民易俗"和"家有

---

① 《国语·齐语》："四民者勿使杂处"，此"四民"即指士、农、工、商。
② 《论语·颜渊》。
③ 《论语·雍也》。
④ 《论语·泰伯》。
⑤ 《孟子·离娄上》。
⑥ 《孟子·滕文公上》。
⑦ 《孟子·尽心下》。

塾，党有庠，术有序"之所由出，这也是与我国春秋战国同时的古代东西方国家所望尘莫及的。

最后，表现在教育教学理论方面。

一种教育理论的发展，总是受着它赖以产生的社会历史条件的制约，包括政治、经济、文化，而一个教育家的教育思想，又受着他自身的世界观和政治态度的制约。起初往往是教育观点同哲学、政治思想混在一起，后来随着意识形态的发展、学科知识的分野，教育思想才逐渐从哲学和政治学中分离出来，成为独立的教育理论体系。古希腊智者派的创始人之一高尔吉亚（Gorgias）写的《论存在》论文，柏拉图的《理想国》《法律篇》，亚里士多德的《政治学》，它们都不像我国《学记》那样，为一部教育专著。我们在肯定古希腊哲学家、教育家的教育思想对世界教育发展的积极影响的同时，也要看到它的历史和认识局限，以及不及《学记》的地方。

就拿教育和教学方法来说。智者派依其政治需要和教育观，把"辩证法"纳入学校教学科目，让学生学会在辩难过程中用所谓正面理由和反面理由来驳倒对方。但是这种逻辑学，同我们现在运用的辩证逻辑，以至古希腊的赫拉克利特提出的朴素的辩证法都不可同日而语。① 它不是以客观真理为标准，而是从个人愿望、对个人是否有利出发，可以为正当的行为辩护，也可以为不正当的行为辩护，具有浓厚的相对意义、怀疑主义和实用主义色彩。后人把这种不择手段的语言和行径称为诡辩术，而智者派也被称为诡辩学派。柏拉图在他的《攸狄底姆斯》中，说到有个名叫狄奥尼索多拉斯的智者，捉弄一个名叫克里西普斯的人。狄奥尼索多拉斯问：你有一条狗吗？那人回答说是。狄奥尼索多拉斯便说：你有一条狗，这条

---

① 列宁说："在赫拉克利特看来，世界的基本规律……是'向对立面转化的规律。'"参见《拉萨尔〈爱非斯的晦涩哲人赫拉克利特的哲学〉一书摘要》，《列宁全集》第38卷，人民出版社1986年版。

狗有小狗，狗是小狗的父亲，狗是你的，而狗又是父亲，所以狗是你的父亲，小狗乃是你的兄弟。① 这样的逻辑是多么庸俗可笑！雅典演说术专门学校的创办人伊索克拉底（Isocrates）在他的《反智者论》(*Against the Sophists*) 中写道："对那些致力于争辩的教师，谁不厌恶、轻视呢，因为他们装着探求真理，而他们一开始其专业时就企图以谎言欺骗我们。"②

苏格拉底的问答法，旨在通过讥讽、产婆术、归纳和定义四个步骤，培养学生的独立思维能力，从发现谬误到得出自己的正确结论来。苏格拉底这种问答方法，在世界教育发展史上，被认为是后世启发式教学的根源。但也要看到，问答式同启发式不是一码事，问答式只能说是启发式教学的一种方式、过程或组成部分。在西方，真正倡导用启发式教学方法的，当是德国教育家赫尔巴特，那是苏格拉底死后两千多年的事。它的特点是从学生已有的经验和知识出发，来调动学生学习的主动性、积极性以及多方面兴趣，而不是死记硬背。它也不是赫尔巴特个人独创，而是在新的历史条件下，沿着夸美纽斯、裴斯泰洛齐等人主张用自己的头脑思考、反对注入式教学方法的思路发展起来的。由此再回过来看苏格拉底，他的哲学认识论，曾经把思维看作离开感觉而独立，主张"尽可能切断思想与眼睛、耳朵及身体的其他部分的联系"③，认为真理得靠灵魂获得。这种思想不仅对他的问答方法投下了阴影，也同那多少建立在唯物主义和辩证法基础上的真正的启发式教学背道而驰。被认为是现代西方一部经典著作，英国博伊德、金合著的《西方教育史》(*History of Western Education*)，于其评估苏格拉底的问答法

---

①② 转引自赵祥麟主编：《外国教育家评传》第 1 卷，上海教育出版社 1992 年版，第 25、26 页。

③ ［古希腊］柏拉图著，余灵灵、罗林平译：《苏格拉底的最后日子——柏拉图对话集》，上海三联书店 1988 年版，第 127 页。

时说道："当苏格拉底的弟子们一经试图赋以实际的形式时，就暴露出它的含义的不明确。这从他们对善的本质的争论中可以看得很明显。苏格拉底没能成功地给最高伦理观念下定义，教育的真正重要性在此就开始出现种种困难。苏格拉底非常明确地把人分为真正懂得善的本义和不懂得善的本义两种人。如何看待有良好习惯而缺乏这种必要的知识的人呢？特别对那些起初还不可能具有任何知识的幼童又怎样办？如果有的话，在何种意义上他们可能称之为善。假若他们都不善，他们又怎样知道善是什么呢？"《西方教育史》作者对此曾说，作为苏格拉底的弟子的色诺芬（Xenophon）和柏拉图在回答涉及年青一代教育的问题时，"两人不得不大大违反老师的教导"①。这个"违反"是什么意思呢？是不是意味着，弟子们将修正老师的模糊看法，提出其自己的见解，不"孔步亦步，孔趋亦趋"？

　　苏格拉底的问答法只能应用于特定的教育对象，即后者必须具有一定的知识基础和推理能力，对所讨论或回答的问题以及事实有一定的认识。这对于所有儿童，尤其幼儿是很难用上的。而启发式教学法则对所有教育对象都能运用，也需要应用。

　　在分析批判古希腊智者派和苏格拉底的教育教学思想之后，我们再来看《学记》。

　　从《学记》作者的世界观来说，我们很难说他们已能应用客观真理作为衡量和处理事物的标准。因为作为思孟学派，他们基本上是唯心主义者。但如《中庸》所说"过犹不及""执两用中"，即强调"致中和"，这并非折中主义。毛泽东同志说过："'过犹不及'是两条战线斗争的方法，是重要思想方法之一。一切哲学，一切思想，一切日常生活，都要做两条战线斗争，去肯定事物与概念的相

---

　　① ［英］博伊德、金著，任宝祥、吴元训译：《西方教育史》，人民教育出版社1985年版，第28页。

对安定的质。"① 又说："孔子的中庸观念是孔子的一大发现，一大功绩。"②中国的中庸思想同古希腊智者派的诡辩术有着本质的区别。《学记》以《中庸》为其哲学方法论基础，它那"故君子之教，喻也：道而弗牵，强而弗抑，开而弗达"的启发式命题，不仅具有辩证法的因素，也具有唯物主义的因素。

苏格拉底的教育思想，主要是通过柏拉图和色诺芬的著作流传至今，他的问答法的细节，我们还不得而知。从现有的资料看，在问答过程中，师与生如何配合，苏格拉底似还不如《学记》讲得鞭辟入里，如《学记》所说："善问者如攻坚木，先其易者，后其节目，及其久也，相说以解。不善问者反此。善待问者如撞钟，叩之以小者则小鸣，叩之以大者则大鸣，待其从容，然后尽其声，不善答问者反此。"短短几句话，不仅体现了问答法，也表达了启发法以及循序渐进法的基本性质和内容，因而同样具有辩证法和唯物主义的因素。在西方，关于教师主导作用与学生主动性的统一，教师传授知识与学生智力发展的统一，同一要求与因材施教的统一，以及系统性、量力性等原则的提出，都是欧洲文艺复兴之后，近代资本主义国家教育发展的新思路。但在我国，《学记》和早期儒家典籍中都已有所反映，虽文字简赅，亦可见微知著。

明清时期③，包括传教士在内的西方人来到中国，引发西学东渐，也引发中学西传。他们从语言文字，到历史、地理、政治、经济、宗教、科学、人物、风俗习惯等等，可以说全方位地观察中国、研究中国，到民国后仍没有间断④。不管他们的动机是怎样

---

①② 《毛泽东书信选集》，人民出版社1983年版，第145—146、147页。

③ 此前，例如元朝，虽有卢白鲁克（G.de Rubrouck）等人来华考察我国物产、风俗，毕竟是"一只眼"看中国。

④ 例如原燕京大学新闻系创办人之一美国人白瑞华（R.S. Britton）研究我国甲骨文字，著《甲骨五十片》等书。

的，客观上也让西方人了解些中国的物质文明和精神文明。他们中有不少人对儒家思想感兴趣。特别是传教士，他们总想从儒家经典中寻找同基督教义相契合的地方，以利其传教，但是他们中也的确有人对中国传统文化推崇备至。最早试译《四书》的利玛窦就把"四书""五经"看作"国家未来的美好和发展而集道德教诫之大成"①。意大利耶稣会士罗明坚（M. Ruggieri）译的《孟子》，据说是欧洲的最早拉丁文译本。1658年来华的比利时耶稣会士柏应理（P. Couplet）曾与意大利耶稣会士殷铎泽（P. Intorcetta）等人合著《孔子哲学》（*Confucius Sinarum Philosophus*），内容包括《大学》《中庸》《论语》的拉丁译文。这里虽未提到《学记》，而"四书"其为《学记》的思想依据，已为人所熟知。其专门译述《学记》的，在美国，有哈佛大学教授罗伯特·乌里奇（Robert Ulich）于其所著《三千年的教育智慧》（*Three Thousand Years of Educational Wisdom*）中将《学记》全文译出。② 美国的威廉·旺（William S. Wong）也译述了题为"*Hsueh Chi or Record of Learning*"的《学记》文字。在日本，则有日本和光学园校长谷口武著《学记论考》。③ 该书依著者个人体会，将《学记》的研究内容分为四章二十节，包括译读、字义、节意、通释、讲论。在其自序中，谷口武指出《学记》"是中国最早的一部教育经典著作，在我国（指日本）古代学术界也是备受推崇的名著"，在日本的山崎闇斋等杰出教育家的遗著中"随处都能看出有关《学记》的章句及生动而蓬勃的精神。像这样一本名书，对日本教育史所发生的影

---

① 转引自吴孟雪著：《明清时期——欧洲人眼中的中国》，中华书局2000年版，第181页。

② Robert Ulich: *Three Thousand Years of Educational Wisdom*. Harvard University Press, 1963, pp.19-23. 作者将《学记》译为"*Hsio Ki or Record on the Subject of Education*"。

③ ［日］谷口武著：《学记论考》，东京青磁社1942年版。

响，是极为罕见的"①。《二十世纪初年中国教育改革概况》作者、巴黎国立科学研究中心主任研究员玛丽安·巴斯蒂（Marianne Bastid）于其《是奴役还是解放？——记1840年以来外国教育实践及制度引入中国的进程》一文的《导言》中，开宗明义，引了《学记》"君子如欲化民成俗，其必由学乎"和"是故古之王者，建国君民，教学为先"两段话，说《学记》"强调了教育的基本职责。自古以来中国人总是在使教育与国家保持一致，也总是将教育归并至政治、社会的那些概念之中。不管它旨在培养道德，还是意欲造就领导之材，它都具备国家的职能"，认为"国家的这种特点以及这些有关教育作用的传统思想，在中国教育对外交流史上的意义不容忽视"②。这也说明了《学记》在西方人心目中的牢固印象和深刻影响。

---

① 全文见本书附录。
② ［加］许美德、［法］巴斯蒂等著，周锦磏译、朱静校：《中外比较教育史》，上海人民出版社1990年版，第1页。

第四章 结论——弘扬《学记》珍贵教育遗产

教育作为社会历史现象,是以培养人为其任务的社会实践,从根本说,也是一种生产实践——从事精神生产和人的再生产。在此领域内人与人之间,即教育者与受教育者之间的关系,构成了特殊形态的"生产关系"。现在如此,自古亦然。前人关于教育的呕心沥血之作,例如《学记》,作为经历千百年历史风霜而遗留下来的精神财富,自亦弥足珍贵。

《学记》之所以会在我国和外国教育思想史上为人们所认同,经受历史考验,就因为它沿着春秋战国时期人文主义思潮,较早看到了"人"——不是抽象的自然人,而是人的社会性与个性。"人"作为教育的对象,它不应局限于社会上层,而应兼顾乃至向中下层社会倾斜,除了那时还未曾改变成分的奴隶。当然,没有经历春秋和战国时期社会的剧烈变化,《学记》这种思想的产生及其影响,都是不可想象的。它伴随着社会历史的发展,反过来,又作用于社会历史。

《学记》的教育目的论,离不开《大学》的"格物、致知、诚意、正心、修身、齐家、治国、平天下"八个条目。"致知、诚意、正心、修身"属于改造主观世界,"格物、齐家、治国、平天下"属于改造客观世界。尽管儒家不会理解通过生产斗争、阶级斗争和科学实验来改造这主观和客观世界。几千年前的人没有这样思想认识水平,但它毕竟意识到首先要塑造人的自身,健全人的身心。"化民"才能"易俗","化民"是为了改造"民"的主观世界,提高"民"的文化乃至政治水平,"易俗"则是为了改造客观世界,促进社会进步。这表明了教育的重要性。《学记》的"建国君民,教学为先",意思就是如此。即使此时此际教育,主要是为了更好地统治人民,所谓"君民",亦孔子说的"小人学道则易使也",但"民"受教育,总比没受教育好。

《学记》的"发虑宪",如我们的理解,它相当于贯彻执行有利于巩固新兴地主政权的思想路线和政治路线。这也可以用"修、齐、治、平"四字来概括。但还要运用一定的教育路线来保证而实现它。这亦如《大学》所说的"大学之道,在明明德,在新民,在止于至善"。"新民"就是"化民",得借助于教育的力量,《学记》所谓"君子如欲化民成俗,其必由学乎"!

教育路线不仅同一定时代的思想、政治路线相联系,它也同组织路线联系在一起,即应当让哪一阶层的人先受教育。教育特权首先服从于政治特权。

儒家,尤其先秦儒家仍是讲等级的,而这种等级观念又是以血缘远近、血缘和非血缘关系为其主要依据。思、孟讲究"亲亲",《中庸》就把如何对待各类人排了个队:"亲亲也,敬大臣也,体群臣也,子庶民也……";还说:"仁者人也,亲亲为大;义者宜也,尊贤为大。亲亲之杀,尊贤之等,礼所生也。"孟子算是比较重"民",但他仍然说:"君子之于物也,爱之而弗仁;于民也,仁之而弗亲。亲亲而仁民,仁民而爱物。"[①] 论层次,首先是"亲"具

---

① 《孟子·尽心上》。

有血缘关系的自己的人，其次则"仁"到普通老百姓。这表明他的阶级阵线十分鲜明。

但是从《学记》的字里行间，我们看到它的倾向性和着重点似乎有所转移。

《学记》开宗明义，强调"求善良"虽"足以謏闻"，却"不足以动众"；其次，"就贤体远"虽"足以动众"，却"未足以化民"。即把"化民"看作比"求善良""就贤体远"，或者说把"子庶民"看作比"尊贤""敬大臣""体群臣"以至"亲亲"还重要。当然，我们也清楚地看到，先秦的儒家，不管是哪一派和什么人，都不会放弃"亲亲"这条政治纽带。但它会在《学记》上明文写出"未足以化民"，我们不能不对这些思孟的门徒们青出于蓝而胜于蓝的思想情感，给予充分的肯定。

说"化民"，当然是基于当时的政治需要。具体地说，是使之更好地为新兴地主阶级政权服务。但要落实此既定政策，在考虑教些什么、怎么教之前，首先要解决教育的空间，即机构问题。《学记》提出其"历史根据"来，说"古之教者，家有塾，党有庠，术有序"。历代学者，绞尽脑汁，唇枪舌剑，争论着党是否有庠，术或遂是否有序，亦可谓煞费苦心。但是唯一答案也许只有三个字："乌托邦"——儒家的教育乌托邦，或如古希腊哲学家口中的"理想国"。哪怕这样的"邦"或"国"只是虚无缥缈，也还值得我们鼓掌。这个命题毋宁启示当时的当权者："三王四代"都有地方各级的教育机构，战国时期反而没有，对得起我们的祖先吗？本书前面说的《学记》这个命题尽管是虚构的，仍有其进步意义，道理就在此。至于"家有塾"，《说文》无"塾"字，只有"壿"字，注"射臬也，从土，聱声，读若准（之允切）"，义倒有点像"序"，《孟子》说"序者射也"。"塾"何时成为地地道道的教育场所，所谓学塾，自还有待于仔细考证。《学记》注者说古者二十五家设一塾①，郑玄早以闾里之学为塾②。清陈炜还说："卿大夫士庶人之子幼学于此。"③

那么，只要不把古代的"家有塾，党有庠，术有序"看作历史真实，并对外国人宣传中国早在两千多年前就已经实现了普及义务教育，而当作理想社会的憧憬，哪怕写得再有声有色也无妨。它多少会让许许多多热衷治国兴邦者认识到兴学育才、化民易俗的战略意义。历史上，向往理想社会，诸如孔子的"老安少怀"④，墨子的"饥者得食，寒者得衣"⑤，老子的"小国寡民"⑥，庄子的"至德之世"⑦，《礼记·礼运》假托孔子的"天下为公"⑧，到东汉何休《春秋公羊传解诂》描绘"井田"制度下的学校发展情景⑨，都带有"乌托邦"的色彩。19世纪初期的欧洲，被称为空想社会主义

---

① 清姜兆锡说："古者二十五家为闾，同在一巷，巷首有门，门侧有塾，民朝夕皆受教于塾。"

② 郑玄注："古者仕焉而已者，归教于闾里，朝夕坐于门，门侧之堂谓之塾。"

③ 陈炜说："卿大夫之适子年十五由家塾升国学，馀子与庶人年十五由家塾升庠序。"参见陈炜撰《经传绎义》卷十七，《学校图》。陈炜，清浙江慈溪人，生卒年不详。王引之曾称其书"制度典章，分明条贯，于读经多有裨益"。

④ 《论语·公冶长》："'子曰：老者安之，朋友信之，少者怀之。'"

⑤ 《墨子·尚贤下》："有力者疾以助人，有财者勉以分人，有道者劝以教人。若此，则饥者得食，寒者得衣，乱者得治。"

⑥ 《老子》第八十章："小国寡民，使有什佰之器而不用……甘其食，美其服，安其居，乐其俗。"

⑦ 《庄子·马蹄篇》："夫至德之世，同与禽兽居，族与万物并，恶知君子小人哉。"

⑧ 《礼记·礼运》："孔子曰：'大道之行也，天下为公。'"

⑨ 《春秋公羊传解诂》鲁宣公十五年初税亩条："十月事讫，父老教于校室。八岁者学小学，十五者学大学，其有秀者，移于乡学。乡学之秀者，移于庠，庠之秀者，移于国学，学于小学……"

者，马克思主义创始人曾给予积极评价的莫尔、欧文、傅立叶和圣西门，他们所设计的理想社会和教育蓝图，由于带有空想的性质，即被称为"乌托邦"，那是西方资本主义制度建立后的特定的历史产物。如果把上述老、庄、孔、墨，以至《学记》的"古之教者"的"乌托邦"和欧文等的思想等同起来，那也是不对的。

　　《学记》按照儒家的思想框架，把学校的课程教材设定为乐、《诗》、礼，其他的知识技能都被摒弃。这使我们联系到同时期或其前后的西方，像古希腊的雅典，已经把算术、体育，古罗马把数学、科学知识纳入普通或高等学校课程；柏拉图还主张在高阶段教育中教授学生几何学和天文学。在东方，埃及的高等学校还讲授高等数学、天文学、医学、建筑学和水利学。如本书前面所说，我国古代不是没有科学家，也不是没有科学发明，可自然科学并没有进入学校讲坛，"大学之教"中没有自然科学的席位。这一点，我们应当承认不及古代其他东西方国家。《学记》重视"学操缦""学博依""学杂服"，说明了它已经把"知"与"行"的关系的哲学认识论引入教学管理领域，尤其强调"行"，这是正确的。但它又限定乐、《诗》、礼，即便它含有德育、智育、美育乃至体育（舞蹈），从某种角度说，也具有人的多维发展的性质，但毕竟属于"旧知"，而不是"新知"。

　　《学记》思想在中外教育学史上的最大贡献，在于它揭示了教学原则与方法的规律性。

　　"教学"作为特定的教育词汇，无论是中国抑或外国，都不是自古以来就存在。即如《学记》的"教学为先"，从文字本身说，也只能解释为教育为先。但也就在《学记》里，我们看到了它又是历史上第一个把"学"字从"教"字分离出来，作为独立的教育范畴，与"教"构筑对立的统一关系。"教学相长也"便可得到印证。

　　这种体现于教学领域的信息反馈，还得从孔子说起。"不愤不启，不悱不发"，"启""发"属于"教"的一方，"愤""悱"属于

"学"的一方。后来孟子继承孔子的思想,提出"引而不发,跃如也"。为啥"不发"呢?就是确信"学"的一方具有一定的潜在能力。《学记》作者就在这思想基础上,也许还伴以自身的实践经验,继承和发展了前人的设想,明确地指出,只有做到"道而弗牵,强而弗抑,开而弗达",才能实现教学的"和""易"与"以思"。这种认识依其历史和思想(人文主义思潮)根源来说,便是"人"的发现:"教"的载体是"人","学"的载体也是"人"。"人"毕竟不是棉花,只有吸水的性能,也只容许其被动地吸水,"人"至少也得像一只皮球,打到地上会反弹起来,那就是主观能动性,从而在发现人的个性、自我意识,亦即人的价值的基础上,确认在教学、教育领域,不仅仅有一个主体,即教师,还有另一个主体,即学生。这于《学记》的"约而达,微而臧,罕譬而喻"在教师,"存其心"和"善学"在学生,可以得到说明。但在教学过程中,这两个主体又不是尔为尔,我为我,它们是在彼此互动状态下,于不同阶段,根据不同情况,互换位置,即互换主动与受动角色。这也由于第一,从认识论角度说,人的心理既是外部世界的主观反映,但又不是消极地顺应外部世界的刺激,它的本质是积极能动的。同样,在教学领域,即学生在其学习过程中,面对教师、家长、社会的影响,也从来不全是被动地接受。教师业务不过硬,方法不对头,都会引发学生的逆反心理。子路说"何必读书,然后为学?"[①] 孔子虽斥之为"佞",真理却仍在子路一边:读书并非"学"的"全权代表"。这也说明教师、学生应该相互学习,取长补短。《学记》说"教学相长",道理就在此。第二,人毕竟是能动的社会性实体,自我意识是从来就存在,只是在君主专制时代被抑压和掩没。教育应当以发展人的个性为其主要任务,给学生创造自我认识、自我调节、自我发展、自我创造、自我完善的环境和条件;

---

① 《论语·先进》。

也只有这样,才能做到"师逸而功倍"。《学记》的"使人由其诚"和"教人尽其材"的因材施教原则与方法,可以说都是为了追求并实现人的"自我"完善。

当然,"教"与"学",或师与生,作为一对矛盾,从总体说,教师应是矛盾的主要方面,即居于主导地位。这也是从人主要靠师教而成德达材得出的结论。《学记》在论述教与学的关系时,总是强调教师要什么样,不要什么样。这也是正确的。当代国外许多杰出的教育家既重视学生学习的内部诱因和自我发展,又肯定教师的主导作用。美国的布鲁纳曾指出,学生发现活动的引起、维持和达到教学目的,都有赖于教师一定的指导。

《学记》是我国历史上(也许还是世界上)第一个名副其实的提出尊师的一部论著。说名副其实,是通观此前诸如"祭先圣先师""养国老庶老于东胶虞庠",正如本书前面所说的,那时学校"师生"之间,总是用各自的血缘纽带,乃至"官官相会"来维系;而且所谓"尊师",实际上是老吾老、亲吾亲。春秋战国时期私学的师,才是或基本上是从"官"分离出来,真正承担起传道、授业、解惑任务的人。儒家、墨家有许多脍炙人口的尊师事迹,可也只是各自门庭内的事儿。只有《学记》,才以"三王四代唯其师"相号召,唤起全社会都来尊师,树立前所未有的良风美俗。而更主要的是对教师提出严格要求,如不要搞"记问之学",不"施之也悖""求之也佛";要总结"教之所以兴"和"教之所由废"的经验教训;思想和行动上还要做到"学然后知不足,教然后知困",不断学习,提高教育教学质量。

教育、教学过程中的三维——师、生、友关系,开始于孔子,"有朋自远方来,不亦乐乎"道出了交友的好处。《论语》还提出了交什么样的"友"和如何交"友"的思想与实践。春秋战国时期由于社会的变动、阶级的分化,在私学中坐在一起学习的已不是同宗同族,而是来自不同社会阶层、带着不同的思想倾向和价值观念的人群。他们之间由自发性交往到自觉性交往，既需要教师指引，更需要自己通过观察、判断，选择良莠。从情感到理智的转换本身就是严峻的自我教育过程。《学记》在这方面继承又发展了前人的思想。朋友，或者说同学间交往的主要目的，是为了在学业和道德修养方面切磋琢磨。《学记》看到"独学而无友，则孤陋而寡闻"，提出"敬业乐群""论学取友"。在学业和德行方面"相观而善"，归结为"乐其友而信其道"，都有启迪意义。扩大人际关系和社会交往，是春秋战国时期历史发展的要求。作为德育的组成部分，《学记》也注意把培养学生的人际交往能力，纳入自己的教育理论中来。

《学记》作为思孟学派的作品，不能不受思孟的世界观和方法论的制约。但《学记》承受的主要是子思"述（孔子）所传之意"的中庸之道，《中庸》的"执其两端，用其中于民"即出于孔子之口，这个"执两用中"本身就是辩证法。同"过犹不及""和而不同"的命题一样，都是揭示事物对立面的统一。《中庸》说"动则变，变则化"，也具有发展观的意蕴。① 《学记》对于教育、教学问题的思考，从根本说，即渊源于《中庸》，诸如"教"与"学"，"多"与"寡"，"易"与"止"，"兴"与"废"。以及用发展的观点，提出"学然后知不足，教然后知困"，可以说主要是运用《中庸》的原始的、自发的、朴素的辩证法思想。而从清人钱大昕提供的《中庸》同《易传》思想相联系的线索，益信《学记》以《中庸》为其教育、教学思想的哲学方法论基础，有裨于促进我国早期教育理论的健康成长。至于《学记》立足"五行说"，通过所谓

---

① 《中庸》这个命题是建立在唯心主义基础上的，如说"唯天下至诚为能化"。它颠倒了现实与思维的关系，但毕竟看到了精神世界的矛盾和发展的存在。德国哲学家黑格尔的辩证法就是在唯心主义的基础上发展起来，马克思主义创始人批判地继承人类优秀文化遗产，吸取了黑格尔辩证法的"合理的内核"。

"五官""五声""五服"来论证教育的重要意义，摒弃教育的宗教色彩；尤其提出从学生实际出发，因材施教，也都具有唯物主义的因素。

《学记》之有这样的思想水平，除了一方面靠一定的世界观和方法论指导，另一方面还要看到它的心理学思想积淀。虽然我国古代还没有"心理学"这个概念，有关人的心理活动问题的探索，还不曾从哲学分离出来，更谈不上构成独立的科学体系，但不等于说我国历史早期不存在朴素的心理学思想。

春秋以还，随着文化教育的发展，私学的教学方法又侧重师生间个别接触。了解学生身心发展的结果，从孔子开始就提炼出诸如感觉①、兴趣②、记忆③、思维④、意志⑤等的学习心理模式。《学记》呢，它继承和发展孔子的思想，针对学生存在着个性差异、独特的内心世界，所谓"心之莫同"，从而提出"知其心"。在此基础上，它揭示了一系列有关学习心理和德育心理的问题。尤其重视在顺应学生个性发展的基础上，培养学生独立思维能力和顽强意志。"道"之而"弗牵"，"强"之而"弗抑"，"开"之而"弗达"，"存其心"，以及"辨志""自反""自强""强立而不反"，都反映出它如何重视发掘学生学习潜力，培养学生创造性思维以及在学习和道德修养过程中坚忍不拔的精神。这些心理学思想启示着教师不仅要掌握好他们所教的专业知识，还要掌握好有关的学生心理的知识。可见，教育、教学过程不仅仅是学生的特殊的认识过程，同时也是教师的特殊的认识过程。

"海纳百川，有容乃大。"战国时期所谓"百家"，浓缩地看只

---

① 《论语·述而》："多闻，择其善者而从之，多见而识之。"
② 《论语·雍也》："知之者不如好之者，好之者不如乐之者。"
③ 《论语·述而》："默而识之。"
④ 《论语·为政》："学而不思则罔，思而不学则殆。"
⑤ 《论语·子张》："博学而笃志。"

有四家——儒、墨、道、法。《学记》荟萃春秋到战国的儒家思想，包括孔子、子思、孟子、荀子，也许还涵盖稷下学宫的"儒家者流"。但除此之外，它也多少吸纳墨家乃至道家（应是春秋时的老子）的思想精髓。墨家政治上不同意儒家维护宗法社会等级制度，但其"尚贤""兼爱"，同儒家的贤人政治，如《学记》的"求善良""就贤体远"，立脚点并无二致。《学记》中有关教学原则与方法，当亦取诸《墨子》，例如"学必量其力所能至而从事"①，"君子如钟，击之则鸣，弗击不鸣"②，等等。道家强调遵循人的自然法则，顺应人的本性的充分发展，哪怕是搞教育的"无为而治"，而从发展人的个性来说，对于《学记》作者也不无启迪。春秋战国之际，儒、墨、道既相互排斥，又相互吸引。我们之所以把属于道家著作的《黄帝内经》同《学记》挂起钩来，亦鉴于人的个性毕竟是人自身的自然性同社会性、生理的同心理的诸种现象的总和，教育的目的在于促进人的身心发展。与《学记》同时代问世的《内经》既讲人的生理机制，又讲人的心理活动状态，而生理又是心理的物质基础，虽然古代人，或者说《学记》作者还不懂得人从其自然性来说，神经系统活动对于一个人的心理特点，即个性差异，以及性格、气质、兴趣、能力的形成具有十分重要的意义。至于法家主张"以法为教"，如果为此而绝对排斥以德为教，自有偏颇。但从遵循社会规范和公共秩序来说，儒法两家思想只有表现形式上的不同，却没有实质性的区别。战国时期的儒家与法家都生活于同一的历史条件下，又都代表着新兴地主阶级的利益。荀子就是儒法并举。《学记》的"禁于未发"，表明儒家并非绝对反对以"法"为教。孔子就不否定"齐之以刑"，何况在封建专制时代。这也是《学记》为什么强调"禁于未发"，尽量做到"豫"，避免其"扞格

---

① 《墨子·公孟》。
② 《墨子·非儒下》。

而不胜"。

综上所述，可以得出结论：《学记》的确是我国一份珍贵的教育遗产，中华民族的精神财富。要充分地弘扬它，吸取它的合理核心来指导我们的教育运作。但另一方面又要看到，《学记》毕竟是两千年前的智慧结晶，内容有精华，也不无糟粕，像"皮弁祭菜""夏楚收威"。即如"因材施教"，几千年前的教育家还只能用朦胧的眼光、模糊的思路来设定，不曾有坚实的哲学、自然科学和社会科学基础，例如生理解剖学、教育心理学、教育学理论和科学实践、实验。这就规定了继承历史文化遗产总是批判地继承，不是原封不动。继承也是为了发展。历史早期的东西再好，也需要经历一番修整、加工，运用科学的历史唯物主义的观点方法，结合教育发展本身的实践经验，提高其科学水平，使之成为崭新的教育理论，为现实生活服务，为社会主义教育事业服务，为世界教育及其理论发展作出贡献，让它在我国和世界教育史上永放光芒。

附　录

一、历代《学记》注释者简历及注释出处简介

郑玄（127—200）　字康成，东汉末北海高密（今山东高密）人。师事马融，后聚徒讲学，弟子众至数千。曾因党锢事被禁，潜心著述，以古文经说为主，兼采今文经说。注解群经，为汉代经学的集大成者，世称"郑学"。所注《礼记》，宋卫湜《礼记集说》评其"虽间有拘泥，而简严该贯，非后学可及"。后人解释《学记》，亦多从郑说。

引注据《礼记》郑注卷十一，《四部备要》本。

徐邈（344—397）　字仙民，东晋姑幕（今江苏常州东南）人。孝武帝招延儒学，谢安举以应选。著《礼记徐氏音》（佚），陆德明《经典释文》多引之。

引注据马国翰《玉函山房辑佚书》之《礼记徐氏音》卷中，湘远堂重刊本。

贺玚（452—510）　字德琏，梁会稽山阴（今浙江绍兴）人。武帝时任五经博士。著《礼记新义疏》（佚）。

引注据《玉函山房辑佚书》之《礼记新义疏》。

皇侃（488—545）　梁吴郡（今江苏苏州）人。师事贺玚，尽通其业。曾任国子助教，听其讲学的常数百人。著《礼记义疏》

（佚）等。

引注据《玉函山房辑佚书》之《礼记皇氏义疏》卷三。

沈重（500—583）　字子厚，梁武康（今属浙江德清）人。曾为五经博士。著《礼记义疏》（佚）。

引注据《玉函山房辑佚书》之《礼记沈氏义疏》。

熊安生（506—578）　字植之，北周长乐阜城（在今河北交河东南）人。受学于徐遵明（北魏著名经学家），通"五经"，尤精三《礼》。仕北齐，任国子博士；后入北周，任露门学博士，弟子从远方来者甚多。著《礼记义疏》（佚）等，孔颖达《礼记正义》多引其说。

引注据《玉函山房辑佚书》之《礼记熊氏义疏》卷三。

庾蔚之（生卒年不详）　字季随，隋代人。著《礼记略解》（佚）。

引注据《玉函山房辑佚书》之《礼记略解》。

陆德明（550—630）　名元朗，以字行，唐吴郡（今江苏苏州）人。高祖时为国子博士。所著《经典释文》，为研究我国文字、音韵及经籍版本的重要参考书。

引注据《经典释文》卷十三《礼记音义》之三，《四部丛刊》本。

孔颖达（574—648）　字冲远，唐冀州衡水（今河北衡水）人。历充国子博士、司业。主编《五经正义》（即今《十三经注疏》本五经疏），其中之《礼记正义》，卫湜评其"记载详实，未易轻议"。

引注据《礼记注疏》卷三十六，中华书局聚珍仿宋版；沈廷芳《十三经注疏正字》卷五十三，《四库全书》本。

刘敞（1008—1069）　字原父，北宋新喻（今江西新余）人。曾为集贤院学士。学术上突破注疏，开宋儒批评汉学的先声。著《七经小传》《公是集》等。

引注据《公是集》卷三十八,武英殿聚珍版;卫湜《礼记集说》卷八十八至卷九十《学记》部分,《通志堂经解》巴陵钟谦钧重刊本。

张载(1020—1077) 字子厚,北宋长安(今陕西西安)人。居横渠镇,学者称横渠先生。曾为崇政殿校书。哲学的唯物主义方面为王夫之所继承发展。著《礼记说》(未见),对《学记》某些阐释并见所著《正蒙·中正篇》。

引注据《正蒙》及卫湜《礼记集说》之《学记》部分。

程颢(1032—1085) **程颐**(1033—1107) 程颢字伯淳,学者称明道先生。程颐字正叔,学者称伊川先生。洛阳(今河南洛阳)人。两人为兄弟,均学于周敦颐,为北宋理学的奠基人,哲学观点两人基本上是一致的,后为朱熹所继承和发展,世称程朱学派。其教育观点亦为世所推重,著作有《遗书》《外书》《易传》《经说》《粹言》。对《学记》无系统注解文字。

引注据《河南程氏遗书》卷二等。

陆佃(1042—1102) 字农师,北宋山阴(今浙江绍兴)人。熙宁中为国子监直讲。政治上属王安石变法派,以宣传王的主张,为保守派所攻击。著《礼记解》(佚)。卫湜评其"说多可取,间有穿凿"。

引注据卫湜《礼记集说》之《学记》部分。

黄裳(1043—1129) 字冕仲,北宋延平(今福建南平)人。曾任端明殿学士、礼部尚书。对礼经有深邃研究,著《演仙集》。

引注据卫湜《礼记集说》之《学记》部分。

陈祥道(1054—1093) 字用之,北宋福州(今福建福州)人。元祐中为太常博士。著《礼记讲义》(未见)、《礼书》等。清皮锡瑞评"祥道之书,博则有之,精则未也"。

引注据卫湜《礼记集说》之《学记》部分。

陈旸(1054—1093) 字晋之,祥道弟。曾为太学博士,后为礼部侍郎。著《礼记解义》（佚）。

引注据黄以周《礼书通故》卷三十二《学礼通故》，光绪黄氏试馆刊本。

周谞（生卒年不详）　字希圣，北宋尤溪（今福建尤溪）人。著《礼记解》（未见）。

引注据卫湜《礼记集说》之《学记》部分。

李格非（生卒年不详）　字文叔，北宋济南（今山东济南）人。曾任礼部员外郎。著《礼记精义》（未见），就《曲礼》《学记》等十一篇随所见而为之义。

引注据卫湜《礼记集说》之《学记》部分。

马晞孟（生卒年不详）　字彦醇，北宋庐陵（今江西吉安）人。著《礼记解》（未见）。

引注据卫湜《礼记集说》之《学记》部分。

方悫（生卒年不详）　字性夫，北宋桐庐（今浙江桐庐）人。曾任礼部侍郎。著《礼记解》（未见）。朱熹评："方、马（晞孟）之解合当参考，尽有说得好处，不可以其新学而黜之。"

引注据卫湜《礼记集说》之《学记》部分。又陈澔《礼记集说》卷六，光绪癸巳浙江书局刊本，上海古籍出版社1990年重印。

胡铨（1102—1180）　字邦衡，南宋庐陵（今江西吉安）人。曾任枢密院编修官、资政殿学士。因奏请斩秦桧被罢官。著《礼记传》（佚）。卫湜称《礼记》解义唯胡氏与桐庐方（悫）氏始末全备。

引注据卫湜《礼记集说》之《学记》部分。

应镛（生卒年不详）　字子和，南宋金华（今浙江金华）人。著《礼记纂义》（未见）。

引注据卫湜《礼记集说》之《学记》部分。

朱熹（1130—1200）　字元晦，号晦庵，南宋婺源（原属安徽，今归江西）人，曾为宝文阁侍制。于经、史、文学均有著述，为宋代理学的集大成者。晚年居福建建阳考亭，聚徒讲学，其思想对明清学者影响很大。有后人辑录的《朱子语类》和《朱子大全》等。

引注据卫湜《礼记集说》之《学记》部分；《朱子语类》卷八；李光地《朱子礼纂》卷五，雍正十一年刊本。

吕祖谦（1137—1181）　字伯恭，南宋婺川（今浙江金华）人，学者称东莱先生。曾为国史馆编修。为学主经世致用。著《东莱集》。

引注据卫湜《礼记集说》之《学记》部分。

戴溪（生卒年不详）　字肖望，南宋永嘉（今浙江永嘉）人，学者称岷隐先生。曾为石鼓书院山长。著《礼记口义》（佚）、《春秋讲义》等。

引注据卫湜《礼记集说》之《学记》部分。

辅广（生卒年不详）　字汉卿，南宋庆元（今浙江庆元）人，师事吕祖谦及朱熹。创传贻书院，教授生徒，时称传贻先生。所著《六经集解》，取郑（玄）、孔（颖达）、方（悫）、马（睎孟）、胡（铨）诸说，参以己见。

引注据卫湜《礼记集说》之《学记》部分。

黄震（生卒年不详）　字东发，南宋慈溪（今浙江慈溪）人，学者称于越先生。曾为国史馆检阅。宋亡，隐居不仕，终于饿死。学术上抨击道学，但没有摆脱程朱影响。所著《读礼记日抄》间采朱熹说。

引注据《黄氏日抄》卷二十一，《读礼记日抄》卷八，乾隆新安汪氏重刊本。

王应麟（1223—1296）　字伯厚，号深宁，南宋庆元（今浙江庆元）人。度宗时为礼部尚书。学识渊博，娴熟掌故。所著《困学纪闻》，考证经史，于清代学术很有影响。

引注据《困学纪闻》，《四部备要》本；杭世骏《续礼记集说》卷六十七，光绪乙未浙江书局刊本。

卫湜（生卒年不详）　字正叔，南宋吴郡（今江苏苏州）人，学者称栎斋先生。撰《礼记集说》一百六十卷，《四库全书总目提要》说其书"采摭群言，最为赅博，去取亦最为精审"。

引注据所撰《礼记集说》卷八十八至卷九十《学记》，《通志堂经解》本。

熊朋来（1246—1323）　字与可，元豫章（今江西南昌人）。南宋咸淳末登第，隐居州里，以三《礼》教授生徒。后以荐连为两郡教授，学者称天墉先生。著《礼说》等，有《天墉文集》行世。

引注据《经说》卷六，《通志堂经解》本。

吴澄（1249—1333）　字幼清，号草庐，元抚州崇仁（今江西崇仁）人。曾为国子监司业。治学折中朱陆，从学者千余人，学者称草庐先生。所著《礼记纂言》为其晚年手定本。

引注据《礼记纂言》卷三十五，新刊京本。

陈澔（1261—1341）　字可大，号云庄，元都昌（今江西都昌）人。隐居不仕，教授州里，学者称经师先生。所撰《礼记集说》，被列为明永乐以来科举取士必读之书，流行甚广。清学者李调元等评其书空疏固陋；朱彝尊《经义考》指为"兔园册子"（意为科举应试俗书）。但内容亦不无可取之处。

引注据《礼记集说》卷六，乾隆友益斋刊本，上海古籍出版社1990年重印。

王恕（1416—1508）　字宗贯，明三原（今陕西三原）人。孝宗时累官至吏部尚书。著《石渠意见》。

引注据《石渠意见拾遗》卷下，《丛书集成》本。

吕柟（1479—1542）　字仲木，号泾野，明高陵（今陕西高陵）人。曾为礼部侍郎。主讲席凡三十余年。学宗程朱。著《礼问》等。

引注据《泾野先生礼问》卷一《入学问》，《丛书集成》本。

黄乾行（生卒年不详）　字玉岩，明福宁（今福建霞浦）人。

著《礼记日录》。

引注据郑元庆《礼记集说》卷十八,《吴兴丛书》刘氏嘉业堂刊本。

松陵赵氏 生平事迹不详。

乌程韩氏 生平事迹不详。

德清胡氏 生平事迹不详。

晋江周氏 生平事迹不详。

上述四人引注据郑元庆《礼记集说》。

姚舜牧（1542—?） 字虞佐,明乌程（今浙江湖州市南）人。慕唐一庵、许敬庵之学,自号承庵。著《礼记疑问》。

引注据郑元庆《礼记集说》。

郝敬（1558—1639） 字仲舆,明京山（今湖北京山）人。曾为吏部给事中,后罢官归,专心著作。所著《礼记通解》等,于郑（玄）义多所驳难。

引注据清杭世骏《续礼记集说》卷六十七。

阮峻（生卒年不详） 字不崖,明湖州（今浙江湖州）人。著《礼记涤除》（未见）。

引注据朱彝尊《经义考》卷一百四十六,《四部备要》本。

芮长恤（生卒年不详） 本名城,字岩尹,明溧阳（今江苏溧阳）人。明末以诸生肄业南京国子监。明亡,弃诸生改名长恤,字蒿子。学宗朱熹,著《匏瓜录》。

引注据《匏瓜录》卷四,光绪十三年刊本。

顾炎武（1613—1682） 字宁人,江苏昆山人。明清之际杰出的启蒙思想家,学者称亭林先生。曾参加嘉定一带的人民抗清斗争,一生不忘兴复。学问渊博,于国家典制、郡邑掌故、兵农以及经史百家、音韵训诂之学无不深研。晚年治经侧重考证,开清代研究朴学先声。著作有《日知录》等。

引注据《日知录》卷六,《万有文库》本。

王夫之（1619—1692） 字而农，湖南衡阳人。明清之际杰出的启蒙思想家。晚年居衡阳的石船山，学者称船山先生。于经史、文学以及天文、历法、数学均有研究。所著《礼记章句》等，收入《船山遗书》。

引注据《礼记章句》卷十八，同治湘乡曾氏刊本。

黄生（1622—1715） 字扶孟，安徽歙县人。明季诸生。著《义府》《字诂》。

引注据《义府》卷上，《丛书集成》本。

毛奇龄（1623—1716） 字大可，号初晴，又以郡望称西河。明末清初浙江萧山人。明亡，隐居山谷中，康熙时召试鸿博，授检讨，纂修明史。通经史及音韵学，尤好说经。著作收入《西河文集》。

引注据所著《学校问》，《丛书集成》本。

朱彝尊（1629—1709） 字锡鬯，号竹垞，清浙江秀水人。康熙中举鸿博，授检讨。长于考证，工古文，著有《曝书亭全集》、《经义考》等。

引注据《经义考》。

陆陇其（1630—1692） 字稼书，清浙江平湖人。学宗朱熹，所著《读礼志疑》，遍采郑孔诸家说，折中于朱熹的见解。

引注据《读礼志疑》卷十，《丛书集成》本。

万斯大（1633—1683） 字充宗，清浙江鄞县人，学者称褐夫先生。师事黄宗羲，不满清朝统治，不事科举，研讨诸经。治《礼》不拘汉宋，不盲从陈见。著《礼记质疑》及《礼记偶笺》。

引注据《礼记偶笺》，《丛书集成》本。

姚际恒（1647—1728） 字立方，号首源，清浙江仁和人。少时折节读书，后尽弃词章之学，对被奉为经典的古籍进行考辨。著《九经通论》《古今伪书考》。

引注据杭世骏《续礼记集说》卷六十七。

臧琳（1650—1713）　字玉琳，清江苏武进人。治学侧重文字训诂，尝说"不解字无以读书，不通训诂无以明经"。所著《经义杂记》，钱大昕称其书"务实而不近名"。

引注据《经义杂记》，《皇清经解》本。

李光坡（1651—1723）　字耜卿，号皋轩，清福建安溪人。家居不仕，学宗宋儒，专意三《礼》。著《三礼述注》。

引注据《礼记述注》卷十五，清白堂刊本。

纳兰成德（1655—1685）　字容若，清满洲正黄旗人。曾集宋元以来诸家说经之书，刊为《通志堂经解》一千五百余卷。所著《陈氏礼记集说补正》，实出于陆元辅手笔。

引注据《陈氏礼记集说补正》卷二十二，《通志堂经解》本。

郑元庆（1660—?）　字子余，一字芷畦，清浙江归安人。少习《易》《礼》，通史传及金石文字。著《礼记集说》，附以己见。

引注据所撰《礼记集说》卷十八。

陆奎勋（1663—1738）　字聚侯，号星坡，清浙江平湖人。中年后一意治经，好持异论。所著《戴礼绪言》，多驳郑玄以下诸家《礼》注之非。

引注据杭世骏《续礼记集说》卷六十七。

姜兆锡（生卒年不详）　字上均，清江苏丹阳人。乾隆初充三礼馆纂修。著《礼记章义》。

引注据杭世骏《续礼记集说》卷六十七。

王懋竑（1668—1741）　字子中，清江苏宝应人。曾为安庆府学教授，翰林院编修。为学反对空谈心性。精研经学，为扬州学派代表人物之一。著《读书记疑》等。

引注据《读书记疑》卷四，同治壬申福建抚署本。

王聘珍（生卒年不详）　字贞吾，号实斋，清江西南城人。乾隆年间学者，一生未仕。研读《大戴礼记》三十余年，著《大戴礼记解诂》，对其中《曾子立事》等篇，论证与《学记》有思想联系。

引注据《大戴礼记解诂》,中华书局 1983 年版。

方苞(1668—1749) 字灵皋,号望溪,清安徽桐城人。曾任礼部右侍郎。宗程朱之学,严于义法,为桐城派代表人物。著《礼记析疑》,有《望溪全集》行世。

引注据《礼记析疑》卷十九,抗希堂刊本。

任启运(1670—1744) 字翼圣,清江苏宜兴人。居近古钓台,世称钓台先生。曾为庶吉士、编修。学宗朱熹,著《礼记章句》等。

引注据《礼记章句》卷四,光绪萱荫堂刊本。

江永(1681—1762) 字慎修,清婺源人。长于比勘,传戴震之学。深究三《礼》,著《礼书纲目》《礼记训义择言》及《群经补义》。

引注据《群经补义·礼记》,《皇清经解》本。

胡鸣玉(1690—?) 字廷佩,清江苏青浦人。长于文字音韵训诂之学。著《订讹杂录》。

引注据《订讹杂录》卷一、卷四,《丛书集成》本。

江绂(1692—1759) 字灿人,号双池,清婺源人。初在景德镇为烧窑画碗工人,刻苦自学,未曾从师。后在福建,馆枫岭浦城间,从游者甚众。乾隆中以诸生终。著《礼记章句》《礼记或问》《参礼记志疑》。

引注据《礼记或问》等,光绪刘景韩鉴定本。

刘青莲(生卒年不详) 字华岳(?),清雍正年间湖北襄城人。以陈澔《集说》"肤浅疏漏者多",因著《学记阙疑》。末卷为其弟青芝所撰。

引注据《学记阙疑》卷四,会稽章文然编本。

惠栋(1697—1758) 字定宇,号松崖,清江苏元和人。传祖周惕、父士奇之学,为吴派经学的奠基人。主张搜集汉儒经说,加以考订,治学以详博见长。著《九经古义》。

引注据《礼记古义》,《昭代丛书》道光世楷堂本。

沈廷芳（1702—1772）　字畹叔，号椒园，清浙江仁和人。乾隆初由监生召试鸿博，授庶吉士。研求经术，曾主讲福州鳌峰书院。著《十三经注疏正字》《续经义考》。

引注据《十三经注疏正字》，《四库全书》本。

卢文弨（1717—1795）　字召弓，号矶渔，又自号抱经，清浙江余姚人。曾为翰林院侍读学士，督湖南学政。后主讲江浙各书院，以经术教授学生。一生好校书，著《经典释义考证》等，有《抱经堂文集》行世。

引注据《经典释义考证》，《抱经堂丛书》本。

董丰垣（生卒年不详）　字菊町，清浙江湖州人。著《识小篇》。

引注据《识小篇》卷下《学校考》，《丛书集成》本。

戴震（1724—1777）　字东原，清安徽休宁人。精通古音，创古音九类二十五部说及阴、阳、入对转理论，对经学、语言学、训诂学以及天文、数学、历史、地理均有深邃研究，为清代著名的汉学家。乾隆年间修《四库全书》，曾应召为纂修官。著作有《方言疏证》等。

引注据《戴震文集》卷三，中华书局1980年版。

钱大昕（1728—1804）　字晓征，号竹汀，清江苏嘉定人。从惠栋游，为经学吴派的著名学者。曾督广东学政，主讲钟山、娄东、紫阳等书院。精于经史、文字训诂、音韵、天算、金石之学。考证经史，语多精辟。著作收入《潜研堂文集》。

引注据《潜研堂文集》卷十一《答问八》，《四部丛刊》本。

翁方纲（1733—1818）　字正三，号覃溪，清直隶大兴（今属北京）人。曾督广东、江西、山东学政。精于金石谱录书画词章之学，为《四库全书》编纂人之一。著《礼记附记》等。

引注据《礼记附记》卷五，《丛书集成》本。

李调元（1734—1802）　字鹤州，号雨村，清四川罗江（今划归安县、德阳县）人。曾督广东学政。治经宗郑玄之学，精于三《礼》。著《礼记补注》，以补陈澔《礼记集说》的不足。

引注据《礼记补注》，《丛书集成》本。

段玉裁（1735—1815）　字若膺，号懋堂，清江苏金坛人。师事戴震，为皖派著名学者。精于小学，所撰《说文解字注》，为后人研究文字训诂的重要参考书。有《经韵楼集》行世。

引注据《经韵楼集》之《与顾千里论学制备忘之记》，《皇清经解》卷六百六十六。

孙希旦（1736—1784）　字绍周，清浙江瑞安人。曾为翰林院编修、国史馆纂修，校勘《四库全书》。博通诸经，尤精三《礼》，后更专治《礼记》注说。著《礼记集解》。

引注据《礼记集解》卷三十六，咸丰盘谷草堂刊本。

徐瑄（生卒年不详）　字敬轩，清乾隆间人。辑有《礼记体注》。

引注据《礼记体注》卷六，百尺楼刊本。

孙志祖（1736—1800）　字诒谷，号约斋，清浙江仁和人。著《读书脞录》等。

引注据《皇朝五经汇解》卷二百五十七《学记》。

汪中（1744—1794）　字容甫，清江都（今江苏扬州）人。母以缝衣补鞋为生。三十四岁为贡生，后即不再应举。服膺惠栋、戴震之学，博览经史百家，曾考先秦古籍，研讨古代学制兴废，敢于批评正统派儒学。著《述学》及《经义知新记》。

引注据《述学别录》之《讲学释义》，《江都汪氏丛书》本。

庄有可（1744—1822）　字大久，清江苏武进人。博通诸经传。著《礼记集说》等。

引注据《礼记集说》卷十，商务印书馆1928年版。

王念孙（1744—1832）　字怀祖，号石臞，清江苏高邮人。师事戴震，通音韵文字训诂之学，为《四库全书》编纂人之一。著

《广雅疏证》及《读书杂志》。

引注据《广雅疏证》，《四部备要》本。

刘台拱（1751—1805）　字端临，清江苏宝应人。师事王懋竑，与戴震、段玉裁、王念孙等稽经考古，交游甚密。长于考订之学，以读书教学终其身。著《经传小记》《荀子补注》等。

引注据《经传小记》，《皇清经解续编》卷二百零七。

孙星衍（1753—1818）　字渊如，清阳湖（今江苏武进）人。官翰林院编修至山东督粮道。曾主讲杭州诂经精舍与江宁钟山书院。于经史、音韵、训诂、金石诸学均有造诣。著《尚书今古文注疏》《周易集解》等。

引注据《尚书今古文注疏》卷三十《书序上》。

朱彬（1753—1834）　字武曹，一字郁甫，清江苏宝应人。学宗朱熹，并受刘台拱影响，研求训诂名物，亦不废义理。著《礼记训纂》及《经传考证》。

引注据《礼记训纂》卷十八，《四部备要》本；《经传考证》，《皇清经解》卷一千三百六十六。

张敦仁（1754—1834）　字古余，清江苏阳湖（或说山西阳城）人。著《抚本礼记郑注考异》。

引注据《抚本礼记郑注考异》卷下，《皇清经解》卷一千零七十六。

赵良澍（生卒年不详）　字肃澄，号肖岩，清安徽泾县人。著《读礼记》等。

引注据《读礼记》卷七，《续泾川丛书》本。

郝懿行（1757—1825）　字恂九，号兰皋，清山东栖霞人。长于名物训诂考据之学。著《郑氏礼记笺》《尔雅义疏》等。

引注据《郑氏礼记笺》卷十八，《郑氏遗书》，光绪壬午东路厅署刻本。

焦循（1763—1820）　字理堂，清江苏甘泉人。曾应礼部试不第，专心著述。学术上颇受戴震影响，于经史历算声韵训诂之学，卓有成就。著《三礼便蒙》等，有《焦氏丛书》《雕菰楼集》行世。

引注据《礼记疏》，《皇清经解》卷一千一百五十八；《三礼便蒙·学校》，海藏楼藏书本。

杭世骏（生卒年不详）　字大宗，号菫甫，清浙江仁和人。乾隆初召试鸿博，授编修，校勘武英殿十三经、二十四史，著《石经考异》《经史质疑》《续礼记集说》等。

引注据所撰《续礼记集说》卷六十七。

阮元（1764—1849）　字伯元，号芸台，清江苏仪征人。曾督山东、浙江学政，至礼部侍郎。又曾总裁会试，名学者陈寿祺、王引之等均出其门。创诂经精舍于杭州、学海堂于广州，提倡朴学。主编《经籍纂诂》，校刻《十三经注疏》，著有《揅经室集》。

引注据《礼记校勘记》，《皇清经解》卷九百一十七；《揅经室一集》卷一，《丛书集成》本。

王引之（1766—1834）　字伯申，清江苏高邮人。继承其父念孙音韵训诂之学，时称高邮王氏父子。所撰《经传释词》《经义述闻》，为研究我国古代文字训诂的重要参考书。

引注据《经义述闻》，《四部备要》本。

臧庸（1767—1811）　字在东，号拜经，清江苏武进人。师事卢文弨，并从钱大昕、段玉裁等研讨学术；协助阮元汇辑《经籍纂诂》。长于校勘搜辑，治经谨严细致，但流于琐碎偏执。

引注据《拜经日记》，《皇清经解》卷一千一百七十二。

刘沅（1767—1855）　字止唐，清四川双江人。曾任国子监典簿，归隐后课徒乡里。著作颇多，但有学究气。所注《书》《诗》《春秋》和三《礼》等均以"恒解"名之。

引注据《礼记恒解》，致福楼刊本。

金鹗（1771—1819）　字秋史，号诚斋，清浙江临海人。曾受学于诂经精舍。精于考证名物制度，治学不拘泥于一家之言。著

《求古录礼说》。

引注据《求古录礼说》卷十,《皇清经解续编》卷六百七十二。

陈寿祺(1771—1834) 字恭甫,号左海,清福建侯官(今福州)人。历任翰林院编修。后主讲福建泉州清源书院及福州鳌峰书院,以经术教授生徒。著作见《左海全集》。

引注据皮锡瑞《经学通论·三礼》。

俞正燮(1775—1840) 字理初,清安徽黟县人,治学承江永、戴震余绪,对考据之学有所发展。一生除致力于经义外,并精研历史和诸子学说。著有《癸巳类稿》《癸巳存稿》。

引注据《癸巳存稿》卷四《师道正义》,《丛书集成》本。

林春溥(1775—1861) 字立源,号鉴唐,清福建闽县人。主讲鹅湖、鳌峰等书院,于"六经""四书"均有纂述,尤致力于古史研究。著《开卷偶得》及《四书拾遗》。

引注据《开卷偶得》卷五,道光己酉竹柏山房刊本。

刘逢禄(1776—1829) 字申受,清江苏常州人。传其外祖父庄存与(常州学派的开创者)今文经学。官礼部主事。为清代复兴今文经学的著名学者。有《刘礼部集》传世。

引注据所著《论语述何》,《皇清经解》本。

冯登府(1780—1840) 字柳东,号云伯,清浙江嘉兴人,曾为宁波府学教授。著《十三经诂答问》等。

引注据《十三经诂答问》,《皇清经解续编》卷七百四十三。

李式榖(生卒年不详) 字海鲍,清浙江仁和人。著《礼记衷要》。

引注据《礼记衷要》卷二十,道光风满楼刊本。

丁晏(1794—1875) 字俭卿,号柘堂,清江苏山阳(今淮安)人。早年治经,笃好郑学,所著《礼记释注》,即为阐释郑注,并补孔疏所未尽者。

引注据《礼记释注》卷三,《颐志斋丛书》同治元年六艺堂版。

张文虎（1808—1885） 字孟彪，又字啸山，清江苏南汇（今属上海）人。于经学、小学均有研究。著作收入《舒艺室全集》。

引注据《舒艺室余笔》卷二，《舒艺室全集》同治金陵冶城宾馆刊本。

陈乔枞（1809—1869） 字朴园，一字树滋，清福建侯官人。传其父寿祺西汉今文辑佚之学。著《礼记郑读考》。

引注据《礼记郑读考》卷四，《皇清经解续编》卷一千一百八十三。

陈澧（1810—1882） 字兰甫，号东塾，清广东番禺人。曾为广东学海堂学长，东莞龙溪书院、菊坡精舍山长。治学兼容汉学宋学，于天文、地理、乐律、算术、篆隶无不研究。著《东塾读书记》。

引注据《东塾读书记》卷九，《四部备要》本。

郭嵩焘（1819—1891） 字伯琛，号筠仙，清湖南湘阴人。深研三《礼》，精于《国语》《国策》《左传》，旁及诸子百家。出使英法，倡言变法，主张学习西方科学技术。弃官后专事著述，筑室曰"养知书屋"，学者称养知先生。著《礼记质疑》《中庸质疑》《史记札记》等，有《养知书屋文集》行世。

引注据《礼记质疑》卷十八，光绪十六年思贤讲舍刻本。

俞樾（1821—1907） 字荫甫，号曲园，清浙江德清人。曾为翰林院编修，简放河南学政。罢职后，主讲苏州紫阳、上海求志等书院；主杭州诂经精舍最久。所作笔记，搜集宏富，为学术史提供了有益资料。著《群经平议》《礼记郑读考》等，收入《春在堂全书》。

引注据《群经平议》卷二十一；《俞楼杂纂》第六《礼记郑读考》，《俞楼杂纂》第七《礼记异文笺》，《茶香室经说》卷十一《礼记三》；《湖楼笔谈一》（《第一楼丛书》之九）。

汪继培（生卒年不详） 字苏泽，清浙江萧山人。讲学于诂经精舍。著《周代书册制度考》等。

引注据《诂经精舍文集》卷十《周代书册制度考》，《丛书集成》本。

黄以周（1828—1899）　字元同，号儆季，清浙江定海人。曾为分水县训导，主讲南菁书院。治学不拘汉宋门户，以"实事求是，不作调人"作为自己住房匾额。精于三《礼》，著《礼书通故》。

引注据《礼书通故》卷三十二《学礼通故》，光绪癸巳黄氏试馆刊本。

简朝亮（生卒年不详）　字竹居，清广东顺德人。学宗宋儒，而重经世致用。著《礼记子思子言郑注补正》。

引注据《礼记子思子言郑注补正》卷四附录《学记》，读书堂丛刻本。

王闿运（1833—1916）　字壬秋，一字壬甫，近代湖南湘潭人。生平多从事教学，历主四川尊经书院、长沙思贤讲舍、衡州船山书院讲席。后为江西高等学堂总教习，民国国史馆馆长。有《湘绮楼集》行世。

引注据《王湘绮先生全集》之《礼记笺》，光绪丙申东洲讲舍刊本。

刘光蕡（1843—1903）　字焕塘，号古愚，清陕西咸阳人，曾与长安柏景伟共创求友斋，以天文、地理、算术课士，历主味经、崇实等书院。清末出任甘肃大学堂总教习。其学导源于姚江，会通洛、闽，讲经世致用。政治上曾赞同康梁变法。著《学记臆解》。

引注据《学记臆解》，陕西通志馆《关中丛书》本。

孙诒让（1848—1908）　字仲容，清浙江瑞安人。总结旧说，所撰《周礼正义》，被认为是诠释《周礼》较完备之书。

引注据《周礼正义》卷二十二。

皮锡瑞（1850—1908）　字鹿门，清湖南善化（今长沙）人。曾主讲湖南龙潭书院、江西经训书院。戊戌变法时，因提倡新的学校制度，受顽固派攻击、迫害。治经宗今文。为敬仰西汉《尚书》今文大师伏生，署所居曰师伏堂，学者称师伏先生。著《礼记浅说》《经学通论》《经学历史》等。

引注据《经学通论·经学开辟时代》，中华书局 1959 年版；《礼记浅说》卷下，湖南思贤书局刊本。

管礼耕（生卒年不详） 字申季，清江苏元和人。著作收入《操敊斋遗书》。

引注据《操敊斋遗书》卷二，光绪十四年《南菁书院丛书》本。

成本璞（生卒年不详） 字琢如，近代湖南长沙人。著《九经今义》。

引注据《九经今义》卷十六，《通雅堂丛书》本。

严章福（生卒年不详） 清咸丰年间浙江归安人。著《经典通用考》。

引注据《经典通用考》。

王树楠（生卒年不详） 字晋卿，近代河北新城人。曾任民国国史馆总纂。研究经史，亦精于文字训诂。著有《广雅补疏》及《学记笺证》。

引注据《学记笺证》，《中国学报》第五、六两期，北京中国学报社 1913 年印行。

宋育仁（1857—1931） 字芸子，近代四川富川人，曾为翰林院检讨。1894 年以参赞随公使龚照瑗出使英、法、意、比，考察各国文教制度和政治生活，为早期改良派思想家。1897 年在重庆创刊《渝报》。民国后任国史馆修纂，主讲国学院并任院长。有《问琴阁丛书》行世。

引注据《学记补注》，《问琴阁丛书》本。

王国维（1877—1927） 字静安，号观堂，近代浙江海宁人。曾任通州、苏州等地师范学堂教习。辛亥革命后以清遗老自居，从事中国古代史料、古器物、古文字学、音韵学的考订工作。著作收入《海宁王静安遗书》。

引注据《王忠悫公遗书内编》之《简牍检署考》,海宁王氏校印;《观堂集林》卷四《汉魏博士考》。

姚明辉(生卒年不详) 民初上海人。曾任武昌高等师范学校教员,为该校拟订国文史地部课程,以《学记》为该部预科的文学课。著《学记集义训俗》。

引注据《学记集义训俗》,1918年编,武昌高等师范学校国文史地部预科文学课本(铅印)。

二、历代学者对《学记》的评述

孔颖达:

"按郑目录云,名曰《学记》者,以其记人学教之义,此于别录属通论。"——《礼记正义》卷三十六

程 颢:

"《礼记》杂出于汉儒,然其间传圣门绪余,其格言甚多,如《乐记》《学记》《大学》之类无可议者;《檀弓》《表记》《坊记》之类亦甚有至理,惟知言者释之。如《王制》《礼运》《礼器》,其书亦多传古意。若《闲居》《燕居》三无五起之说,文字可疑。"——转引自朱彝尊《经义考》卷一百三十九

程 颐:

"《礼记》除《中庸》《大学》,惟《学记》最近道。"——转引自杭世骏《续礼记集说》卷六十七

罗 璧:

"梁沈约谓汉初典章简略,诸儒撮拾遗文片简与礼事相关者,编次篇帙,皆非圣人之言。《月令》取吕不韦《春秋》,《中庸》《表记》《坊记》《缁衣》取子思,《乐记》取公孙尼子,《学记》出毛生,《王制》出汉文博士。盖汉儒本欲补圣人之言以明道,但未折衷于圣人,记不免杂,礼不免凿也。"——转引自朱彝尊《经义考》卷一百三十九

戴溪：

"《学记》之论，由末以造本；《大学》之论，自本以徂末：其为教则一也。"——转引自卫湜《礼记集说》卷九十

朱熹：

"此言古者学校教人传道授业之序，与其得失兴废之由，盖兼大小学言之。"——转引自《续礼记集说》卷六十七

石梁王氏：

"六经言'学'字，莫先于《说命》。此篇不详言先王学制，与教者学者之法，多是泛论，不如《大学》篇，教是教个甚，学是学个甚。"——转引自陈澔《礼记集说》卷六

邓元锡：

"《学记》古成均敩学造士之法也。曰，《大学》篇深乎？曰，《大学》言其道，《记》言其法，法非道不尊，道非法不行。"——转引自郑元庆《礼记集说》卷十八

黄乾行：

"《礼记》……或传古来圣贤文字，至为纯粹，如《大学》《中庸》《乐记》是也；或记小学之仪，如《曲礼》《少仪》《内则》是也；或言大学之义，如《学记》是也。"——《礼记日录》自序

姚舜牧：

"《礼记》自《大学》《中庸》外，如《礼运》《礼器》《乐记》《学记》皆出于圣贤之口，而他所载，类多繁文缛节，不可一为删正……"——《礼记疑问》自序

芮长恤（城）：

"此篇记学非记礼，然礼固在焉；家塾、党庠、州序、国学，立学之礼；皮弁祭菜，《小雅》肄三，入学之礼；诏于天子无北面，尊师之礼。"——转引自《续礼记集说》卷六十七

王夫之：

"《周礼》师氏保氏隶于司徒，大司乐之属隶于宗伯，皆教官

也，而大学之职略无概见，故先儒疑《周礼》之多残缺。盖自州乡庠序以及大学必专有官师，而今亡矣。先王以礼齐民，学为之首，则系学于礼，道莫重焉。故此篇与《经解》《中庸》《儒行》《大学》，戴氏汇记之，以为礼经，亦犹《大戴礼》之有《劝学》诸篇也。此篇之义，与《大学》相为表里，《大学》以发明其所学之道，推之大，析之密，自宋以来，为学者之所服习，而此篇所论亲师敬业，为入学之事，故或以为末，而未及其本，然玩其旨趣，一皆格物致知之实功，为大学始教之切务，则抑未可为而忽之也。"——《礼记章句》卷十八

李光坡：

"古人论道纪事之文，皆有所主。《大学》主于修己治人，则论学之条目工夫；此篇主于建学立师，则论教之终始兴废，使学者各作一意求之，通贯之后，教学者或源或委，则自求之《大学》，志学者亲师取友，则自求之此篇。……"——《礼记述注》卷十五

纳兰成德：

"此篇'家有塾'至'九年大成'，详言先王学制也。'大学始教'至'学不躐等'，及'时教必有正业，退息必有居学'，与'知四者教之所由兴'，'六者教之所由废'，而'长善救失'，及'善喻''继志''撞钟''攻木''记问''听语'，皆教者之法也。'察于三者，有志于学'，'察于四者，有志于本'，皆学者之法也。岂必与《大学》雷同，然后谓之非泛论乎！且篇中言'大道''至道'，言'敬道''信道'，言'辨志''先志'，言'游志''继志'，言'敬业''孙业'，亦何尝非所教所学之事？石梁王氏之云不免于诬矣！"——《礼记集说补正》卷二十二

姜兆锡：

"石梁王氏曰：'此篇不详言先王学制与教者学者之法，多是泛论，不如《大学》篇教是教个甚，学是学个甚。'愚按此篇义似浅，但如塾、庠、序、学，自一年至九年之教；又如'始教'七条，及

'时教''退息'之属，正是言学制与教学之法。盖《大学》篇是此篇归宿处，此篇是《大学》篇从入处，义有浅深，而事无同异，未可以朱子独表章《大学》，而遂轻议此篇也。"——转引自《续礼记集说》卷六十七

姚际恒：

"此亦是当时子书，辑《礼》者以其言学，故采之，义近纯正，所乏精深之致。观篇中托物比兴语，似矜词采，而于圣人之道尚有未契合者。石梁王氏以'泛论'目之，可为有见。后儒但以其篇名言学，便极为推崇，力驳'泛论'二字之非，正未晓其义尔。"——转引自《续礼记集说》卷六十七

陆奎勋：

"《王制》略言建学之法，孝文、孝景俱未举行。武帝举贤良方正，董广川乃以设庠序、兴太学、置严师为急务，惜乎广川未见任用，故其说亦不详，此篇殆继《王制》而作者欤？引《说命》者凡三，两汉诸儒不见《古文尚书》，疑河间献王所辑，而后苍记、小戴复录之耳。何以能知非周代之书？曰，家塾、党庠、术序、国学，与《周礼》闾胥、党正、州长、乡大夫之职略同，而云'古之教者'，明其为汉记也。"——转引自《续礼记集说》卷六十七

任启运：

"篇中言大学者六，其及小学止'家有塾'一语，是意固主乎大学也。"——《礼记章句》卷四

汪　绂：

"此篇虽不如《大学》实际，然言实纯正无疵，中间言教学之得失，尤施教受学者之所当奉为法戒也。"——《礼记或问》

俞正燮：

"通检三代以上书，乐之外无所谓学。《内则》学义亦止如此；汉人所造《王制》《学记》亦止如此。"——《癸巳存稿》卷二

陈 澧：

"《大学》篇首云'大学之道'，《学记》亦云'此大学之道也'，可见《学记》与《大学》相发明。'知类通达'，物格知至也；'强立不反'，意诚心正身修也；'化民易俗，近者说服，远者怀之'，家齐国治天下平也。其'离经辨志''敬业乐群''博习亲师''论学取友'，则格物致知之事也。分其年，定其课，使学者可以遵循，后世教士当以此为法。……"——《东塾读书记》卷九

王树楠：

"此《记》为三代圣王教科之书。盖周秦以来儒者所述，其中小学大学之规模，入学之年限，教学之方法，具载于篇，犹可据此以考见先王教民之大略，证之今日东西各国学校教育之法，多相合者，盖讲求师范者必要之书也。"——《学记笺证》

三、国外学者译述《学记》举隅

（一）[日] 谷口武《学记论考》

1. 谷口武《学记论考》自序

《学记》是中国最早的一部教育经典著作，在我国古代学术界也是备受推崇的名著。当我们浏览山崎闇斋、山鹿素行、细井平洲、贝原益轩及其他我国杰出的教育家的遗著时，随处都能看出有关《学记》的章句及生动而蓬勃的精神。像这样一本名书，对日本教育史所发生的影响，是极为罕见的。

可是，明治维新以来，欧美教育思想学说源源不断地输入，新进人士对中国的古典名著，几乎是敬而远之了。但是古典的光辉著作，其本身是具有永久性的价值的，即使由于时代潮流的推移，也丝毫不至磨灭，而是永葆万古长青的精神的。《学记》的思想，在我们面前，仍然指示着昭著的真理大道。特别是对我自己来说，举凡有关追求教育精神的真相、探索师道之本源，在教育征程上都是命脉攸关的。因此，《学记》这一篇，诚为我无限喜悦的一大圣地了。

2. 谷口武《学记》日译文

第一章　國民敎化と興學

一　敎化と興學

　慮を獲すこと憲あり、善良を求むるときは、以て諛く聞ゆるに足るも、以て衆を動かすに足らず。賢に就き、遠に體するときは、以て衆を動かすに足るも、未だ以て民を化するに足らず。君子如し民を化し俗を成さんと欲せば、其れ必ず學に由るか。

二　治國と敎學

　玉琢かざれば器と成らず、人學ばざれば道を知らず。是の故に、古の王者、國を建て民に君たるには、敎學を先と爲す。兌命に曰く、終始を念ひて學に典にすと、其れ此の謂か。

三　敎學相長ず

　嘉肴有りと雖も、食はざれば其の旨さを知らざるなり。至道ありと雖も、學ばざれば其の善きを知らざるなり。是の故に、學びて然る後に足らざるを知り、敎へて然

る後に困しむを知る。足らざるを知りて然る後に能く自ら
反るなり。困しむを知りて然る後に能く自ら強むるな
り。故に曰く、敎學相長ずるなりと。兌命に曰く、斅ふる
は學ぶの半なりと。其れ此の謂か。

四　敎學の制度及次第

古の敎ふる者は、家に塾あり、黨に庠あり、術に序あ
り、國に學あり。比年に學に入り、年を中て、考校し、一
年に經を離ち志を辨ずるを視、三年に業を敬し君を楽し
むを視、五年に博く習ひ師を親しむを視、七年に學を論じ
友を取るを視る。之を小成と謂ふ。九年に類を知りて通達
し、強立して反らず。之を大成と謂ふ。夫れ然る後に、以
て民を化し俗を易ふるに足る。近き者は説び服し、遠き者
は之に懷く。此れ大學の道なり。記に曰く、蛾子時に之を
術ふと、其れ此の謂か。

第二章　教育方針及教授法

五　教の大倫

　大學にて、始めて教ふるとき、皮弁して祭菜するは、道を教すべきを示すなり。宵雅三を肄はしむるは、其の始を官にするなり。學に入るに鼓篋するは、其の業に孫はしむるなり。夏楚二物は、其の威を収むるなり。未だ禘を卜せざれば、學を視ざるは、其の 志 を游ならしむるなり。時に觀て語らざるは、其の心を存せしむるなり。幼者は聽きて問はざるは、學ぶこと等を躐えざるなり。此の七者は敎の大倫なり。記に曰く、凡そ學は、官は事を先にし士は志を先にすと。其れ此の謂か。

六　學藝の涵養

　大學の敎や、時敎は必ず正業あり、退息には必ず居學あり。操縵を學ばざれば、弦に安ずる能はず。博依を學ばざれば、詩に安んずる能はず。雜服を學ばざれば、禮に安ずる能はず。其の藝に興らざれば、學を楽しむこと能はず。故に君子の學に於けるや、蔵し、脩し、息し、遊す。
夫れ然り、故に其の學に安んじて其の師を親しみ、其の友を
楽しみて、其の道を信ず。是を以て、師輔を離ると雖も
反ざるなり。兌命に曰く、敬み孫ひて務めて時に敏する
ときは、厥の脩まること乃ち來るがごとしと。其れ此の謂か。

七　教の刑らざる原因

今の教ふる者は、其の估畢に呻ひて、其の訊を多く
し、言、數に及び、進みて其の安を顧ず、人をして
其の誠を由ひざらしめ、人を教ふるに、其の材を盡さず、
其の之を施すや悖れ、其の之を求むるや佛れり。夫れ然
り、故に其の學を隱みて其の師を疾み、其の難に苦みて其
の益を知らざるなり。其の業を終ふと雖も、其の之を去る
こと必ず速なり。教の刑らざること、其れ此に之れ由る
か。

八　教の由りて興る所

大學の法、未だに發せざるに禁ずる之を豫と謂ひ、
其の可に當る之を時と謂ひ、節を陵えずして施す、之を孫

と謂ひ、相観て善する、之を摩と謂ふ。此の四者は敎の由
りて興る所なり。

九　敎の由りて廢する所

發して然る後に禁ずれば、則ち扞格して勝へず。時過
ぎて然る後に學べば則ち勤苦して成り難し。雜へ施して孫
ならざれば、壞亂して修らず。獨學して友無ければ、孤陋
にして聞くこと寡し。朋に燕るれば其の師に逆ひ、辟に燕
るれば其の學を廢つ。此の六つの者は敎の由りて廢する所
なり。

第三章　師法及修學法

十　修學指導要領

君子既に敎の由りて興る所を知り、又敎の由りて廢す
る所を知りて、然して後に以て人の師と爲るべし。故に君
子の敎喩するや、道き牽かず、強めしめて抑へず、開き
て達せず。道きて牽かざれば、則ち和ぎ、強めしめて抑
へざれば則ち易く、開きて達せざれば則ち思ふ。和易にし

て以て思はしむるは、善く喩すと謂ふべし。

十一　學生の個人性

學ぶ者四失あり、教ふる物必ず之を知るべし。人の學ぶや、或は多きに失し、或は寡きに失し、或は易きに失し、或は止まるに失す。此の四者は心の同じきこと莫ければなり。其の心を知りて然して後に能く其の失を救ふ。教なる者は善を長じて、其の失を救ふ者なり。

十二　教師の志念

善く歌ふ者は、人をして其の聲を繼がしめ、善く教ふる者は、人をして其の志を繼がしむ。其の言や、約にして達し、微にして臧く、譬罕にして喩すは、志を繼ぐと謂ふべし。

十三　師法の重要性

君子は學に至るの難易を知りて、其の美惡を知る。然る後に能く博く喩す。能く博く喩して然る後に能く師と爲る。能く師と爲りて然る後能く長と爲る。能く長と爲りて然る後に能く君と爲る。故に師なる者は君たることを學ぶ所以なり。是の故に師を擇ぶは慎まざるべからざるなり。
記に曰く、三王四代は唯其れ師なりと。其れ此の謂か。

十四　尊師の禮

　凡そ學の道は、師を嚴にするを難しと爲す。師、嚴にして然る後に道尊し。道尊くして然る後に、民、學を敬するを知る。是の故に、君の其の臣を臣とせざる所のものは二あり。其の尸たるに當りては、則ち臣とせざるなり。其の師たるに當りては、則ち臣とせざるなり。大學の禮、天子に詔ぐと雖も北面することなきは、師を尊ぶ所以なり。

十五　進學の道

　善く學ぶ者は、師、逸して、功、倍す。又従ひて之を庸とす。善く學ばざる者は、師、勤めて、功、半なり。又従ひて之を怨む。善く問ふ者は堅木を攻むるが如し、其の易きものを先にし、其の節目を後にす。其の久しきに及びてや、相説きて以て解る。善く問はざる者は此に反す。善く問を待つ者は、鐘を撞くが如し、之を叩くに小なる者を以てせば、則ち小さく鳴り、之を叩くに大なる者を以てせ、

ば則ち多きく鳴る。其の從容を待ちて然る後に其の聲を盡
くす。善く問に答へざる者は此に反す。此れ皆學に進むの
道なり。

十六　記問の學

　記問の學は、以て人の師となるに足らず、必ずや其れ
語を聽かんか。力問ふこと能はず、然る後に之に語ぐ。之
に語げて知ざれば、之を舍くと雖も可なり。

十七　自學體得

　良冶の子は必ず裘を爲るを學び、良弓の子は必ず箕を
爲るを學ぶ。始めて馬を駕する者は、之を反して、車、馬
の前に在り。君子此の三者を察にせば以て學に　志　しあ
るべし。

十八　比較系統

　古の學ぶ者は物を比ぶるに類を醜ぶ。

十九　師は道の本源

　鼓は五聲を當ること無けれども、五聲得ざれば和せ
ず。水は五色を　當　ること無けれども、五色得ざれば

　　　　あきら　　　　　　　ごくわん　つかさど
　章かならず。學は五官を當ることなけれども、五官得
　　　　　　　をさ　　　　し　　ごふく
ざれば治まらず。師は五服を當ることなけれども、五服得
　　　　　した
ざれば親しまず。

第四章　結　　論

二十　學は衆事の本源

　　　　　　　たいとくくわん　　　　たいだう　き　　　　　　たいしんやく
　君子曰く、大德は官せず、大道は器ならず、大信は約
　　　　　たいじ　ひと　　　　　　　　あきらか　　　　　　　　　もと
せず、大時は齋しからず。此の四者を察にせば、以て本に
こころざ　　　　　　　わう　かわ　まつ　　　　　　かわ　さき　　　　うみ
志しあるべし。三王の川を祭るや、皆、河を先にして、海
　　のち　　　あるひ　みなもと　　あるひ　すゑ　　これ　こ　もと　つと
を後にす。或は　源　なり。或は委なり。此を之れ本を務
むと謂ふ。

［日］谷口武著:《学记论考》，东京青磁社 1942 年版。

(二) [美] 罗伯特·乌里奇 (Robert Ulich)
《学记》英译文

HSIO KI OR
RECORD ON THE SUBJECT OF EDUCATION

1. When a ruler is concerned that his measures should be in accordance with law, and seeks for the assistance of the good and upright, this is sufficient to secure him a considerable reputation, but not to move the multitudes.

When he cultivates the society of the worthy, and tries to embody the views of those who are remote from the court, this is sufficient to move the multitudes, but not to transform the people.

If he wish to transform the people and to perfect their manners and customs, must be not start from the lessons of the school?

2. The jade uncut will not form a vessel for use; and if men do not learn, they do not know the way in which they should go. On this account the ancient kings, when establishing states and governing the people, made instruction and schools a primary object; — as it is said in *The Charge to Yüeh*, "The thoughts from first to last should be fixed on learning."

3. However fine the viands be, if one do not eat, he does not know their taste; however perfect the course may be, if one do not learn it, he does not know its goodness. Therefore when he learns, one knows his own deficiencies; when he teaches, he knows the difficulties of learning. After he knows his deficiencies, one is able to turn round and examine himself; after he knows the difficulties, he is able to stimulate himself to effort. Hence it is said, "Teaching and learning help each other"; as it is said in *The Charge to Yüeh*, "Teaching is the half of learning."

4. According to the system of ancient teaching, for the families of a hamlet there was the village school, for a neighborhood there was the hsiang, for the larger districts there was the hsü, and in the capitals there was the college.

5. Every year some entered the college, and every second year there was a comparative examination. In the first year it was seen whether they could read the texts intelligently, and what was the meaning of each; in the third year, whether they were reverently attentive to their work, and what companionship was most pleasant to them; in the fifth year, how they extended their studies and sought the company of their teachers; in the seventh year, how they could discuss the subjects of their studies and select their friends. They were now said to have made some small attainments. In the ninth year, when they knew the different classes of subjects and had gained a general intelligence, were firmly established and would not fall back, they were said to have made grand attainments. After this the training was sufficient to transform the people, and to change anything bad in manners and customs. Those who lived near at hand submitted with delight, and those who were far off thought of the teaching with longing desire. Such was the method of the Great learning; as is said in *The Record*, "The little ant continually exercises the art of amassing."

6. At the commencement of the teaching in the Great College, the masters in their skin caps presented the offerings of vegetables to the ancient sages, to show their pupils the principle of reverence for them; and made them sing at the same time the first three pieces of the Minor Odes of the Kingdom, as their first lesson in the duties of officers. When they entered the college, the drum was

beaten and the satchels were produced, that they might begin their work reverently. The cane and the thorns were there to secure in them a proper awe. It was not till the time for the summer sacrifice was divined for, that the testing examination was held; —to give composure to their minds. They were continually under inspection, but not spoken to, —to keep their minds undisturbed. They listened, but they did not ask questions; and they could not transgress the order of study imposed on them. These seven things were the chief regulations in the teaching. As it is expressed in *The Record*, "In all learning, for him who would be an officer the first thing is the knowledge of business; for scholars the first thing is the directing of the mind."

7. In the system of teaching at the Great College, every season had its appropriate subject; and when the pupils withdrew and gave up their lessons for the day, they were required to continue their study at home.

8. If a student do not learn at college to play in tune, he cannot quietly enjoy his lutes; if he do not learn extensively the figures of poetry, he cannot quietly enjoy the odes; if he do not learn the varieties of dress, he cannot quietly take part in the different ceremonies; if he do not acquire the various accomplishments, he cannot take delight in learning.

9. Therefore a student of talents and virtue pursues his studies, withdrawn in college from all besides, and devoted to their cultivation, or occupied with them when retired from it, and enjoying himself. Having attained to this, he rests quietly in his studies and seeks the company of his teachers; he finds pleasure in his friends, and has all confidence in their course. Although he

should be separated from his teachers and helpers, he will not act contrary to the course; —as it is said in *The Charge to Yüeh*, "Maintain a reverent humility, and strive to be constantly earnest. In such a case the cultivation will surely come."

10. According to the system of teaching nowadays, the masters hum over the tablets which they see before them, multiplying their questions. They speak of the learners' making rapid advances, and pay no regard to their reposing in what they have acquired. In what they lay on their learners they are not sincere, nor do they put forth all their ability in teaching them. What they inculcate is contrary to what is right, and the learners are disappoin-ted in what they seek for. In such a case, the latter are distressed by their studies and hate their masters; they are embittered by the difficulties, and do not find any advantage from their labour. They may seem to finish their work, but they quickly give up its lessons. That no results are seen from their instructions: — is it not owing to these defects?

11. The rules aimed at in the Great College were the prevention of evil before it was manifested; the timeliness of instruction just when it was required; the suitability of the lessons in adaptation to circumstances; and the good influence of example to parties observing one another. It was from these four things that the teaching was so effectual and flourishing.

12. Prohibition of evil after it has been manifested meets with opposition, and is not successful. Instruction given after the time for it is past is done with toil, and carried out with difficulty. The communication of lessons in an undiscriminating manner and without suitability produces injury and disorder, and fails in its object.

Learning alone and without friends makes one feel solitary and uncultivated, with but little information. Friendships of festivity lead to opposition to one's master. Friendships with the dissolute lead to the neglect of one's learning. These six things all tend to make teaching vain.

13. When a superior man knows the causes which make instruction successful, and those which make it of no effect, he can become a teacher of others. Thus in his teaching, he leads and does not drag; he strengthens and does not discourage; he opens the way but does not conduct to the end without the learner's own efforts. Leading and not dragging produces harmony. Strengthening and not discouraging makes attainment easy. Opening the way and not conducting to the end makes the learner thoughtful. He who produces such harmony, easy attainment, and thoughtfulness may be pronounced a skilful teacher.

14. Among learners there are four defects with which the teacher must make himself acquainted. Some err in the multitude of their studies; some, in their fewness; some, in the feeling of ease with which they proceed; and some, in the readiness with which they stop. These four defects arise from the difference of their minds. When a teacher knows the character of his mind, he can save the learner from the defect to which he is liable. Teaching should be directed to develop that in which the pupil excels, and correct the defects to which he is prone.

15. The good singer makes men able to continue his notes, and so the good teacher makes them able to carry out his ideas. His words are brief, but far-reaching; unpretentious, but deep; with few illustrations, but instructive. In this way he may be said to

perpetuate his ideas.

16. When a man of talents and virtue knows the difficulty on the one hand and the facility on the other in the attainment of learning, and knows also the good and bad qualities of his pupils, he can vary his methods of teaching. When he can vary his methods of teaching, he can be a master indeed. When he can be a teacher indeed, he can be the Head of an official department. When he can be such a Head, he can be the Ruler of a state. Hence it is from the teacher indeed that one learns to be a ruler, and the choice of a teacher demands the greatest care; as it is said in *The Record*, "The three kings and the four dynasties were what they were by their teachers."

17. In pursuing the course of learning, the difficulty is in securing the proper reverence for the master. When that is done, the course which he inculcates is regarded with honour. When that is done, the people know how to respect learning. Thus it is that there are two among his subjects whom the ruler does not treat as subjects. When one is personating his ancestor he does not treat him as such, nor does he treat his master as such. According to the rules of the Great College, the master, though communicating anything to the son of Heaven, did not stand with his face to the north. This was the way in which honour was done to him.

18. The skilful learner, while the master seems indifferent, yet makes double the attainments of another, and in the sequel ascribes the merit to the master. The unskilful learner, while the master is diligent with him, yet makes only half the attainments of the former, and in the sequel is dissatisfied with the master. The skilful questioner is like a workman addressing himself to deal with

a hardtree. First he attacks the easy parts, and then the knotty. After a long time, the pupil and the master talk together, and the subject is explained. The unskilful questioner takes the opposite course. The master who skilfully waits to be questioned, may be compared to a bell when it is struck. Struck with a small hammer, it gives a small sound. Struck with a great one, it gives a great sound. But let it be struck leisurely and properly, and it gives out all the sound of which it is capable. He who is not skilful in replying to questions is the opposite of this. This all describes the method of making progress in learning.

19. He who gives only the learning supplied by his memory in conversations is not fit to be a master. Is it not necessary that he should hear the questions of his pupils? Yes, but if they are not able to put questions, he should put subjects before them. If he do so, and then they do not show any knowledge of the subjects, he may let them alone.

20. The son of a good founder is sure to learn how to make a fur robe. The son of a good maker of bows is sure to learn how to make a sieve. Those who first yoke a young horse place it behind, with the carriage going on in front of it. The superior man who examines these cases can by them instruct himself in the method of learning.

21. The ancients in prosecuting their learning compared different things and traced the analogies between them. The drum has no special relation to any of the musical notes; but without it they cannot be harmonized. Water has no particular relation to any of the five colours; but without it they cannot be displayed. Learning has no particular relation to any of the five senses; but without it

they cannot be regulated. A teacher has no special relation to the five degrees of mourning; but without his help they cannot be worn as they ought to be.

22. A wise man has said, "The Great virtue need not be confined to one office; Great power of method need not be restricted to the production of one article; Great truth need not be limited to the confirmation of oaths; Great seasonableness accomplishes all things, and each in its proper time." By examining these four cases, we are taught to direct our aims to what is fundamental.

When the three sovereigns sacrificed to the waters, they did so first to the rivers and then to the seas; first to the source and then to its result. This was what is called "paying attention to the root".

Robert Ulich: *Three Thousand Years of Educational Wisdom*. Harvard University Press, 1963, pp. 19-23.

《学记研究》后记

本书的前身《学记评注》（以下简称《评注》）稿成，北京师范大学尹德新教授知其事，将稿件借去油印供北师大研究生学习参考。后来也由他建议，送人民教育出版社出版。原稿来不及修整，包括德新同志对《学记》的研究设想在内。这是上世纪80年代初的事。

较早看到《评注》书的，记得是福建师范大学中文系黄寿祺教授。他的经学造诣比我深，我希望他在这方面多提供新见，他提的却是另一件事："火药味太浓。"这是事实。《评注》稿动笔于70年代后期。"阶级斗争为纲"思想仍烽烟未散。我回答黄老：《评注》有机会再版，我将扫"雷"出门，使此地成为"无核区"。

继后则是中国社会科学院陈元晖教授来了一封长信，大意是，《评注》主要在训诂文字方面下功夫，义理方面则微有不足。他说如果天假以年，也准备写一本研究《学记》的书，内容将加重义理分量，在教育理论方面多所发挥。

如今，三位老友都已先后离开人世。但他们留下来的宝贵意见，正是作者难得的他山之石。

2000年底，人民教育出版社教育编辑室刘立德同志来信，谈及修订《评注》一事，我欣然答应下来。根据人民教育出版社的意见和建议，本书修改补充后，内容主要有下列几方面。

一、为了寻找《学记》思想产生的社会历史根源，本书补充了有关资料，包括春秋战国时期社会生产力的发展、封建生产关系的建立以及意识形态方面的导引。

二、增加了历代学者的《学记》注释量，特别是有关评估《学记》思想的理论性文献，力争将有争论的问题廓清。

三、对于《学记》成于战国时期及为思孟学派作品，《评注》写得比较粗糙。本书除了补充前人研究成果，并引用近期出土文献，例如湖北郭店楚简等，以为佐证。

四、《学记》中许多教育观点之所以正确或比较正确，除了它吸取儒家等的思想精髓和私学教育实践经验，似还留意当时心理学思想研究成就，本书试作《黄帝内经》与《学记》关系的探索。

五、《评注》每节（今改为章）末后所作"节评"，内容尚不够充实，本书做了些增补，试图加大理论力度。

六、本书增加了《学记》对我国教育学史的影响材料，从秦汉的《吕氏春秋》《春秋繁露》说起，到新中国教育史学界的著作，涵盖注释与议论，凸显《学记》对我国教育思想发展的贡献。

七、本书就《学记》思想内容的非宗教色彩和人文主义精神，以及近现代东西方教育学界对《学记》思想的关注，揭示《学记》在世界教育学史上的地位。

八、在一些图书馆里，我们看到外文教育书籍中有翻译《学记》全文的，也有分析研究《学记》内容的，包括日文和英文，特挑选较有代表性的，将其收进本书《附录》。此亦可作为高等师范院校教育学专业本科生和研究生专业外语读物。

人民教育出版社对本书修订给予了大力支持。在撰稿过程中，有些参考资料得到福建师范大学教育科学与技术学院教育史研究生杨卫明、王慧君协助校订，在此并致谢意。

高时良
2005 年 10 月

主要参考书目

《马克思恩格斯选集》,人民出版社 1995 年版。
《周易》,上海古籍出版社 1990 年版。
金景芳、吕绍纲著:《周易全解》,吉林大学出版社 1989 年版。
《诗经》,上海古籍出版社 1990 年版。
《书经》,上海古籍出版社 1990 年版。
(清)孙星衍撰:《尚书今古文注疏》,中华书局 1986 年版。
《大戴礼记》,《丛书集成》本。
(清)王聘珍撰:《大戴礼记解诂》,中华书局 1983 年版。
《礼记》(陈澔注本),上海古籍出版社 1990 年版。
(清)张敦仁撰:《抚本礼记郑注考异》,《皇清经解》本。
任铭善著:《礼记目录后案》,齐鲁书社 1982 年版。
林尹注译:《周礼今注今译》,书目文献出版社 1985 年版。
《春秋三传》,上海古籍出版社 1987 年版。
《论语》(朱熹集注本),上海古籍出版社 1990 年版。
(清)刘宝楠著:《论语正义》,中华书局 1957 年版。
杨树达著:《论语疏证》,上海古籍出版社 1986 年版。
《孟子》(集注本),上海古籍出版社 1990 年版。
《大学》(集注本),上海古籍出版社 1990 年版。

《中庸》（集注本），上海古籍出版社1990年版。
（清）沈廷芳撰：《十三经注疏正字》，上海商务印书馆1935年影印文渊阁四库全书本。
章诗同注：《荀子简注》，上海人民出版社1974年版。
《老子道德经》（王弼注），《丛书集成》本。
《墨子》，《丛书集成》本。
曹础基著：《庄子浅注》，中华书局1982年版。
《吕氏春秋》，《丛书集成》本。
（汉）韩婴撰：《韩诗外传》，《丛书集成》本。
（汉）董仲舒撰：《春秋繁露》，《丛书集成》本。
（汉）刘向撰：《说苑》，《丛书集成》本。
（汉）扬雄撰：《法言》，《丛书集成》本。
（汉）班固等撰：《白虎通》，《丛书集成》本。
（汉）王充著：《论衡》，上海人民出版社1974年版。
（汉）徐干撰：《中论》，《丛书集成》本。
（晋）傅玄撰：《傅子》，《太平御览》本。
（北齐）颜之推撰：《颜氏家训》，上海古籍出版社1980年版。
（唐）韩愈撰：《昌黎先生集》，《四部丛刊》本。
（宋）张载著：《张载集》，中华书局1978年版。
（宋）程颢、程颐著：《二程集》，中华书局1981年版。
（宋）黎靖德编：《朱子语类》，中华书局1981年版。
（清）李光地辑：《朱子语类四纂》，福州正谊书院刊本。
（宋）叶适著：《叶适集》，中华书局1961年版。
（明）王守仁撰：《王文成公全书》，《四部丛刊》本。
（清）颜元著：《颜元集》，中华书局1987年版。
（吴）韦昭注：《国语》，《丛书集成》本。
（汉）高诱注：《战国策》，《丛书集成》本。
（汉）司马迁著：《史记》，中华书局1982年版。

（唐）司马贞撰：《史记索隐》，《丛书集成》本。
（汉）班固著：《汉书》，中华书局 1962 年版。
（汉）许慎撰：《说文解字》，中华书局 1963 年版。
（晋）郭璞注：《尔雅》，《丛书集成》本。
（宋）邢昺疏：《尔雅注疏》，中华书局聚珍仿宋版。
（汉）刘熙注：《释名》，《丛书集成》本。
（魏）张揖注：《广雅》，《丛书集成》本。
（汉）扬雄撰，（晋）郭璞注：《方言》，《丛书集成》本。
（唐）陆德明撰：《经典释文》，中华书局 1983 年版。
（宋）丁度等撰，（清）顾广圻校：《集韵》，1934 年浙宁简香刊本。
罗振玉考释，商承祚编：《殷墟文字类编》，癸亥（1923 年）仲夏刊本（中国书店代售）。
（清）马国翰辑：《玉函山房辑佚书》，光绪甲申春月，楚南湘远堂重刊。
傅维廉、吴鸿洲主编：《黄帝内经导读》，巴蜀书社 1988 年版。
（清）钱大昕撰：《潜研堂文集》，《四部丛刊》本，光绪十年长沙左氏家塾重刊。
（清）陈澧撰：《东塾读书记》，广东广雅书局刊本。
（清）皮锡瑞著：《经学通论》，中华书局 1954 年版。
马宗霍著：《中国经学史》，商务印书馆 1937 年版，上海书店 1984 年重印。
蒋伯潜著：《十三经概论》，上海古籍出版社 1983 年版。
罗焌著：《诸子学述》，商务印书馆 1947 年版。
郭沫若著：《十批判书》，科学出版社 1962 年版。
姜广辉主编：《郭店楚简研究》，辽宁教育出版社 1999 年版。
郭沫若主编：《中国史稿》，人民出版社 1979 年版。
田昌五著：《古代社会断代新论》，人民出版社 1982 年版。
杨宽著：《战国史》，上海人民出版社 1981 年版。

文物编辑委员会编:《文物考古工作三十年(1949—1979)》,文物出版社1979年版。

文物编辑委员会编:《文物考古工作十年(1979—1989)》,文物出版社1991年版。

曹孚等编:《外国古代教育史》,人民教育出版社1981年版。

赵祥麟主编:《外国教育家评传》,上海教育出版社1992年版。

［加］许美德、［法］巴斯蒂等著,周锦燉译、朱静校:《中外比较教育史》,上海人民出版社1990年版。